設例で学ぶ

個人情報保護法の基礎

Kazuki Kimura
木村一輝

商事法務

は　し　が　き

　本書は、設例を用いながら個人情報保護法の基本的な考え方を説明したものである。まず、抽象的な概念を説明した上で、設例を用いて具体的な説明を行っているため、概念の説明がわからない場合には、設例の解説を読んでいただきたい。それらを通じて、同法について「ぼんやり」としたイメージを持つことができれば、目の前の問題を解決するとともに、より高度な本を読むことができるであろう。

　個人情報保護法は令和2年改正を経たことにより複雑化した。「個人情報」をはじめとして、情報の種類が何種類もあり、それに応じて様々なルールが定められている。さらに言えば、情報の定義が一般の日本語としてわかりにくく、目の前の情報が、どの種類の情報であるかさえ、判断に迷うことが少なくない。

　また、個人情報保護法を通して「プライバシー」を語る識者もおり、「プライバシー」には様々な考え方があることも相まって、「人によって言っていることが違う」状態であることも、理解を一層、困難にしている。

　さらに言えば、個人情報は「漏れる」ことがなければ、大きな問題にならないことも多く、実務運用がどのようになっているかが非常にわかりにくい分野でもある。

　このような事情もあり、個人情報保護法はわかりにくい分野の1つとされている。私個人としては、高度な理解の上に立って同法の運用を語ることができるような素養はないが、企業実務において、どのような運用をしていくかを考える参考とするために、現在の同法の考え方を示すことはできるかもしれないと考えて、本書を執筆した。なお、本書は基本的な考え方を示すことがコンセプトであるため、高度な内容や細かい規則には言及していなかったり、学問的な正しさを脇に置いて、又は理論的な背景を説明することなく結論だけ述べる部分もあるが、その点はご容赦いただきたい。

　本書が、個人情報保護法の世界への入口になることを切に願う次第である。

2024年5月

木村一輝

目　次

I　個人情報保護法の基礎

Chapter1
個人情報保護法の基本的な考え方　　2

II　個人情報保護法の基本的なルール

Chapter2
個人情報保護法の適用範囲　　6

Chapter7
第三者提供の同意を得ないで取得した個人データの第三者への提供　140

Chapter8
利用目的の制限及び第三者提供の制限を緩和する制度
（仮名加工情報、匿名加工情報、個人関連情報、統計情報への加工）148

IV　個人情報の利活用の場面

Chapter11
インターネット広告　218

Chapter12
AI・プロファイリング

V　個人情報保護法に違反した場合

Chapter14
個人情報保護法に違反した場合の
個人情報保護委員会の対応　　270

———————— 発展学習　容易照合性 ————————

〈凡例〉
　　法　　個人情報の保護に関する法律
　　規則　個人情報の保護に関する法律施行規則
　　政令　個人情報の保護に関する法律施行令

　　民集　最高裁判所民事判例集
　　判時　判例時報
　　判タ　判例タイムズ

I

個人情報保護法の基礎

Chapter1

個人情報保護法の基本的な考え方

「個人情報の保護に関する法律」（個人情報保護法）は、第1章から第8章からなる法律であるが、主に民間事業者が守らなければならないルール（第4章）と、主に行政機関等が守らなければならないルール（第5章）に分かれている（残りの章は民間事業者と行政機関等に共通するルールである。）。本書においては、民間事業者が守らなければならないルールについてのみ説明する。

第1 個人情報保護法の基本的な仕組み

❶ 個人情報保護法の仕組み

　個人情報保護法（主に民間部門）は「個人の権利利益の保護」を目的としている（法1条）。この「個人の権利利益」とは、個人の情報が公開されないこと、誤った情報や不完全な情報によって自分に関して誤った判断がなされないこと、自分の情報を知ること等が含まれる。

　この目的のために、個人情報保護法において、あらかじめ事業者が個人情報等を用いて事業を行うときに守るべきルール（すべての事業者に共通するルール）を示して、事業者にこれを守らせる（**事前の行為規制**）。また、あらかじめ個人情報保護法においてルールを示しているものの、事業者が実際に個人情報等を用いて事業を始める前に、行政において事業者がルールに違反していないか審査していない（許可制等を採用していない）。事業者がルールに違反して個人情報等を用いて事業を行っている場合に、行政（具体的には、個人情報保護法を管轄する個人情報保護委員会）が指導等を行う（**事後的な規制**）。

❷ 個人情報保護法に違反した場合の個人情報保護委員会の対応

個人情報保護委員会は、事業者が個人情報保護法に違反して事業を行っている場合には、まず、事業者に対して、個人情報保護法を守るように**指導・助言**（法147条）や**勧告・命令**（法148条）を行って、事業者の自主的な改善を求める。事業者がこの命令に違反して、個人情報保護法が守られない場合に、はじめて罰則を与える構造になっている。

なお、個人情報保護法においては、独占禁止法や景品表示法のような課徴金は定められていない。

❸ 個人情報保護法に違反した場合の損害賠償責任

事業者が個人情報保護法に違反して事業を行った場合に、その個人情報の本人に損害が生じる場合がある。例えば、十分な漏えい対策をとらなかったため、氏名とクレジットカード番号が漏えいし、そのクレジットカードが悪用されて、持ち主に財産的損害が生じる場合である。もっとも、個人情報保護法には、同法に違反した事業者に対して損害賠償を命じる規定はない。そのため、損害を受けた人は、個人情報保護法に基づいて事業者に損害賠償請求をすることはできず、民法等の個人情報保護法以外の法令に基づいて損害賠償請求をすることになる。

第2 個人情報保護法について知りたい場合

❶ 全事業者に向けて作成されているガイドライン

個人情報保護委員会は、民間事業者が守らなければならない個人情報保護法のルールに関して、「**個人情報の保護に関する法律についてのガイドライン**」（以下「ガイドライン」という。）を公表している。このガイドラインには、「通則編」、「外国にある第三者への提供編」、「第三者提供時の確認・記録義務編」、「仮名加工情報・匿名加工情報編」、「認定個人情報保護団体編」がある。

加えて、これらのガイドラインについて、個人情報保護委員会は「『**個人情報の保護に関する法律についてのガイドライン**』に関するQ＆A」（以下「QA」

という。）を公表している。これらのガイドライン及び QA は、すべての事業者に向けて作成されている。

❷　特定の事業を行っている事業者に向けて作成されているガイドライン

　さらに、特定の事業を行う事業者にだけ適用されるガイドライン（特定分野ガイドライン）や、その QA 等が、個人情報保護委員会とその事業を管轄する省庁により公表されている。例えば、金融分野、信用分野、債権回収業分野、医療・介護関係分野、電気通信事業分野のような分野について、特定分野ガイドラインが公表されている。このような事業を行う事業者においては、上記のすべての事業者に向けて作成されているガイドラインに加えて、この特定分野ガイドラインも参照する必要がある。

〈個人情報保護法の全体像〉

II

個人情報保護法の
基本的なルール

Chapter2

個人情報保護法の適用範囲

❶ 個人情報保護法の適用を受ける事業者（個人情報取扱事業者）

「個人情報取扱事業者」は、個人情報保護法を守らなければならない[1]。

この「個人情報取扱事業者」とは、「個人情報データベース等」を用いて活動している者（事業を行っている者）であり、下記のように個人情報を整然と並べてデータベース化したものが「個人情報データベース等」である（法16条2項、ガイドライン（通則編）2−5）。

〈「個人情報データベース等」の例〉

番号	氏名	年齢	住所	入社年月日
1	山田太郎	21歳	東京都……	2022年……
2	佐藤二郎	31歳	千葉県……	2012年……
3	田中三郎	41歳	神奈川県……	2002年……
4	木村四郎	51歳	茨城県……	1992年……

> **設例** A社（建設）は、A社の従業員から氏名や住所といった個人情報を取得して社員名簿（個人情報データベース等）を作成し、この社員名

---

[1] 「個人情報取扱事業者」であったとしても、それが報道機関、著述を業として行う者、宗教団体、政治団体である場合には、個人情報取扱事業者等の義務が適用されない場合がある（法57条1項）。また、個人情報保護委員会は、これらの者に対して個人情報等を提供する行為については、報告の徴収、勧告、命令などの権限を行使しない（法149条2項）。

簿を用いて人事配置等の従業員管理を行っていた。A社は「個人情報取扱
事業者」として個人情報保護法を守らなければならないか。

設例のA社は、従業員の氏名や住所といった個人情報を社員名簿（個人情報
データベース等）にまとめて、この社員名簿を用いて人事配置等の従業員管理
を行っている。社員名簿（個人情報データベース等）で従業員管理を行っていれ
ば、「個人情報データベース等」を用いて事業を行っているといえるため、A
社は「個人情報取扱事業者」である。BtoC企業のように、顧客の個人情報を
集めて事業や広告に使ったりしていなくても「個人情報取扱事業者」に該当す
る。休眠会社やペーパーカンパニーを除けば、およそ会社たるもの何らかの
「個人情報データベース等」を用いて活動しているのが一般的であり、「個人情
報取扱事業者」である。

また、個人事業主も、「個人情報データベース等」を用いて活動しているの
であれば、「個人情報取扱事業者」である。さらに、非営利の活動を行ってい
ても、また、法人格がなかったとしても、「個人情報取扱事業者」となる。そ
のため、町内会、自治会、管理組合、同窓会、PTA、サークル等が、会員名簿
等の「個人情報データベース等」を用いて会員管理等をしている場合には「個
人情報取扱事業者」である。

もっとも、個人が年賀状印刷のため等の単に社会的儀礼や趣味のために、
「個人情報データベース等」を保有していたとしても、それを用いて「事業」
を行っているとはいえないため、「個人情報取扱事業者」ではない。

❷ 個人情報保護法の適用を受ける情報の範囲

個人情報取扱事業者は自らが「取り扱う」個人情報について、個人情報保護
法を守らなければならない。取得した個人情報や保管・利用している個人情報
は、その事業者が「取り扱う」個人情報である。

(1) 従業員が取り扱っている個人情報

従業員が業務として取り扱っている個人情報も個人情報取扱事業者が取り扱
う個人情報である。

例えば、従業員が社用PC内やロッカー等で保管している個人情報も、その

事業者の業務として保管・利用している限りは、その事業者が取り扱う個人情報である。ある従業員しか鍵を開けられず、その従業員以外の人（例えば上司）が鍵を開けられないロッカーに入っている取引先の名刺であろうとも、その従業員が業務のために保管・利用しているのであれば、事業者が取り扱う個人情報である。

　そのほかにも、従業員の業務用携帯や業務用パソコンに登録されている氏名等の個人情報も、事業者が取り扱っているため、個人情報保護法を守らなければならない。

(2)　データベース化する予定がない個人情報

　データベース化する予定がない個人情報も個人情報保護法の適用を受ける。上記 設例 のA社は、個人情報をデータベース化した「個人情報データベース等」を用いて事業を行っているため「個人情報取扱事業者」である。一方で、A社の中には、例えば、単に段ボールの中で乱雑に保管されている履歴書（個人情報）などのように、データベース化していない個人情報もある。しかし、A社が「個人情報取扱事業者」である以上、データベース化していなかったり、データベース化する予定がない個人情報であっても、個人情報保護法を守らなければならない。

Chapter3

個人情報保護法における情報のカテゴリー

「個人情報の保護に関する法律」（個人情報保護法）という法律の名前からもわかるとおり、同法は「個人情報」を中心としてルールを定めている。

第1 「個人情報」

❶ 個人情報の概要

「個人情報」とは、「生存する個人に関する情報であって」（法2条1項柱書）、「特定の個人を識別することができるもの」（同項1号）又は個人識別符号（同項2号）が含まれるものである。すなわち、個人情報の要件は、①生存性、②個人関連性、③特定の個人識別性又は個人識別符号である（法2条1項、ガイドライン（通則編）2－1）。

> 第二条　この法律において「個人情報」とは、生存（①生存性）する個人に関する情報（②個人関連性）であって、次の各号のいずれかに該当するものをいう。
> 一　当該情報に含まれる氏名、生年月日その他の記述等……により特定の個人を識別することができるもの（③特定の個人識別性）（他の情報と容易に照合することができ、それにより特定の個人を識別することができることとなるものを含む（③容易照合性）。）
> 二　個人識別符号が含まれるもの（③個人識別符号）

❷ 生存性（要件①）

個人情報であるためには、生存している人の情報でなければならない。そのため、死者の情報は個人情報ではない。その人が生存しているかは客観的に決

まるため、生死不明であったとしても、客観的に死亡していれば、その人に関する情報は個人情報ではない。例えば、「山田太郎は神奈川県出身である」との情報は、山田太郎が死亡する前は個人情報であるが、死亡した後は個人情報ではない。

なお、死者に関する情報が、同時に、生存する者（例えば遺族）に関する情報でもある場合には、引き続き、その生存する者の個人情報である。例えば、「山田太郎と佐藤二朗は2020年1月にデパートにいた」との情報は、山田太郎の情報であるとともに、佐藤二朗の情報でもある。そのため、山田太郎が死亡したとしても、引き続き、佐藤二朗の個人情報のままである。

❸ 個人関連性（要件②）

個人情報であるためには、生存する「**個人に関する情報**」でなければならない。この「個人」は自然人（生きている人間）でなければならず、法人の情報（例えば、「○○社の2024年3月期の売上高は1000億円」との情報）や集団の情報（例えば、「○○小学校の3年4組のテストの平均点は50点だった」との情報）は個人情報ではない。

もっとも「個人に関する情報」であれば何でもよい。個人の氏名、性別、年齢、生年月日だけではなく、職種・肩書、預金残高、テストの点数、上司が行う部下の評価等の個人にまつわるすべての情報が「個人情報」となる。

❹ 特定の個人識別性又は個人識別符号（要件③）

(1) 特定の個人識別性
ア　特定の個人識別性の意味

「特定の個人を識別することができる」とは、「**社会通念上、一般人の判断能力や理解をもって、生存する具体的な人物と情報との間に同一性を認めるに至ることができるもの**」である。これは「ある情報とその本人を紐づけることができること」や「情報の本人がわかること」と説明される。

例えば、「山田太郎が東京駅にいた」という情報を知ったからといって、（有名人であれば別であるが）山田太郎がどこの誰だかわからないし、その人がどこにいようと興味がない人が大半である。しかし、「山田太郎」という氏名をキーにすれば、その情報と山田太郎を結びつけることができ（その情報の本人

が「山田太郎」であるとわかり)、「山田太郎」に対して不利益を及ぼすことができてしまう（例えば、山田太郎は東京駅付近に住んでいてお金持ちであると推定して、悪質商法の対象リストに載せてしまうなど）。そのため、このように本人と紐づけることができる情報（特定の個人を識別することができる情報）を「個人情報」として保護している。

イ　氏　名

「山田太郎」という氏名（フルネーム）があれば、特定の個人を識別することができるため、個人情報である（「山田太郎」がどこにいるかわからなくても個人情報である。) [2]。「山田太郎」との漢字の場合だけではなく、片仮名、平仮名、ローマ字でも特定の個人を識別することができる（YamadaTaro@abc.co.jp のように、メールアドレスの場合を含む。）。

しかし、「山田」だけでは、「山田太郎」なのか、「山田二郎」なのかがわからないため、本人がわからず、個人情報ではない。他方で、「個人商事の山田」との情報は、「個人商事」に「山田」という名字の人が一人しかいない場合には、その本人は「個人商事」の山田しかありえない（その情報の本人がわかる）ため、個人情報である。個人商事に山田さんが一人しかいない場合の Yamada.kojinshoji@abc.co.jp も個人情報である。

ウ　顔写真

例えば、東京駅を歩いている人の鮮明な顔写真があれば、その顔写真をキーにして本人と紐づけることができる（その本人がわかる）ため、誰だかわかる程度に鮮明な顔写真は、特定の個人を識別することができ、個人情報である。

エ　住所、電話番号など

住所だけの情報の場合には個人情報ではない。例えば、「東京都××に住んでいる人は髪が長い」という情報があった場合、その住所には複数人が住んでいる（例えば家族）可能性があるし、現在の住人ではなく前の住人のことかもしれないので、その情報を誰に結びつけてよいかわからず、個人情報ではな

---

[2]　同姓同名の人が存在する可能性がある。例えば、東京都に住む「山田太郎」と神奈川県に住む「山田太郎」がいた場合には、「山田太郎」だけだと、どちらの「山田太郎」かわからないため、本人がわからないとの考え方もある。しかし、個人情報保護法の世界では、同姓同名がいる場合であっても、本人がわかり、個人情報であるとされている。

い。携帯電話番号、クレジットカード番号、フルネームを含まないメールアドレス、会員番号だけの場合であっても、同様に個人情報ではない（QA1−3）。

(2) 個人識別符号

　個人識別符号は、政令で定められており、大きく分けて、(i)身体の特徴（生体情報）をコンピュータで処理するための符号に変換したもの（特定の個人を識別することができる水準であるもの）、(ii)個人ごとに異なるものとなるように割り当てられた公的番号である（法2条2項、ガイドライン（通則編）2−2）。具体例は以下のとおりである。

〈個人識別符号として定められているもの〉

○下記の身体の特徴をコンピュータで処理するための符号に変換したもの
　（法2条2項1号）
　　DNAを構成する塩基配列（政令1条1号イ）、顔の骨格等の容貌（同
　　ロ）、虹彩の模様（同ハ）、声の質（同ニ）、歩容（歩く姿）（同ホ）、手
　　の静脈の形状（同ヘ）、指紋・掌紋（同ト）
○個人ごとに異なるものとなるように割り当てられた公的番号等（法2条
　2項2号）
　　旅券番号（政令1条2号）、基礎年金番号（同3号）、運転免許証番号
　　（同4号）、住民票コード（同5号）、マイナンバー（同6号）、国民健康
　　保険等の保険者番号及び被保険者記号・番号（同7号、規則3条）（保
　　険者番号及び被保険者記号・番号のすべてがそろってはじめて個人識別符
　　号となる）等

〈個人識別符号ではないもの〉

電話番号、メールアドレス、SNSのIDやアカウント、IPアドレス、クレジットカード番号、銀行口座番号、社員番号・学籍番号、ポイントカード番号等

Column：個人識別符号

　身体の特徴は、コンピュータで処理できる形になっており、さらに特定の個人を識別することができる水準であれば「個人識別符号」である。なぜ、このような生体情報が個人識別符号になるのであろうか。例えば個人識別符号の1つである「顔の骨格等の容貌」（政令1条1号ロ）を例に考えてみたい。

　顔の骨格等の容貌とは、眉の傾き、眉と目の距離等の顔の特徴を数値化したものである。例えば、写真をコンピュータに読み込み、顔の特徴を抽出する。目と目の距離が3cmの人は多数いるが、それに加えて、目の大きさが2.7cmの人……と顔の特徴（顔特徴データ）を重ねていけば、その顔特徴データを持つ人の候補は少なくなっていき、最後は、一人の人に行き当たることになる。そのため、政令により個人識別符号と指定されている。

　なお、顔の骨格等の容貌は特定の個人を識別することができる水準になければならない（政令1条1号ロ、規則2条）。例えば、眉の傾きだけでは、同じ傾きを持つ人が多数いるため、「特定の個人を識別することができる水準」とはいえない。この「特定の個人を識別することができる水準」がどのような水準であるかについては、明確な判断基準がない。同じ顔特徴データを持つ人が誰一人いない状態になるまで、詳細な顔特徴データでなくても、個人識別符号にあたりうる。抽象的にいえば、現在の技術水準により、実用化に堪えられる程度に、その顔特徴データと一致する人を見つけることができる水準であれば、個人識別符号である。

〈個人識別符号のイメージ〉

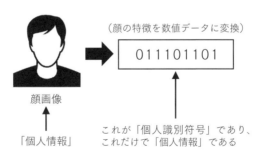

（顔の特徴を数値データに変換）

011101101

顔画像

「個人情報」

これが「個人識別符号」であり、
これだけで「個人情報」である

❺ 特定の個人識別性の判断基準

「特定の個人を識別することができる」かについての判断方法は、以下のとおり、2つの方法に分かれている。

〈特定の個人識別性の判断基準〉

法2条1項1号	法2条1項1号かっこ書
情報単体での特定の個人識別性 （当該情報の記述等だけから特定の個人を識別することができる）	容易照合性 （他の情報と組み合わせることにより、当該情報の記述等から特定の個人を識別することができる）

(1) 情報単体での特定の個人識別性

まず、当該情報の記述等を見て、特定の個人を識別することができるかを判断する（法2条1項1号）。例えば、履歴書に氏名が記載されている場合には、その氏名の記述から、特定の個人を識別することができる（その情報の本人がわかる）ため、個人情報である。

(2) 容易照合性（組み合わせによる特定の個人識別性）

　また、当該情報の記述等から特定の個人を識別することができなかったとしても、他の情報と容易に照合でき、これにより特定の個人を識別することができる場合にも、「特定の個人を識別することができる」といえる（法2条1項1号かっこ書）。この「他の情報と容易に照合でき」るとは、「通常の業務における一般的な方法で、他の情報と容易に照合することができる状態のこと」である。これを「**容易照合性**」と呼ぶ（発展学習（p.276）参照）。

　例えば、下記の購買履歴データベースは、IDと購買情報しかないため、それだけでは本人がわからない。

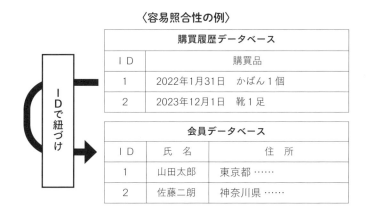

〈容易照合性の例〉

購買履歴データベース	
ID	購買品
1	2022年1月31日　かばん1個
2	2023年12月1日　靴1足

会員データベース		
ID	氏　名	住　　所
1	山田太郎	東京都……
2	佐藤二朗	神奈川県……

　しかし、購買履歴データベースと会員データベースがIDで紐づいていれば（共通のIDがふられていれば）、IDをキーとして会員データベースをたどっていくと、購買履歴データベースの本人がわかるため、購買履歴データベースの情報も「個人情報」である（例えば、購買履歴データベースの「ID　1」の情報は、IDをキーに会員データベースをたどると、その本人は「山田太郎」であるとわかる。）。

❻　個人情報の範囲

　注意しなければならないのは、①生存性、②個人関連性、③特定の個人識別性又は個人識別符号の要件を満たす情報は、その1まとまりの情報全体が「個

人情報」になることである。「個人情報」の典型例は氏名（フルネーム）や顔写真であるが、このような氏名や顔写真が含まれる履歴書があるとする。この場合には、氏名や顔写真のみが「個人情報」となるのではない。この履歴書には、履歴書を書いた人の氏名、住所、経歴、趣味、志望動機などの１まとまりの情報があり、その１まとまりの情報の一部に「氏名」があるため、この１まとまりの情報全体がその人の情報とわかり、この情報全体が上記①〜③の要件を満たす。そのため、履歴書に書いてある情報全体が個人情報であり、住所、経歴、趣味、志望動機も「個人情報」（の一部）である（下記の例でいえば、氏名や顔写真の部分のみが「個人情報」となるのではなく、点線部分全体が１つの「個人情報」となる。）[3]。

〈個人情報の範囲〉

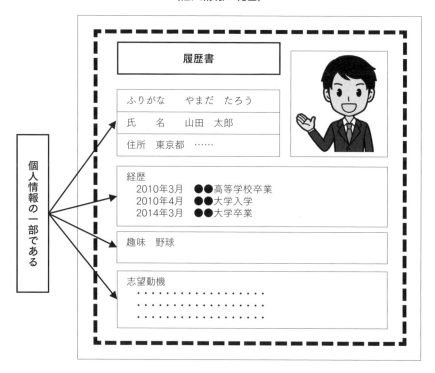

　なお、事業者においては、個人情報を**暗号化**することがある。この場合、個人情報は暗号文となり、この暗号文を見ただけでは意味がわからない。しかし、復号鍵によって復号できる（暗号文を元の文に戻すことができる）ことから、このように、個人情報を暗号化してできた暗号文も個人情報である。

　また、本人がSNS等で氏名等の個人情報を公開している場合もある。このように、自分で公開している個人情報は、誰でも知ることができる状態にあるものの、その個人情報が悪用されれば本人に不利益が及ぶおそれがあるため、個人情報である。

　さらに、**外国人**（日本に居住している外国人だけではなく、日本に居住していない外国人も含む）の情報であっても、個人情報である。

設例　A社（百貨店）における以下の情報は、「個人情報」であるか。

① 　A社は会員カードを発行して、以下のとおり会員データベースを作成していた。

（会員データベース）

会員番号	氏名	住所
1	山田一郎	東京都××
2	佐藤二朗	神奈川県△△
3	田中三郎	千葉県□□

② 　A社では、上記①の会員データベースに加えて、会員が購入した商品をまとめた購入品データベースを作成していた。

（購入品データベース）

購入日	会員番号	購入品
2022年1月1日	2	かばん1個
2022年1月2日	1	ワイン1本
2022年1月3日	3	弁当1個

---

3)　どこまでが「1まとまりの情報」となるかについては、情報の内容や、情報が表されている媒体の態様等によって判断することになる。例えば、1枚の紙に、山田太郎と佐藤二朗の経歴が記載されている場合には、2つの情報が記載されていることになる。また、カルテのように、1人の患者の情報が複数の紙にまたがって記載され、それらがバインダー等にとじられている場合には、そのバインダーにとじられているすべての情報が1まとまりの情報になると考えられる。

③ A社は電話問合せ窓口を設けており、電話での会話を録音して、クラウド上に保存している。ある日、電話をして来た人が「私は今日、おたくの百貨店の商品を買ったが、その商品に欠陥があった」と話し、その会話が録音された。ただ、会話から、この電話をかけて来た人の氏名等の素性は一切わからなかった。

　設例①の会員データベースにおいては、会員番号、氏名、住所の１列が「１まとまり」の情報であり、その中に氏名が含まれている。そのため、この情報の本人がわかり、個人情報である。なお、データベースの１列が１つの「個人情報」となるため、「会員番号：１、氏名：山田一郎、住所：東京都××」が１つの個人情報である（設例①のデータベースには、３つの「個人情報」が含まれている。）。

　設例②の購入品データベースにおいては、購入日、会員番号、購入品の１列が「１まとまり」の情報である。この「１まとまりの情報」の文字だけを見ても、この情報の本人はわからない。しかし、会員番号をキーに、会員データベースにたどっていくと（購入品データベースを会員データベースと照合すると）、この購入品データベースの情報の本人がわかる（例えば、購入品データベースにある「購入日：2022年１月１日、会員番号：２、購入品：かばん１個」の１まとまりの情報について、会員番号をキーに会員データベースにたどっていくと、会員番号２は佐藤二朗であるため、購入品データベースの上記情報の本人は佐藤二朗であるとわかる。）。そのため、購入品データベースの各列の情報は個人情報である。

　設例③において、「私は今日、おたくの百貨店の商品を買ったが、その商品に欠陥があった」との情報は、この情報の本人（「私」）は生存する個人であるため、「生存する個人に関する情報」である。しかし、A社にとっては、この情報の本人はわからないため、個人情報ではない（後に説明する「個人関連情報」となる。なお、例えば、会話内容に氏名が含まれる場合には、録音された通話内容も個人情報である。）。

❼　氏名を削除・マスキングすることと個人情報

　例えば、「氏名：山田太郎、住所：東京都××、趣味：野球」という個人情報がある場合、氏名の項目を削除又はマスキングして、「住所：東京都××、

趣味：野球」とすれば「個人情報」ではなくなるかといえば、そうではない。例えば、事業者が元の個人情報を削除しないで手元に持っていた場合には、住所をキーとして、元の個人情報にたどっていくことで、この情報の本人は山田太郎であるとわかる（容易照合性）。そのため、氏名を削除したからといって、必ずしも「個人情報」でなくなるわけではない。

❽　位置情報の個人情報該当性

　事業者がスマートフォン、カーナビ等を用いて、ある人の位置情報を取得することがある。例えば、「氏名：山田太郎、位置情報：2023年1月1日12：00に経度〇、緯度〇」のように、位置情報が氏名と紐づいている場合には、その情報の本人がわかるため、個人情報である。

　一方で、「機器番号：××、位置情報：2023年1月1日0：00に経度〇、緯度〇」のような位置情報だけの場合には、その情報からは本人がわからない（機器番号から本人がわかる場合には容易照合性がある個人情報である。）。しかし、位置情報が蓄積されていく場合には、その情報の本人がわかることがある。例えば、「ある人が2月1日9時に〇〇商事にいた」との位置情報だけでは、その情報の本人はわからないが、位置情報が蓄積され、平日9時にはほぼ毎日、〇〇商事にいることがわかれば、その人は〇〇商事の社員であるとわかる。さらに、夜11時には毎日、東京都××区……にいるとの位置情報もあわされば、東京都××区……に住んでいる〇〇商事の社員とわかるため、その人が誰かわかる場合には、位置情報も含めて個人情報である[4]。実務的には、その人の住所らしき場所がわかる場合や、職場らしき場所がわかる場合には、留意が必要である。

第2　「個人情報」以外の情報

　個人情報保護法は上記の「個人情報」を中心にルールが定められているが、「個人情報」以外の情報についても、ルールを定めている。大きく分けて、個

---

[4]　位置情報については、「個人情報保護委員会事務局レポート：仮名加工情報・匿名加工情報　信頼ある個人情報の利活用に向けて―制度編―」4.2.1.5.2も参照。

人情報を加工して作成した情報（派生物）と、それ以外の生存する個人に関する情報である。

　以下のとおり、個人情報保護法は、生存する個人に関する情報（生存性と個人関連性を満たす情報）に適用され、特定の個人を識別することができる情報を「**個人情報**」（法2条1項）、その個人情報を加工して作成した情報を「**仮名加工情報**」（法2条5項）、「**匿名加工情報**」（法2条6項）とし、それ以外の情報を「**個人関連情報**」（法2条7項）としている。

〈情報の分類〉

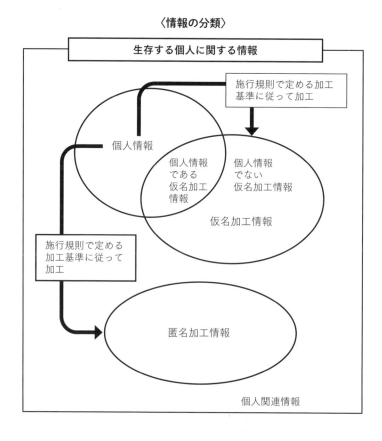

Chapter4

基本的なライフサイクルにおけるルール

▶事業者は、個人情報を「取得」した後に「保管」し、これを「利用」する。この「利用」には、（内部での）「利用」や（外部への）「提供」が含まれ、利用した後に不要になれば「消去」している。このような「取得」から「消去」までを、まとめて「取扱い」と呼んでいる。個人情報保護法は、このような、個人情報が取得されてから消去されるまでの「情報のライフサイクル」に応じて、ルールを定めているため、ライフサイクルごとにルールを理解する必要がある。

▶なお、本編では、基本的なルールを説明するものであり、Ⅲ以降で応用的なルールについて説明する。

第1　個人情報の取得

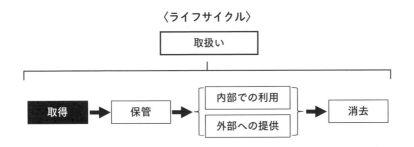

❶　個人情報の「取得」とは

　個人情報保護法は、主に個人情報を「取得」した後のルールを定めているため、個人情報を「取得」しているかについて、厳格に検討する必要がある。

　個人情報の「取得」とは、**個人情報を受け取って自己の管理下におく行為**である。単に閲覧するだけでは、仮に記憶していたとしても取得とはいえないが、閲覧して転記したり、転記しなくても記憶した情報を利用したりしていれば「取得」といえる（ガイドライン（通則編）3-3-1）。

　例えば、個人情報を記載した紙を受領したり、個人情報を目視して転記したり、自社のサーバに個人情報が記録された場合には「取得」である。個人情報を取得した後、直ちに消去することもあるが、一度は個人情報を受け取った以上は、直ちに削除したとしても「取得」である。

　設例　以下の場合には、A社は個人情報を「取得」しているか。
①　A社は、自社への入退館を管理しており、入館者には、氏名や勤務先を紙の入館証に記載してもらい、提出してもらっている。
②　A社は、Bに氏名や住所を教えてほしいと依頼し、Bの氏名や住所を含むメールを受け取った。BがC社に送付すべき氏名や住所のメールを、A社に誤送信してしまった場合はどうか。
③　A社は、DとWEB会議を行い、そのWEB会議において、Dの氏名と住所を画面共有してもらい、これを書き留めた。
④　A社は、Eが500万円の装飾品を購入したことが記録されたデータベースを保有していたが、この情報から、「Eの予想年収は1000万円である」と推定し、その旨をデータベースに記録した。

　設例①のA社は、氏名や勤務先を記載してもらった入館証を受領している。入館証に記載された情報は、氏名によりその情報の本人がわかるため、全体として個人情報である。A社は、この入館証を受領しており、個人情報を「取得」したといえる。

　設例②は、A社の依頼に基づき、A社のサーバに、Bの氏名を含む情報（個人情報）が記録されており、個人情報を「取得」したといえる。もっとも、A社がBから誤送信のメールを受け取った場合には、サーバに個人情報が記録されたとしても、それは「受け取った」とは評価できない。そのため、A社が、誤送信に気がついて直ちにメールを削除した場合であれば、「取得」とは

いえない（A社が、この誤送信された個人情報を保管しておくことにしたり、利用した場合には、その時点で「取得」である。）。

設例③のA社は、氏名と住所からなる個人情報を目視しただけではなく、これを転記しているので、個人情報を「取得」したといえる。

設例④のA社は、「Eの予想年収は1000万円である」と推定（予想年収という新たな個人情報の項目を生成）しているが、このような事業者内での情報の生成は「取得」にあたらない。

❷ 利用目的の特定（法17条1項）

事業者が個人情報を取り扱う場合には、多かれ少なかれ、「このように利用したい」との、その個人情報を利用する目的（取得した理由）があるはずである。個人情報保護法は、事業者が必要もない個人情報を取得しないように、個人情報を取り扱うにあたっては、その**利用目的を「できる限り特定」しなければならない**としている（法17条1項、ガイドライン（通則編）3-1-1）。個人情報のライフサイクルにおいて、最終的に達成しようとする利用目的を具体的に特定しなければならない。

具体的には、個人情報の本人が、自らの個人情報がどのように取り扱われることとなるかを、利用目的から合理的に予測・想定することができれば、「できる限り特定した」といえる（予測・想定できるかの基準は「本人」であり、事業者ではない。）。なお、取扱いが「予測・想定」できればよく、取り扱われる範囲をすべて明確に記載することまでは求められていない。後に述べるとおり、個人情報は、一度特定した利用目的を達成するために必要な範囲でのみ利用することができるため、あまりにも利用目的を具体的に狭く設定してしまうと、その後の利用が制限されてしまうおそれがある[5]。

なお、本人に関する行動・関心等の情報を分析する場合の利用目的の特定については、Chapter12（p.229）参照。

---

5) 事業者が個人情報を広い範囲で利用できるように、「A事業、B事業、C事業……のため」と、実施を検討もしていない事業を利用目的として特定することも考えられる。しかし、実施を検討していない事業を利用目的に掲げたとしても、それは「利用目的」とはいえない。

> **設例** A社（ECサイトで自社商品を販売）は、以下の個人情報を取得し、利用する予定であるが、どのように利用目的を特定すればよいか。
> ① 当該ECサイトの会員登録時に、氏名、住所、メールアドレス、電話番号を入力フォームに入力してもらい、商品の発送先として伝票に記載したり、会員からの問合せに対する回答をする等のために利用する。また、この会員情報に、会員のサイト閲覧履歴も紐づけて保管しておき、よく閲覧されている商品を分析して、新たな商品を開発するために利用する。
> ② 従業員の氏名等を書面で提出してもらい、従業員の人事、給与振り込み、年金等の手続のために利用する。

設例①のA社が取得した会員情報には氏名が含まれるため、サイト閲覧履歴も含めて、全体として、1つの個人情報である。この個人情報については、「当社の商品の発送」、「問合せ対応」、「当社新商品の開発」などと利用目的を特定しなければならない。A社に個人情報を提供した利用者（本人）は、A社の利用目的が「当社商品の発送」や「問合せ対応」とされていれば、住所や氏名を商品発送のための送り先として発送伝票に記載する等して利用することが予測・想定できるため、「できる限り特定した」といえる。一方で、例えば、「事業活動に用いるため」とだけ特定しても、A社が行う事業活動のうち、どの場面のことを指しているか不明であり、どのように利用するかもわからないため、「できる限り特定した」とはいえない。

なお、「当社新商品の開発」については、開発する新商品の内容を詳細に記載してしまうと、ライバル会社にも新商品の内容が知られてしまう。そのため、「個人情報の本人が、自らの個人情報がどのように取り扱われることとなるかを合理的に予測・想定」できる範囲で抽象的に記載する必要がある。A社に個人情報を提供した利用者（本人）は、A社がECサイトの運営者であることを知っており、A社の利用目的が「当社新商品の開発」とされていれば、閲覧履歴から、現在人気のある商品を分析して、これに応じた新商品を開発すると予測・想定できるため、「できる限り特定した」といえる。

設例②のA社が取得した従業員の氏名等の情報も個人情報である。従業員

の情報については、「人事、賃金・賞与・退職金・年金・保険等に関する業務、教育情報の提供、健康管理等の人事労務管理」などと利用目的を特定すれば、A社に個人情報を提供した従業員（本人）は、自分の人事等で利用することがわかるため、「できる限り特定した」といえる。

　A社のように、複数の個人情報を取得している場合の利用目的を特定するパターンとしては、大きく分けて、①事業者が取り扱う個人情報全体について、共通する利用目的を定めるパターン、②事業者が取り扱う個人情報について、その項目ごとに利用目的を定めるパターンの2パターンがあり、どちらのパターンで特定しても構わない。

〈パターン1〉

当社は、個人情報を下記の目的で取り扱います。
(1)　当社の商品の発送
(2)　問合せ対応
(3)　当社新商品の開発
(4)　人事、賃金・賞与・退職金・年金・保険等に関する業務、教育情報の提供、健康管理等の人事労務管理

〈パターン2〉

当社は、個人情報を下記の目的で取り扱います。

氏名、住所及び電話番号	・当社の商品の発送 ・問合せ対応
サイト閲覧履歴	当社新商品の開発
従業員の情報	人事、賃金・賞与・退職金・年金・保険等に関する業務、教育情報の提供、健康管理等の人事労務管理

❸　利用目的の通知・公表等（法21条）

(1)　個人情報を「取得」した場合の通知・公表等の義務

　事業者の中で個人情報の利用目的を特定するだけではなく、それを本人が知ることができるようにすれば、本人も安心して事業者に個人情報を提供し、また、事業者を監視することもできる。そのため、個人情報を取得した場合には、原則として、以下のとおり、**利用目的を本人に対して通知・公表等しなけ**

ればならない（法21条、ガイドライン（通則編）3−3−3）。

情報の取得先	取得方法	通知・公表等の方法	条文
本人	直接に書面（電磁的記録を含む）に記載された個人情報を取得	利用目的を明示	法21条2項
	上記以外（例：口頭による取得）	利用目的を通知又は公表	法21条1項
本人以外	−	利用目的を通知又は公表	法21条1項

　まず、(i)事業者が本人から申込書をもらう場合のように、本人から直接書面（電磁的記録を含む）に記載された個人情報を取得するのであれば、個人情報を取得するときに、あらかじめ利用目的を明確に本人に示さなければならない（**明示**。利用目的を記載した紙を本人に渡すなど）。(ii)また、本人から個人情報を口頭で聞き取る場合や事業者が本人の知らないところでカメラ撮影する場合のように、本人から書面以外の方法で個人情報を取得する場合や、(iii)本人以外の第三者から個人情報を取得する場合には、事業者はあらかじめ利用目的を公表しておくか、個人情報を取得したときに利用目的を**公表**していなければ、速やかに利用目的を本人に**通知又は公表**しなければならない。

　「**明示**」は合理的かつ適切な方法でなければならないが、具体的な方法は事業者に委ねられている。なお、事業者が自社のホームページで利用目的を公表しているだけでは、本人に明確に示した（明示）とはいえない。もっとも、「明示」があれば足り、必ずしも「利用目的に同意します」とのチェック欄を設けてチェックをしてもらう（同意を得る）必要はない。

　また、「**公表**」とは、不特定多数の人々が知ることができるように発表することであり、合理的かつ適切な方法でなければならないが、具体的な方法は事業者に委ねられている。自社のホームページで公表する場合には、トップページから1回程度の操作で到達できる場所に掲載する。顧客が訪れる店舗に掲示しておいてもよい。

　なお、取得の状況からみて利用目的が明らかであると認められる場合[6] 等の

6）　例えば、従業員が取得した名刺の連絡先に対して自社業務の広告宣伝のための冊子や電子メールを送ることは、「取得の状況からみて利用目的が明らかであると認められる場合」に該当する。

法21条４項各号の事由がある場合には、明示や通知・公表は不要である（法21条４項各号、ガイドライン（通則編）３－３－５）。

> **設例** A社（洋服販売）は、以下の場合に、利用目的を明示しなければならないか、また、どのように利用目的を明示すればよいか。
> ① A社の店舗で洋服を購入した人には、商品の発送及び新商品の宣伝の案内を送付するために、紙に氏名や住所等を記載してもらう。
> ② A社のECサイトで洋服を購入した人には、商品の発送及び新商品の宣伝の案内を送付するために、購入のための入力フォームから氏名や住所等を入力してもらうか、メールで氏名や住所等を送付してもらう。
> ③ A社の会員サイトがあり、会員サイトにログインした人の閲覧履歴等を取得する。この閲覧履歴は会員登録情報（氏名等）と紐づけて保管される。

　設例①のA社においては、本人に氏名等を書面に記載してもらって取得するため、「本人から直接書面（電磁的記録を含む）に記載された個人情報を取得する場合」に該当し、利用目的を明示しなければならない。利用目的の明示の方法としては、(i)利用目的を記載した紙を交付、(ii)氏名等を記載してもらう書面に利用目的を記載する、(iii)スマートフォン等を利用することが期待される者に対して、利用目的が掲載されているホームページのQRコード等を示して、QRコード等から利用目的を確認するように促す等の方法がある。

　設例②のA社においては、本人に氏名等を入力フォームに入力してもらって、又はメールにて取得する。これにより、入力フォームやメールに記載された氏名等は電子的記録となって、A社のサーバに記録される（取得する）ため、「本人から直接書面（電磁的記録を含む）に記載された個人情報を取得する場合」に該当し、利用目的を明示しなければならない。利用目的の明示の方法としては、(i)ECサイトの購入ページにおいて利用目的を掲載する、(ii)入力フォームの付近に利用目的を掲載する、(iii)購入ページや入力フォームの目につく場所に「利用目的はこちら」とのボタンを設置し、そのボタンを押すと利用目的が掲載されているページにリンクする等の方法がある（入力する人が気がつかないよ

うなページに利用目的を掲載しているだけでは「明示」とはいえない。）。

[設例]③のA社は、閲覧履歴を取得しているが、このサイト閲覧履歴は、本人から直接書面で取得したものではなく、単に、本人の行動をA社が記録していただけである。そのため、「明示」は不要であるが、A社はあらかじめ利用目的を公表しておくか、閲覧履歴を取得したときに利用目的を公表していなければ、速やかに利用目的を本人に通知又は公表しなければならない。

(2) 実務的な利用目的の通知・公表等の方法（プライバシーポリシーを公表する意味）

個人情報保護法における利用目的の通知・公表等のルールは以上のとおりであるが、実務的には、「**プライバシーポリシー**」に利用目的を記載して、ホームページに掲載することにより、利用目的を公表する場合が多い。

まずは、自社が取得する可能性がある個人情報について、あらかじめ利用目的を特定した上で、特定した利用目的を自社のホームページの「プライバシーポリシー」に掲載しておく。これにより、利用目的をあらかじめ「公表」し、法21条1項を満たす状態にしておく。その上で、「本人から直接書面（電磁的記録を含む）に記載された個人情報を取得する場合」には、「公表」では足りず、「明示」をしなければならないため（法21条2項）、本人から直接書面で個人情報を取得した場合にのみ、その本人に利用目的を書面で示す等の方法で「明示」を行うことが一般的である。

❹ 適正取得（法20条1項）

個人情報を偽りその他不正の手段により取得してはならない（法20条1項、ガイドライン（通則編）3-3-1）。「偽りその他不正の手段」は、不適法だけではなく、適正性を欠く手段を含む。

例えば、個人情報を取得する目的で、利用目的を偽ったり、信頼のある会社を名乗ったりする等の目的で盗取・詐取・脅迫を行って個人情報を取得する場合や、人の顔を隠し撮りする場合には「不正の手段」による取得である。また、中途採用した従業員から「社外秘」とある元の職場の個人情報を取得する等、外部への持ち出しが制限されている個人情報であることを知り、又は重大な過失により知らずに個人情報を取得する場合も、「不正の手段」による取得

である。

いわゆる「**ダークパターン**」[7]（消費者が気がつかない間に不利な判断・意思決定をしてしまうよう誘導する仕組みとなっているウェブデザイン）については、「不正の手段」による取得になりうる。例えば、ウェブサイトにおいて、個人情報を提出しなくても当該サービスの提供を受けることができたにもかかわらず、あたかも個人情報を提出しなければ当該サービスの提供を受けることができないかのような案内をして個人情報を提出させる場合や、サービスを受けたい人に先に代金を支払わせて、その後に当該サービスを受けるためには個人情報の提出が必要として、当該サービスの提供に必要もない個人情報を提出させる場合には、「不正の手段」による取得になりうる。

さらに、個人情報を提供させる目的で、商品やサービスについて、**有利誤認**や**優良誤認**となる表示（景品表示法5条）をして、申込みなどの名目で個人情報を提供させた場合にも、「不正の手段」による取得になりうる。

一方で、Cookie を利用して閲覧履歴を集める場合もあるが、インターネットを利用する人であれば、Cookie で閲覧履歴を取得していることは多くの人が理解している。そのため、Cookie で取得していることを明示しなくても、直ちに「不正の手段」による取得とはならない（もっとも、Cookie で閲覧履歴を取得していることをポップアップ等で認識させることが望ましい。）。

❺　要配慮個人情報の取得（法20条2項）

(1)　要配慮個人情報についてのルール

個人情報の中には、その情報が他人に知られれば、本人に不利益が及び、また、そのために本人が秘匿しておきたい情報がある。例えば、その人が過去に犯罪を行ったことが知られた場合には、その人は「前科者」としてのレッテルを貼られて、差別が行われるおそれがある。個人情報保護法は、このように、本人に不利益が及ばないように取扱いに特に配慮する必要がある個人情報を「**要配慮個人情報**」として定義し、この要配慮個人情報を取得する場合には、法20条2項各号の例外事由がない限り、あらかじめ本人の同意を得なければならないとしている（法20条2項、ガイドライン（通則編）3－3－2）。

---

7)　消費者庁景品表示法検討会報告書（令和5年1月13日）も参照。

(2) 要配慮個人情報の種類

　要配慮個人情報とは、個人情報のうち、病歴等の個人情報保護法及び同法施行令において列挙された項目（記述）が含まれる個人情報である（法２条３項、政令２条、規則５条、ガイドライン（通則編）２−３）。下記のような社員番号、氏名、住所、病歴からなる個人情報がある場合、その中に政令に指定されている記述である病歴が含まれるため、全体が「要配慮個人情報」である（下記の場合、１列が１つの個人情報となり、その中に「病歴」についての記述があるため、１列全体が要配慮個人情報である。）。

社員番号	氏名	住所	病歴
1	山田一郎	東京都××	胃潰瘍

　具体的な要配慮個人情報は、以下のとおりである。下記の項目を含まない個人情報は、その本人にとって、どれほど重要な情報であったとしても、要配慮個人情報ではない。また、要配慮個人情報を推知させるにすぎない情報は要配慮個人情報ではない。

〈要配慮個人情報〉

① 人種（「アイヌ」「在日韓国・朝鮮人」「日系３世」などがこれに該当するが、国籍は含まれない。）

② 信条（思想・信仰。特定の政党の党員である事実はこれにあたる）

③ 社会的身分

④ 病歴（風邪等の一般的かつ軽微なものも含む）

⑤ 犯罪の経歴（有罪の判決を受けてこれが確定した事実）

⑥ 犯罪により害を被った事実

⑦ 身体障害、知的障害、精神障害（発達障害を含む）等の障害があること

⑧ 医師等により行われた健康診断その他の検査の結果（身長等は、医師等が測ればこれに該当するが、フィットネスクラブや自分で測った場合にはこれに該当しない）

⑨ 健康診断等の結果に基づき、又は疾病、負傷その他の心身の変化（妊娠等）を理由として、医師等により心身の状態の改善のために指導又は

診療若しくは調剤が行われたこと

⑩　刑事手続が行われたこと

⑪　少年法の手続が行われたこと

(3)　「要配慮個人情報」に対する保護

「要配慮個人情報」は、その名のとおり、特別な配慮を要するものであるが、あまりにも配慮しなければならないとすると、事業者にとって扱いにくいものとなってしまうため、あまり大幅なルールは設けられていない。要配慮個人情報における特別なルールは、以下の3点のみである。

①　取得にあたっては、原則として、あらかじめ本人の同意を得なければならない（法20条2項）。

②　要配慮個人情報をオプトアウトすることはできない（法27条2項、第4 ❺（p.64）参照）。

③　要配慮個人情報が1件でも漏えい等した場合には、個人情報保護委員会に報告するとともに、本人に通知しなければならない（法26条、第7 ❸(1) ア（p.97）参照）。

設例　A社（トラック運送業）は、以下の場合、要配慮個人情報を取得したといえるか。また、本人から同意を得なければならないか。

①　従業員Bが自ら健康診断を受けたところ、健康診断の数値が悪かったとして、Bから、その健康診断の結果の提出を受け、保管した。

②　中途採用に応募してきたCの前の職場にCの人事履歴を問い合わせて、これを受け取ったが、人事履歴には、Cの氏名、学歴、Cが非嫡出子であることが記載されていた。Cは、人事履歴にそのような情報が含まれていることを知った上で、前の職場に「A社から問合せが来たら、人事履歴を渡してください」とお願いしていた。

③　従業員Dが、本来A社が支払うべき高速道路代を立て替えたとして、クレジットカードの明細を提出して経費精算を申し出たため、A社は、これを受け取って保管することとした。このクレジットカードの明細には、Dが○○病院や××薬局で支払いをした事実が記載されていた。

設例①のA社においては、Bから健康診断の結果の提出を受けているが、この健康診断の結果は「医師等により行われた健康診断その他の検査の結果」であり、要配慮個人情報である。そのため、A社は、あらかじめ本人の同意を得なければならないが、A社はBから健康診断の結果の提出を受けているのであり、BはA社が取得することに同意している。そのため、A社は、Bから提出を受けたことをもって、同意を得ているのであり、改めて同意を得ることは不要である。

設例②のA社は、Cの同意を得た上で、前の職場から、Cの学歴及びCが非嫡出子であることが記載されている人事履歴を取得している。学歴のように、後発的な理由による地位は「社会的身分」ではない（その他、職業的地位や生活保護を受給していることも社会的身分ではない。）。しかし、非嫡出子であることは、Cの生来的な地位（一生の間、自らの力によって容易にそれから脱しえない地位）であるため、社会的身分である。そのため、A社が前の職場から取得した人事履歴は要配慮個人情報である。A社は、人事履歴の取得にあたってCの同意を得なければならないが、Cは前の職場がA社に対して人事履歴を提供することに同意しており、これはA社が人事履歴を取得することにも同意しているといえる。そのため、A社はCから改めて同意を得ることは不要である。このように、本人（**設例**②ではC）が、要配慮個人情報を保有する者（**設例**②ではCの前の職場）に対して、当該要配慮個人情報の提供に同意を与えた場合には、提供先（**設例**②ではA社）の取得についても同意したといえる。

設例③のA社は、Dが病院や薬局でクレジットカードを利用したとの事実を取得している。これはDが「医師等により心身の状態の改善のために指導又は診療若しくは調剤が行われたこと」として、要配慮個人情報に該当するとも思われる。しかし、Dが病院や薬局でクレジットカードを利用した場合、Dが病院で診療を受けたのか、Dの家族が診療を受けてDが支払いをしただけなのかわからない。そのため、この事実は要配慮個人情報を推知させる情報にすぎず、要配慮個人情報を取得したことにはならない[8]。

Column：性自認・性的指向

　最近、職場等で十分に配慮しなければならない事項として、「性的指向」（好きになる性）や「性自認」（心の性）が挙げられる。

　性的指向（Sexual Orientation）、性自認（Gender Identity）を組み合わせた「SOGI」や、「Lesbian」（レズビアン）、「Gay」（ゲイ）、「Bisexual」（バイセクシュアル）、「Transgender」（トランスジェンダー、出生時に診断された性と自認する性の不一致）、「Queer」（クイア、特定の枠に属さない性のあり方）又は「Questioning」（クエスチョニング、自らの性のあり方を決めない人、定めない人）、「+」（上記以外のすべての性のあり方を表す包括的な意味）の頭文字をとった、「LGBTQ+」といった言葉は一般的になってきた。

　このような、性的指向（好きになる性）や性自認（心の性）は、社会的身分でも、病歴でもない。社会的身分とは、ある人の境遇として固着していて一生の間、自らの力によって容易に脱しえないような地位であり、性的指向や性自認は、境遇と固着しているものとはいえない。また、多数派と異なる性的指向や性自認を持っていることは病気（病歴）でもない。そのため、（医師により「病気」と診断された場合を除けば）ある人の性自認や性的指向は要配慮個人情報ではない。

　しかし、要配慮個人情報でなくとも、本人にとって他人に知られたくない情報である場合もある。このような情報をみだりに開示又は公表する場合には、プライバシー（他人に知られたくない私生活上の事実又は情報をみだりに公開されない利益又は権利）を侵害するとして、不法行為が成立する可能性がある。そのため、要配慮個人情報でなかったとしても、慎重に取り扱わなければならない。

第2　個人情報の保管

　事業者は、個人情報を取得した後、事業者内部で利用したり、第三者に提供するなどした上で、消去されるまでの間、個人情報を保管する。この保管にあ

---

8)　「病院で支払いをした」事実は要配慮個人情報（病院を受診したこと）を推認させるものであって、要配慮個人情報ではない。しかし、A社が「病院で支払いをした」との事実をもとに「Dは病院を受診した」と社員名簿に記載した場合には、その記載は要配慮個人情報である（要配慮個人情報を「推認」したものにすぎないが、政令で定められた記述がある以上は要配慮個人情報である。）。

たって遵守しなければならないルールについて説明する。なお、個人情報を保管する場合には、個人情報をデータベース化して「個人データ」として保管することが多く、下記のルールはこの「個人データ」の保管に関するルールである。

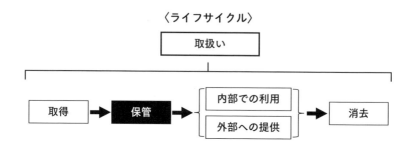

〈ライフサイクル〉

取扱い

取得　→　保管　→　内部での利用　／　外部への提供　→　消去

❶ 「個人データ」

　事業者が個人情報を取得した後は、保管や利用のために、コンピュータ処理できるように個人情報を整然と並べてデータベース化しておくことが多い。このような場合には、特定の個人情報を容易に検索することができるため、容易に特定の個人情報を探し出してその人に対して嫌がらせをすることができるなど、本人の権利利益に重大な影響を与える可能性がある。

　そのため、個人情報保護法は、このようなデータベースを「**個人情報データベース等**」と呼び、「個人情報データベース等」を事業の用に供している者（個人情報取扱事業者）に対して、同法を適用するとともに（Chapter2（p.6）参照）、「個人情報データベース等」を構成する「**個人データ**」には、個人情報よりも厳重なルールを定めている。

(1) 電子データの「**個人情報データベース等**」、「**個人データ**」

「**個人情報データベース等**」とは、個人情報を含む情報の集合物であり、特定の個人情報をコンピュータ（電子計算機[9]）を用いて検索することができるよ

---

[9] 「電子計算機」とはコンピュータのことであり、パソコン、サーバ、モバイル端末（携帯電話機、スマートフォン等）が含まれる。

〈「個人データ」のイメージ〉

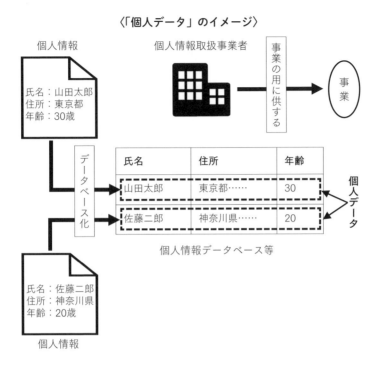

うに体系的に構成されるものである（法16条1項1号、ガイドライン（通則編）2−4）。例えば、以下のように、氏名、年齢、住所、入社年月日が項目ごとに整然と並んでいる表（テーブル）である。下記には4件の個人情報が含まれているが、仮にその表（テーブル）にたまたま1件の個人情報しか含まれていない場合であったとしても、その表（テーブル）は「個人情報データベース等」である。

〈「個人情報データベース等」の例〉

番号	氏名	年齢	住所	入社年月日
1	山田太郎	21歳	東京都……	2022年……
2	佐藤二郎	31歳	千葉県……	2012年……
3	田中三郎	41歳	神奈川県……	2002年……
4	木村四郎	51歳	茨城県……	1992年……

　パソコンを用いて検索することができる必要があるため、いわゆる「電子データ」である必要があり、人間の目で検索することを前提としている紙の電話帳のようなものは含まれない。

　また、「体系的に構成」されている必要があるが、上記のように、個人情報が、項目ごとに整然と並べられていれば、体系的に構成されたといえる。その他にも、電子メールソフトのアドレス帳のように、検索ができるようになっているシステムに登録している個人情報も登録した時点で検索ができるように体系的に構成されているので「個人情報データベース等」に該当する。なお、例えば、文書作成ソフト（ワードなど）で議事録を作成し、その中に氏名が含まれている場合には、文字列検索を使用して、氏名を検索することができる。しかし、これは氏名が表のようになって整然と並んでいるものではないため、「体系的に構成した」とはいえず、「個人情報データベース等」ではない。

(2)　紙媒体の「個人情報データベース等」、「個人データ」

　紙媒体であったとしても、五十音順などの一定の法則に従って並べられ、インデックスが付されている場合には、個人情報を容易に検索することができるため、「個人情報データベース等」に該当する（法16条1項2号、政令4条2項）。例えば、名刺を五十音順に並べて、五十音のインデックスを付してファイリングしたものは、「個人情報データベース等」に該当し、その中に含まれる個人情報が「個人データ」である[10]。

> **設例**　A社が保管する以下の個人情報は、「個人データ」に該当するか。
> ①　従業員100人から氏名や住所などの個人情報を取得して、検索可能なようにデータベース化して、クラウドに保管している。
> ②　求人の応募者（不採用者）100名から提出を受けた履歴書（個人情報）

---

10)　これらの定義に該当するものであったとしても、不特定かつ多数の者に販売することを目的として発行されたもの等の一定の要件を満たすもの（例：市販の電話帳、住宅地図、職員録、カーナビゲーションシステム等）は、「個人情報データベース等」から除外される（法16条1項かっこ書、政令4条1項）。

はデータベース化することなく、ダンボールに応募年度順に並べて保管している。

設例①のA社においては、従業員から氏名や住所などの個人情報を取得し、氏名や住所などで検索可能なようにデータベース化（個人情報データベース等）していれば、従業員の個人情報は「個人データ」である。もっとも、設例②のA社は、求人の応募者（不採用者）から提出を受けた履歴書（個人情報）を応募年度順に並べてはいるものの、インデックスを付していない。紙媒体が「個人情報データベース等」になるためには、インデックスを付すことが必要であるため、当該履歴書に記載された情報は、「個人情報」ではあるが、「個人データ」ではない。

〈個人データのルール〉

【個人情報】
生存する個人に関する情報で、特定の個人を識別することができるもの又は個人識別符号を含むもの

【取得】
● 利用目的の特定（法17条1項）
● 利用目的の通知・公表等（法21条）
● 適正取得（法20条1項）
● 要配慮個人情報の取得（法20条2項）
【利用】
● 利用目的の範囲内での利用（法18条）
● 不適正利用の禁止（法19条）

※「事業者が取得し、又は取得しようとしている個人情報であって、個人データとして取り扱われることが予定されているもの」については、①安全管理措置、従業者の監督、委託先の監督（法23条～法25条）、②漏えい等の対応（法26条）をしなければならない。

【個人データ】
個人データベース等を構成する個人情報

【利用】
● データ内容の正確性の確保（法22条）
【保管】
● 安全管理措置、従業者の監督、委託先の監督（法23条～法25条）
【提供】
● 第三者提供のルール（法27条～法30条）
【その他】
● 漏えい等の対応（法26条）

❷ 安全管理措置（法23条）

　個人データの漏えい、滅失又は毀損の防止その他の個人データの安全管理のために必要かつ適切な措置（**安全管理措置**）を講じなければならない（法23条、ガイドライン（通則編）3－4－2）。なお、原則として、個人データに対して安全管理措置を講じることで足りるが、個人データにしようとする個人情報について改ざん等が加えられれば、個人データとなったときに本人の権利利益を害しかねない。そのため、個人情報のうち、「事業者が取得し、又は取得しようとしている個人情報であって、個人データとして取り扱われることが予定されているもの」については安全管理措置（従業者の監督、委託先の監督を含む）を講じなければならない。

　具体的にどのような安全管理措置を講じるかは、事業者が決定しなければならないが、「リスク」に応じて必要かつ適切な内容としなければならない。この「リスク」は企業経営に対するリスクではなく、個人情報の本人の権利利益

〈手順①〉

⑤システムで管理している顧客の大量のクレジットカード情報が標的型攻撃で漏えいするリスク

①紙で管理している従業員の個人情報（健康診断の結果を含む）が部外者に持ち去られるリスク

④名刺データベースが漏えいするリスク

②システムで管理している顧客の大量の個人情報が、従業員により持ち去られるリスク

③メールの誤送信により社内にある何らかの個人情報が漏えいするリスク

に対するリスクである。

　具体的な手順としては、まず、「事業の規模及び性質、個人データの取扱状況（取り扱う個人データの性質及び量を含む。）、個人データを記録した媒体の性質等」を踏まえて、本人の権利利益を保護する観点から、何が起こらないようにすべきか（リスク）を考える〈**手順①**〉。

　次に、すべてのリスクに完璧に対応するわけにはいかないので、リスクを順位づけする〈**手順②**〉。なお、この順位づけにおいては、リスクが発生した場合の本人の権利利益に対する影響と、リスクが発現する可能性の高さの2つの観点から分析することが考えられる[11]。

〈**手順②**〉

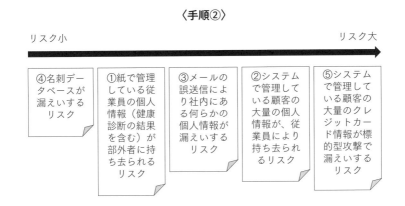

　最後に、リスクを受容する範囲とリスクに対応する範囲に仕分けした上で、必要かつ適切な安全管理措置を講じなければならない。安全管理措置にかけることができるコスト等も考慮して、一部のリスクについて対策をしないことも認められる（次頁〈**手順③**〉）。

---

11) このようなリスクを検討する上では、警察庁サイバー警察局サイバー企画課「不正アクセス行為対策等の実態調査アクセス制御機能に関する技術の研究開発の状況等に関する調査報告書」（令和4年12月）等の調査を参照することが考えられる。なお、同調査によれば、過去に受けたことがあるサイバー犯罪被害は、ホームページの改ざん、電子メールの不正中継（不正送信）、ランサムウェアの順に多かった。

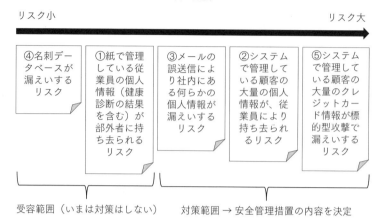

〈手順③〉

リスク小 　　　　　　　　　　　　　　　　　　　　　　リスク大

④名刺デー
タベースが
漏えいする
リスク

①紙で管理
している従
業員の個人
情報（健康
診断の結果
を含む）が
部外者に持
ち去られる
リスク

③メールの
誤送信によ
り社内にあ
る何らかの
個人情報が
漏えいする
リスク

②システム
で管理して
いる顧客の
大量の個人
情報が、従
業員により
持ち去られ
るリスク

⑤システム
で管理して
いる顧客の
大量のクレ
ジットカー
ド情報が標
的型攻撃で
漏えいする
リスク

受容範囲（いまは対策はしない）　　　対策範囲 → 安全管理措置の内容を決定

　なお、リスクに応じて優先度をつけて、優先度が高いものから対処していくことにより、徐々にリスクを減らしていくことが重要である。事業者によって事情が異なるため、自社の事情に応じて、リスクに対する対策や対策をしないリスクを選択した理由について、合理的な説明ができれば足りる。

　安全管理措置については、ガイドライン（通則編）10において、以下の7つの視点が示されており、その視点に従って、安全管理措置の具体的な内容を決定しなければならない。下記①〜⑦の具体的な内容は、ガイドライン（通則編）や個人情報保護委員会が公表する「（動画）政府インターネットテレビ『個人情報保護法上の安全管理措置』（令和4年9月）」を参照されたい[12]。

〈安全管理措置〉

　①基本方針の策定、②個人データの取扱いに係る規律の整備、③組織的安全管理措置、④人的安全管理措置、⑤物理的安全管理措置、⑥技術的安全

---

12)　その他、独立行政法人情報処理推進機構（IPA）「中小企業の情報セキュリティ対策ガイドライン」、同「組織における内部不正防止ガイドライン」、経済産業省・独立行政法人情報処理推進機構（IPA）「サイバーセキュリティ経営ガイドライン」も参考になる。また、個人情報の持ち出し等のリスクに対する対策としては、「個人情報の持ち出し等に係る安全管理措置について（周知）」（第171回個人情報保護委員会資料2）も参照。

　管理措置、⑦外的環境の把握

　なお、上記のように、リスクの特定・順位付けや、リスクへの対応策については、その程度に応じて、社内の専門的知見を有する者や上位者に対して、報告・承認する（エスカレーション）のための組織体制を整備しなければならない（このような体制の整備自体が組織的安全管理措置の内容となる[13]。）。

Column：データマッピング

　事業者が多数のデータを保有するようになり、各事業部門が独自にデータを取得した結果として、管理部門ですら、自社がどのようなデータを保有しているかを理解できない場合がある。これではデータの管理ができないだけではなく、データの有効な利活用もできない。

　そのため、事業者が取り扱うデータを事業者全体で整理して、取扱状況等を可視化する「データマッピング」を行うことが有効である。個人情報保護法との関係では、このデータマッピングを行うことにより、安全管理措置（組織的安全管理措置）のうち「個人データの取扱状況を確認する手段の整備」（ガイドライン（通則編）10－3⑶）を行ったことになる。なお、個人情報保護委員会事務局は、「データマッピング・ツールキット」を公表し、38項目についてデータマッピングする場合の例を示す等して、データマッピングの実施を推奨している[14]。

（データマッピング例）

データの名称	責任者	人数	データの項目	利用目的	保管場所	利用方法
人事データ	人事部長	564人	氏名、住所……	・従業員管理 ・源泉徴収票の提出	クラウド	・従業員への連絡 ・人事異動先の決定

　データマッピングはデータを可視化すればおわりではなく、その後、データマッピング表を用いて、個人情報保護法等の法令遵守状況の確認や、当該データの取扱状況等に起因するリスクを評価して、必要な対策を実施することが重

---

13) 第233回個人情報保護委員会資料2も参照。
14) 大星光弘＝木村一輝『『データマッピング・ツールキット』の解説」NBL1231号（2022年）15頁以下も参照。

要である。例えば、データの内容に見合ったセキュリティがなされていない場合には改善するなどの対応をすることが重要である。

❸ 従業者の監督義務（法24条）

上記のとおり、個人データに対して安全管理措置を講じなければならない。しかし、実際に安全管理措置を行うのはその「従業者」であるため、安全管理措置が確実に講じられるように、「従業者」に個人データを取り扱わせるにあたっては、**「従業者」を監督**しなければならない（法24条、ガイドライン（通則編）3－4－3）。

この「従業者」とは、個人情報取扱事業者の組織内にあって直接間接に事業者の指揮監督を受けて事業者の業務に従事している者等をいい、雇用関係にある従業員（正社員、契約社員、嘱託社員、パート社員、アルバイト社員等）のみならず、取締役、執行役、理事、監査役、監事、派遣社員等も含まれる。実際に安全管理措置を担当するのは、雇用契約がある従業員だけではなく、例えば、役員や派遣労働者も、事業者との間に雇用契約はないものの、事業者の業務を行うため、安全管理措置を担当することがある。そのため、個人情報保護法は、従業員だけではなく、役員や派遣労働者も含む事業に従事している者を「従業者」として、この「従業者」に対して監督しなければならないとしている[15]。

個人情報保護法においては、具体的な監督の方法を規定していない。もっとも、ガイドライン（通則編）やQAにおいては、従業者の監督について、**(i)個人データを取り扱う従業者に対する教育・研修、(ii)従業者が安全管理措置や個人データの取扱いに係る内部規程に違反していないかの確認**、という2つの視点を挙げている。なお、研修の頻度は、安全管理措置の内容と同様にリスクベースで決定されるべきであるが、適切な内容の研修であれば、年1回程度で

---

[15] 株主は、個人情報取扱事業者の業務に従事するわけではないので「従業者」ではない。また、マンションの管理組合も、個人情報データベース等を用いて活動を行っていれば「個人情報取扱事業者」であるが、管理組合の組合員（役員でない組合員）も同様の理由で「従業者」ではない（役員は、管理組合の事業に従事しているので、「従業者」である。）。

足りる。また、研修においては、単に法律の内容を説明するだけではなく、実際の業務において何をやらなければならないかを、事業者の業務に応じて説明する等の工夫をすべきである。

Column：従業者の監督のポイント

　従業者の監督は、①行動指針などの発出・社内規程の制定、②従業者の研修、③従業者の監督（監査）の3つのポイントを意識することが重要である。

　まずは、経営陣が行動指針など（個人情報保護法の遵守）を発出する。この場合、単に「個人情報保護法を遵守しましょう」や「当社はコンプライアンスを重視しています」という文言ではなく、「個人情報保護法を遵守せずに実施する事業は企業価値を損ねます」、「個人情報保護法に違反した事業から得た利益は評価しません」、「個人情報保護法のチェックのための時間を無駄と思ってはいけません」など、従業者の意識に残る文言を工夫することが重要である。また、社内規程は、必要以上に複数の社内規程に分けて規定したり、必要以上に規定を詳細にすることなく、従業者が守ることを簡潔にまとめたり、従業者の裁量の余地を必要以上に広くしないなどして、従業者が理解しやすいものとすることが重要である。

　次に、行動指針などに基づいて研修を実施する。従業者の行動を変容させるためには研修が重要であることは多く指摘されている。研修においては、経営陣が自ら参加することによりコンプライアンス重視の姿勢を示す、研修内容の理解度のチェックを行って知識・認識の定着を図る、個人情報保護法の一般的な知識を研修するだけではなく自社の業務における個人情報保護法との関わりや遵守事項を示す、社外弁護士を招くなどにより従業者に緊張感を与える工夫が重要である。

　そして、行動指針、研修内容、社内規程などに基づいて業務が実施されているかの監査を行う。監査においては、経営陣が監査対象者に監査の重要性を説くなどの工夫が重要である。

　このような、行動指針・社内規程、研修、監査がうまく連携することにより、従業者の有効な監督を行うことができる[16]。

---

16) 公正取引委員会「排除措置命令における再発防止策に関する効果検証報告書」（令和5年6月）も参照。

❹ 委託先の監督（法25条）

　個人データは委託先において取り扱われることもあるため、このような場合には、委託先において安全管理措置のレベルが下がらないように、委託元は**委託先を監督しなければならない**（法25条。詳細は Chapter9（p.186）参照）。

第3　個人情報の利用

　事業者は、個人情報を取得して、一度事業者内で保管した後、それを利用して事業を行う。この事業者内での利用にあたって遵守しなければならないルールについて説明する。

〈ライフサイクル〉

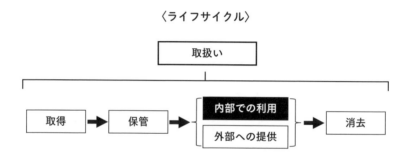

❶ 利用目的の範囲内での利用（法18条）

　本人に通知・公表等した利用目的と異なる利用をすれば、本人にとって想定外のこととなるため、法18条3項各号の例外事由がある場合を除き、個人情報は、**利用目的の達成に必要な範囲で取り扱わなければならない**（法18条1項、ガイドライン（通則編）3−1−3）。実際の個人情報の利用が、利用目的から「合理的に予測・想定する」ことができる場合には、「利用目的の達成に必要な範囲」であるといえる[17]。

> **設例**　　A社（精肉店）は、自社が販売するブランド牛を、常連客に案内するため、「当社製品の案内」という利用目的を特定し、常連客から氏名と住所を聞いて、肉のパンフレットを送っていた。A社は、以下の①〜③の利用をすることができるか。
> ①　A社は、隣で店を開いているB社の依頼を受けて、常連客の住所宛にB社の案内を送りたい。
> ②　A社は、肉でキャンプをやる人が多いのではないかと考えて、アウトドア製品を販売することとし、アウトドア製品のパンフレットを送りたい。
> ③　A社は、自社で販売している肉を使ってお弁当を作って販売することとし、弁当のパンフレットを送りたい。

　設例の氏名及び住所からなる情報は、氏名があり、その情報の本人がわかるため、個人情報である。**設例**①のA社は、「当社製品の案内」と利用目的を特定しており、その個人情報は、A社の製品の案内のためにしか利用できないため、B社の製品を案内するために利用することはできない。

　一方で、**設例**②及び**設例**③のA社が、アウトドア製品やお弁当の販売を始めるとして、そのパンフレットを発送することは、「当社製品の案内」といえるとも思える。しかし、「当社製品」に含まれるかは、利用目的を特定した際に、アウトドア製品やお弁当もこれに含まれると「合理的に予測・想定する」ことができるかによって決まる。この判断においては、利用目的を特定した際の事業者の事業内容や、当該事業内容と新たな製品との関連性などを考慮する必要がある。

　設例②においては、利用目的を特定した当時にA社が販売していた精肉と、今回販売を開始するアウトドア製品は全く異なる製品であり、精肉店がアウト

---

17) 病院に勤務する看護師が、勤務先の病院を受診したところ、別の医師を順次紹介され、HIV感染が判明し、当該情報が診断した医師から勤務先の病院に伝えられた事例において、当該情報の利用目的を治療目的と認定し、その情報を院内感染防止の目的で、勤務先病院内で伝達・共有すること等は目的外利用（法18条1項違反）として、不法行為を認めた事例がある（福岡高判平成27年1月29日判時2251号57頁）。

ドア製品を販売するとは合理的に予測・想定できない。そのため、アウトドア製品のパンフレットを送付することは、「当社製品の案内」という利用目的を達成するために必要な範囲とはいえず、法18条1項に違反する。

　一方で、**設例**③においては、精肉店が惣菜を作ることは一般的なことであるため、A社が自社の販売する肉を使ってお弁当を作ることは合理的に予測・想定できる。そのため、お弁当のパンフレットを送付することは、「当社製品の案内」という利用目的を達成するために必要な範囲に含まれ、法18条1項に違反しない。

❷　不適正利用の禁止（法19条）

　個人情報は**違法又は不当な行為を助長**（すでにある違法又は不当な行為をさらに著しくすること）**し、又は誘発**（個人情報の利用により違法又は不当な行為が行われること）**するおそれがある方法により利用してはならない**（法19条、ガイドライン（通則編）3－2）。個人情報の利用の結果として、違法又は不当な行為を助長、誘発するおそれがある場合には、当該利用を個人情報保護法上も違法とするものである。この「違法」には、個人情報保護法に違反する場合だけではなく、他の法令に違反する場合を含む。「不当な行為」とは、直ちに違法とはいえないものの、個人情報保護法その他の法令の制度趣旨又は公序良俗に反するなど、社会通念上適正とは認められない行為をいう。

　なお、事業者の個人情報の利用を過度に萎縮させないように、不適正利用の禁止は相当悪質なケースを念頭においたものである（第201回国会参議院内閣委員会・令和2年6月4日の政府参考人答弁）。例えば、**採用選考**を通じて個人情報を取得した事業者が、採用にあたって、正当な理由がないのに、性別のみを理由として不採用にする場合には、採用という利用目的の範囲内の利用であるものの、個人情報を利用して、違法又は不当な行為を行っているのであり、不適正利用である。

❸　データ内容の正確性の確保（法22条前段）

　個人データの内容が不正確なまま利用されることにより個人の権利利益を侵害しないように、**利用目的の達成に必要な範囲において、個人データを正確かつ最新の内容に保つように努めなければならない**（法22条前段、ガイドライン

（通則編）3－4－1）。

　例えば、事業者がある従業員をSNSで調べたところ、その従業員には窃盗歴があるとされていたため、その旨を記録して、その従業員が望んでいた金銭管理をする仕事につけなかったような場合には、その内容が虚偽であればその従業員にとって不利益であるし、事業者としても適切な従業員管理（利用目的）を達成できない。そのため、そのような窃盗歴が真実であるかについて、確認するように努めなければならない。もっとも、あくまで「利用目的の達成に必要な範囲」において正確かつ最新に保てば足りるため、例えば、ポイントカードの会員データベースにおいて、ある会員の年齢が1歳だけ違っていたような軽微な違いの場合は、会員管理（利用目的）の達成に支障になるものではない。そのため、このような場合には年齢について正確かつ最新の内容に保つように努力する必要はない。

❹　個人情報の典型的な利用方法（個人情報の突合、社内での個人情報の共有）

⑴　個人情報の照合・突合

> **設例**　A社（ECサイト）は、以下の2つのデータベースを保有していた。
> ・「ECサイトの購入品の発送及び新製品案内のため」との利用目的で、会員の氏名、メールアドレス、購入履歴を会員データベースとして保有していた。
> ・A社は、メールマガジンを配信しており、「メールマガジンの配信のため」との利用目的で、メルマガ登録者の氏名、メールアドレス、職業をメルマガデータベースとして保有していた。
> A社は、会員データベースとメルマガデータベースに同じ人がいた場合に統合（本人ごとに突合）して保管することができるか。

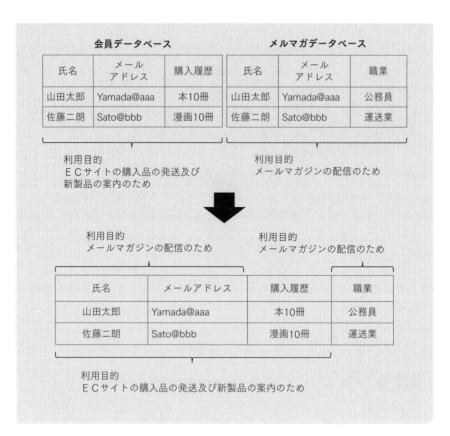

利用目的の達成に必要な範囲であれば、2つの個人情報を見て同じものであるかを確認したり（照合）、同じ人がいた場合に**統合（本人ごとに突合）**して、利用・保管をすることもできる。

設例のA社については、会員データベースとメルマガデータベースを本人ごとに突合して管理することも、直ちに利用目的の達成に必要な範囲を超えるとまではいえない。もっとも、突合した後のデータベースは、同じデータベースの情報であっても、項目によって利用目的が異なる。例えば、「メールマガジンの配信のため」として取得した職業を、新製品の案内のために利用すること（当該職業に必要な道具の案内を送るなど）はできない。そのため、このように保管するのであればフラグをたてるなどして、目的外利用とならないように注意する必要がある。

(2) 社内での個人情報の共有

> **設例** A社（商社）の社会インフラ部は、「当社の営業のため」との利用目的で、営業先の担当者の氏名や連絡先を保有していた。A社は、効率的な営業のために、この氏名や連絡先を社内のイントラに掲載して、他の部も含めた社内で共有することができるか。

　個人情報は、利用目的の達成に必要であれば、事業者内で共有することもできる。

　もっとも、この氏名や連絡先が「個人データ」である場合には、安全管理措置を講じなければならない（法23条）。その1つとして、情報システム（パソコンなどの機器を含む。）を使用して個人データを取り扱う場合には、「技術的安全管理措置」として「アクセス制御」（個人データにアクセスできる者の範囲やアクセスできるデータの範囲を限定するための適切なアクセス制御）や「アクセス者の識別と認証」（アクセスしようとする者が正当なアクセス権を有する者であることを識別・認証）を行わなければならない（ガイドライン（通則編）10-6）。

　設例のA社において、営業先の担当者の氏名を含む個人情報を効率的な営業のために共有することは、「当社の営業のため」との利用目的を達成するために必要な範囲といえるため、他の部と共有することはできる。もっとも、担当者の氏名を含む個人情報が「個人データ」であれば安全管理措置を講じなければならない。そのため、技術的安全管理措置として、IDやパスワード等を用いて、効率的な営業のために必要な営業社員にのみアクセスを認める等しなければならない。

第4　個人データの第三者への提供（国内での提供）

　事業者において、個人情報を取得した場合に、この個人情報を自社以外の第三者に提供する場合もある。この個人情報の第三者提供（国内での提供）にあたって遵守しなければならないルールについて説明する。

〈ライフサイクル〉

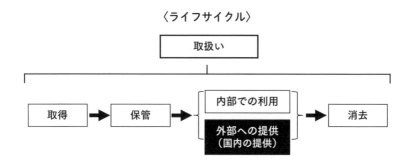

❶ 個人データの第三者提供のルール

(1) 利用目的の特定（法17条 1 項）、通知・公表等（法21条）

　個人データを第三者提供するためには、「第三者に提供するため」などと、利用目的として第三者提供する旨を特定して（法17条 1 項）、通知・公表等しなければならない（法21条）。もっとも、提供先の「第三者」の名称や、提供先の「第三者」における利用目的を特定する必要はなく、単に「第三者」とすれば足りる。

　なお、通常、下記の本人の同意を得るにあたって、「当社はお客様から取得した個人情報を第三者に提供します」との文言を示して同意を取得する。そのため、仮に、プライバシーポリシーなどの「利用目的」として「第三者に提供するため」と記載されていなくても、上記の文言を示したことで、利用目的を特定して、通知・公表等したことになる。

(2) 本人の同意（法27条）

　個人データを第三者提供するためには、原則として、あらかじめ本人の同意を得なければならない（法27条 1 項、ガイドライン（通則編） 3 － 6 － 1 ）[18]。例

---

[18] 検索できるように体系化されたデータベースを作成し、その中にある個人データが第三者に提供されれば、他のデータと結合・加工される等して、本人に不測の不利益を及ぼすおそれが高まる。本人の予期しないところで、このようなことが行われないように、原則として本人の同意が必要としている。

外は、①法27条1項各号の事由がある場合、②オプトアウトの場合（法27条2項）、③委託、事業の承継、共同利用の場合（法27条5項各号）であり、後に説明する。

　同意を得るタイミングは個人データの第三者提供の前であればよいが、通常は、本人から個人情報（個人データ）を取得した際に同意を得ておく。そうしないと、後から同意を得るにはコストがかかる。なお、個人情報を取得する時点で個人データを第三者に提供する具体的な予定がなかったとしても、本人から同意を得ておくこともできる。また、「あらかじめ」同意を得なければならないため、個人データを第三者提供した後に、本人から同意を得た（追認してもらった）としても、同意があったとは認められない。

(3)　個人データを提供した場合の第三者提供記録の作成義務（法29条）

　本人の同意に基づき、又はオプトアウト（法27条2項）により、個人データを第三者に提供した場合は、文書、電磁的記録又はマイクロフィルムを用いて（規則19条1項）、原則として提供した都度速やかに（規則19条2項）、提供した年月日などの一定の事項に関する**記録を作成**し（規則20条1項）、原則として3年間**保管**しなければならない（規則21条）[19]（ガイドライン（第三者提供時の確認・記録義務編）4）。

〈記録事項〉

	本人の同意に基づく提供	オプトアウトによる提供
記録事項	(i)　本人の同意を得ている旨 (ii)　提供先の氏名など (iii)　本人の氏名など (iv)　個人データの項目	(i)　当該個人データを提供した年月日 (ii)　提供先の氏名など (iii)　本人の氏名など (iv)　個人データの項目

---

[19]　形式的には本人の同意に基づく個人データの第三者提供であったとしても、①「本人による提供」や「本人に代わって提供」したといえる場合、②本人の代理人又は家族等、本人と一体と評価できる関係にある者に提供する場合、③不特定多数の者が取得できる公開情報を提供した場合には、記録作成義務は適用されない（ガイドライン（第三者提供時の確認・記録義務編）2-2）。

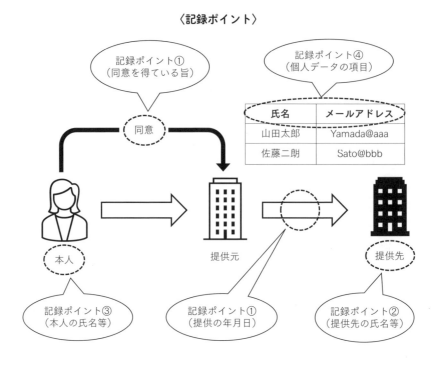

〈記録ポイント〉

Column：個人情報の第三者提供

　取得した個人情報を個人データとすることなく第三者に提供する場合には、本人の同意を取得したり、第三者提供記録を作成したりする必要はない。もっとも、利用目的として「第三者に提供するため」と特定して通知・公表等はしなければならない（法21条）。また、個人情報であろうとも、それを第三者に提供すれば、その目的や態様などによっては、不適正利用（法19条）となったり、本人のプライバシーを侵害することにもなりかねないため、安易に個人情報を第三者に提供することが認められるものではない。

❷　個人データの第三者提供とは

　「個人データ」を「第三者」に「提供」する場合には、上記❶のルールを遵守しなければならない。大まかにいえば、①提供元から見て「個人データ」にあたる情報を、②自社以外の人や他の法人（第三者）に対して、③利用可能な

状態においた（提供した）場合には、個人データの第三者提供となる。

(1) 「個人データ」の判断基準

「個人データ」であるかは、提供元から見て判断する。そのため、提供されるデータだけ見て「個人データ」でない（本人がわからない）としても、提供元から見て「個人データ」である場合には「個人データ」となる。これを「**提供元基準**」という。

ア 個人データをマスキングした場合

例えば、氏名、住所、メールアドレスの各項目がある場合に、住所とメールアドレスの部分のみ、第三者に閲覧させたり、アクセスを認める場合には、住所とメールアドレスのみでは、その本人はわからない。しかし、提供する事業者にとっては、住所やメールアドレスは「個人データ」の一部であるため、個人データの第三者提供である。

〈個人データの例①〉

個人情報取扱事業者

〈「個人情報データベース等」〉

氏名	住所	メールアドレス
山田太郎	東京都 ……	1111@aaaa
佐藤二朗	神奈川県 ……	2222@bbbb
鈴木三郎	千葉県 ……	3333@cccc

点線部分だけ提供

イ　個人データの一部を切り出して提供する場合

　例えば、氏名、住所、メールアドレスの各項目がある場合に、下記のとおり、氏名を削除したコピーを作って、第三者に提供することがある。この場合であっても、それは実質的に個人データの一部を見せていることと同じであるため（上記アと同じであるため）、個人データの第三者提供である[20]。

<h4 style="text-align:center">〈個人データの例②〉</h4>

個人情報取扱事業者

〈「個人情報データベース等」〉

氏名	住所	メールアドレス
山田太郎	東京都 ……	1111@aaaa
佐藤二朗	神奈川県 ……	2222@bbbb
鈴木三郎	千葉県 ……	3333@cccc

電子データで氏名部分
以外のコピーを作成

住所	メールアドレス
千葉県 ……	3333@cccc

提供

ウ　容易照合性がある個人データ

　例えば、下記のようにIDと購買品だけの購買履歴データベースが、会員データベースと紐づいている場合には、購買履歴データベースに含まれる情報

---

[20]　容易照合性を持ち出すまでもなく、個人データの第三者提供に該当する。一方で、氏名、住所、メールアドレスからなる個人データのうち、住所及びメールアドレスの部分のみをコピーし、その住所及びメールアドレスについて加工を行った場合には、実質的には個人データとは別のものになったとして、容易照合性が認められない限り、個人データ（個人情報）にならない。

は「個人データ」である（容易照合性）。そのため、購買履歴データベースだけではその本人がわからないが、同データベースは提供元にとっては個人データであるため、この購買履歴データベースを提供する場合には個人データの第三者提供である。

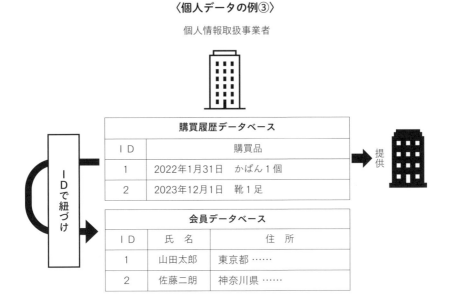

〈個人データの例③〉

個人情報取扱事業者

購買履歴データベース

ＩＤ	購買品
1	2022年1月31日　かばん１個
2	2023年12月1日　靴１足

提供

ＩＤで紐づけ

会員データベース

ＩＤ	氏　名	住　　所
1	山田太郎	東京都 ……
2	佐藤二朗	神奈川県 ……

(2)　「第三者」の判断基準

「第三者」に提供する場合とは、**事業者が自ら以外の人や他の法人（自社と法人格が異なる法人）に提供する場合である。**例えば、親会社で保管していた個人データを子会社に提供する場合であっても、親会社と子会社は法人格が異なるため、「第三者」への提供である。しかし、従業員を懲戒したとの情報を社内で共有する場合や、東京支店のサーバからニューヨーク支店のサーバにデータを移動する場合などの事業者内での共有・移動は「第三者」への提供ではない。

なお、法人格が別であったとしても「第三者」に該当しない場合として、①

委託、②事業の承継、③共同利用があり、それについては後に説明する。

(3) 「提供」の判断基準

個人データの「提供」とは、個人データを**第三者が利用可能な状態におく**ことである。例えば、個人データのコピーを作成し、そのコピーした個人データをメールで送付したり、印刷して渡す場合である。

また、個人データのコピーを渡すことはしないが、個人データを見せたり、アクセスを認める場合（API連携など）であったとしても、個人データを第三者に提供したといえる。パソコンのような「物（もの）」は、相手にその物（もの）を現実に渡さなければ、相手はそれを利用することはできない。しかし、情報の場合には、情報の電子データや情報が印刷された紙を渡さずに、その情報を見せるだけでも、相手方はその情報を利用することができるため、情報を見せたり、アクセスを認めることも「提供」となる。なお、第三者において個人データを見ることができる状態においたり、アクセス可能な状態においた場合には、実際に、第三者がその個人データを見たり、アクセスしていなかったとしても、個人データを提供したといえる[21]。

加えて、個人データの内容について問合せを受けて回答する場合にも、個人データを第三者に提供したといえる。例えば、従業員の氏名や住所などからなる従業員名簿（個人情報データベース等）がある場合には、その従業員名簿に含まれる個人情報は個人データである。「貴社の従業員として誰がいますか」と聞かれて、従業員名簿を見て、「山田太郎がいます」と回答すれば、個人データの内容を相手に教えているので、個人データの提供になるのは当然である。これだけではなく、例えば「貴社の従業員として山田太郎がいますか」と聞かれて、従業員名簿を見て、「います」と回答しただけの場合でも、これは山田太郎という個人データの内容を相手に教えているのと同じであるため、個人データの提供となる。

---

[21] なお、「提供」と「取得」は異なる。例えば、A社が個人データをB社が利用可能な状態においていたとしても（A社が「提供」したとしても）、B社がこれを閲覧しなかったり、閲覧しても事業に用いないような場合には、B社は個人データを「取得」したことにはならない。

> **設例**　A社（スーパーマーケット）は、新たに利用者にポイントカードを発行することとし、申込者には、申込書に氏名、住所を記載してもらうことにした。また、A社は、以下のとおり、ポイントカードを持っている申込者の氏名、住所に加えて、来店日をデータベース化することとした。
>
> | 氏名 | 住所 | 来店日 |
> |---|---|---|
> | 山田太郎 | 東京都B市…… | 2022年1月10日、2022年1月12日 |
> | 佐藤二朗 | 神奈川県T市…… | 2022年3月1日、2022年3月10日 |
>
> A社は、B社から、このポイントカードのデータができたら、販売してほしいと言われたため、B社に対して、住所と来店日の部分だけアクセスを認めて、その代わりとして対価を得ようと思っているが、どのような対応が必要か。

設例のA社は、個人情報をB社に提供することを予定しているため、利用目的を「①会員管理のため、②第三者に提供するため」などと特定し（法17条1項）、直接書面により個人情報を取得するため、利用目的を明示しなければならない（法21条2項）。

また、A社は、会員情報を検索可能なようにデータベース化するため、会員情報は「個人データ」である。A社は「第三者」であるB社に対して、この個人データのうち、住所と来店日のみアクセスを認める形で「提供」することになる。住所と来店日だけでは、B社にとっては情報の本人はわからないものの、A社にとっては、住所と来店日は「個人データ」の一部である。「個人データ」の提供であるかは、B社（提供先）ではなく、A社（提供元）から見て「個人データ」であるかで決まるため、住所と来店日のみの提供であったとしても、個人データの第三者提供である。したがって、原則として、あらかじめ本人の同意を得なければならない（法27条1項）。

加えて、実際にA社がB社に対して、データへのアクセスを認めた場合には、原則として、その都度、速やかに第三者提供のための記録を作成し、3年間保管しなければならない（法29条）。なお、A社がB社に継続的にアクセス

を認める場合には、その都度ではなく、一括して記録を作成することができる（規則19条2項ただし書）。一括して記録を作成する方法はいくつかあるが、例えば、継続的に提供する期間の終了後、速やかに記録を作成することで足りる。

❸ 本人からの同意の取得方法

個人データを第三者に提供する場合には、原則として、あらかじめ本人の同意を得なければならないため、有効に同意を取得することが重要になる。

(1) 一般的な同意の取得方法

一般的に、本人の同意は「お客様から取得した個人情報を第三者に提供することに同意します」との同意文言が記載された紙を渡して署名を得たり、Webサイトに上記同意文言が記載されたページを設けて「同意します」をクリックさせるなどの方法により取得することができる。このような同意文言を見せて同意を得ることにより、第三者提供する旨の利用目的を通知したことになり、また、同意も取得したことになる。

本人から同意をとる際には、「X社に提供します」と提供先を特定してもよいが、単に「第三者に提供することに同意します」という同意を取得すれば足りる。例えば、A事業者が、本人から「B事業者に対する第三者提供に同意する」との同意を得た場合には、A事業者はB事業者に個人データを第三者提供することはできるが、B事業者以外の者には第三者提供することはできない。そのため、第三者提供先を明確に特定することなく、「第三者に個人データを提供することに同意する」との同意を得ることが一般的であり、このような同意の取得も認められる（この場合、A事業者はB事業者以外にも提供することができる。）。

しかし、このような同意を得た場合であっても、どの事業者にも個人データを提供してよいわけではない。本人としては、「第三者に個人データを提供することに同意する」と同意したことによって、その同意の時点で、予想される範囲の第三者に個人データを提供することについて同意したのみである。そのため、同意の取得時に予想される範囲外の、全く想定されないような第三者に個人データを提供することについては、本人の同意がないため、認められな

い。このような場合には、提供先が予想できるように本人に説明した上で、改めて同意を得なければならない。

Column：黙示の同意

　これから取得する個人データを第三者提供することを予定している場合には、上記のとおり、書面や Web サイトで同意を取得するべきである。もっとも、書面や Web で明示的な同意を得ずに取得してしまった個人データを後から第三者提供しなければならない場合もある。このような場合には、「黙示の同意」の有無を検討するべきである[22]。黙示の同意も同意として有効である。例えば、本人と締結した契約の履行のために個人データを第三者提供しなければならない場合には黙示の同意が認められる場合もある。ただし、黙示の同意があるかについては、個別具体的な事案に応じて慎重に判断する必要がある。

(2)　約款による同意の取得

　事業者は、サービスの利用者などと個別に交渉して契約を締結するのではなく、「約款」を作成し、その約款に基づいて一律の内容で契約を締結する場合がある。このような約款の中に「当社は本サービスに関連して取得した個人データを第三者に提供し、お客様はこれに同意します」などと、第三者提供について同意する文言が含まれている場合がある。

　このように約款による場合であっても、第三者提供を認める旨の約款条項を本人が確認して約款に同意した場合には、約款に同意したことをもって、第三者提供の同意をしたといえる。また、本人が個別の約款条項について十分に確認しなかったものの、第三者提供が想定できる状況下で約款にわかりやすく第三者提供する旨が記載され、その上で「本約款により契約を締結します」とのチェックをつけて同意ボタンを押す場合（明示又は黙示のいわゆる「組み入れ合意」がある場合）等には、約款に記載のとおりの意思表示をする意思があったといえ、第三者提供の同意をしたと解して差しつかえないと考えるべきである[23]。

---

22)　「医療・介護関係事業者における個人情報の適切な取扱いのためのガイダンス」Ⅳの9.(3)、「金融機関における個人情報保護に関する Q&A」Ⅳ－4も参照。

(3) 二段階同意を得る場合

例えば、A 社→ B 社→ C 社の順に第三者提供が行われていく場合、A 社が A 社・B 社間の第三者提供について本人の同意を得て、B 社が B 社・C 社間の第三者提供について同意を得るのが一般的である。もっとも、本人と接点を持っているのが A 社だけの場合には、A 社が本人から、A 社・B 社間の第三者提供（一段階目の第三者提供）の同意を得ると同時に、B 社・C 社間の第三者提供（二段階目の第三者提供）の同意を得ることがある。

このように、A 社が、B 社に代わって二段階目の同意を得ることは認められるが、A 社が、本人から単に「第三者提供に同意する」との同意を得ただけでは、A 社が行う第三者提供には同意しているが、B 社が行う第三者提供に同意したことにはならない。そのため、A 社においては、B 社の名称を明示した上で、B 社が行う第三者提供についての同意を得なければならない（例えば、「当社がお客様の個人情報（個人データ）を第三者に提供することについて同意するとともに、当社の提供先である B 社が、個人情報をさらに第三者に提供することを認めます」などとの同意を得なければならない。）。

> **設例** A 社（オンラインゲームの運営）は、会員の個人データを B 社に提供したいと考えて、「当社は個人データを第三者に提供します。2022年1月1日までに異議を申し出ない場合には、お客様は個人データの提供に同意したものとみなします」とのメールを会員に送付した。

---

23) なお、個人情報保護法における同意と、私法上の合意は別の問題と考えるべきである。そのため、個人データの提供を認める旨の条項を含む就業規則が労働契約の内容となっている（労働契約法7条）、同条項を含む定型約款の個別の条項について合意したとみなされる（民法548条の2）からといって、必ずしも個人情報保護法の同意があったとはいえない。例えば、定型約款準備者があらかじめその定型約款を契約の内容とする旨を相手方に表示していただけでは足りない（民法548条の2第1項2号）。

また、就業規則の変更（労働契約法10条）や定型約款の変更（民法548条の4）により、個人データの提供を認めるように就業規則や定型約款が変更された場合であっても、当該条項について、意思表示をしていない以上は、直ちに個人情報保護法の同意があったとはいえない。

2022年１月１日までに異議を申し出なかった会員について同意があったといえるか。

設例のように、「異議を申し出ない場合には、個人データの提供に同意したものとみなします」とのメールを送付したとしても、そのようなメールを見ていない者もいる。このような者についてまで、異議を申し出なかったからといって、黙示の同意があったとはいえない。例えば、ECサイトを利用する前に、「このサービスを利用した場合には、個人データの提供を認めることに同意したとみなします」とのポップアップを画面全体に表示したにもかかわらず、その直後にサービスを利用した者については、黙示の同意が認められるであろう。

⑷　子ども、障害者、高齢者の同意

本人（子ども、障害者、高齢者など）が、同意したことによって生じる結果について、判断できる能力を有していない場合には、本人の同意を得たとしても個人データを第三者提供することはできず、親権者等の本人に代わってその権利利益を保護すべき立場にある者の同意を得なければならない[24]。

設例　A社（ゲーム会社）は、以下の場合、個人データを第三者提供するためには、誰から、どのように同意を得るべきか。
①　小学生や中学生がアカウント登録をして、ゲームを利用することができるようにしていた。
②　アカウント登録をした高齢者が認知症となり、十分な判断能力を有していない状態となってしまった。

設例①のA社においては、小学生や中学生が「同意したことによって生じ

---

24)　理論的には、本人が判断能力を有しない者の場合、「本人に代わってその権利利益を保護すべき立場にある者」も「本人」に含まれると解釈し、その者の同意がなければ「本人」の同意があったとはいえず、また、法18条３項各号や法27条１項各号の「本人」の同意取得困難性も、その者について判断されることとなる。

る結果について、**判断できる能力**」を有していない場合には、本人である小学生・中学生ではなく、その親権者等[25]の同意を得なければ、個人データを第三者提供してはならない。この能力を有しているかは、個別の判断が必要であるものの、一般的には、12歳から15歳までの年齢以下の子どもについては、このような能力はないと解されているため、実務的には、一律に、**12歳未満**は親権者等から、**12歳～15歳**はその未成年と親権者等の両方から、**16歳以上**はその未成年から同意を得る仕組みを構築するべきである。例えば、アカウント登録の際に年齢を記載させるとともに、本人の電話番号と保護者等の電話番号を登録させて、当該保護者等の電話番号に SMS を発信する等して保護者等の同意を得ることが考えられる。なお、上記のように、16歳未満の者について親権者等から確実に同意を得るための仕組みを整えたにもかかわらず、16歳未満の者が年齢を偽る等して、親権者等の同意を得ることができなかった場合には、事業者は法27条1項違反にはなるものの、必要なことは行っているのであるから、個人情報保護委員会の権限行使の対象にはなりにくいであろう。

設例②のA社においては、十分な判断能力がなくなってしまった高齢者から同意を取得することはできない。この場合、当該高齢者に成年後見人が選任されている場合には、当該成年後見人の同意を取得すれば足りる。成年後見人が選任されていない場合には、法27条1項各号の例外事由がなければ、第三者提供できない。

(5) 同意の撤回

本人が、一度、個人データの第三者提供に同意をした場合には、法律行為は特別の規定がない限り撤回できないし、撤回を認めると事業者に予期せぬ損害を与えかねないため、本人は当該同意を撤回することはできない[26]。そのため、同意を得て第三者提供した個人データについて、提供後に同意を撤回すると本人が連絡してきたとしても、当該個人データを回収する必要はない。また、そ

---

25) 父母が共同で親権を行使する場合（民法818条3項）には、財産に関する法律行為については、共同で代理する。しかし、個人情報保護法における同意を与えることは、財産に関する法律行為ではないため、この規定は適用されない。個人情報保護法における同意については、親権者のいずれかが同意すれば足りると解される。

のような連絡の後も、個人データを第三者に提供することができる（本人との契約において、同意が撤回できるとされていても同様である。）。ただし、本人から同意を撤回する旨の申し出があったにもかかわらず、個人データを第三者に提供することは、プライバシーを侵害するとして、民法上は不法行為が成立する可能性がある。そのため、本人が同意を撤回する旨を表明した場合には、提供を行うべきではない。

❹ 個人データの第三者提供の例外（法27条1項各号）

　下記(i)〜(vii)の**法27条1項各号**の例外事由がある場合には、第三者提供のための本人の同意は不要である（ガイドライン（通則編）3−6−1）。もっとも、下記(ii)及び(iii)は、同意取得困難が要件である。事業者が本人から個人情報を提供してもらうときは、本人から同意を取得することができるため、これから取得する個人情報（個人データ）について、同意取得困難性が認められない。下記(ii)及び(iii)は、すでに保有している個人データについて、第三者提供の同意を得ていなかった場合に適用できるかを検討することになる。なお、法27条1項各号の例外事由の詳細はChapter7（p.140）で説明する。

　(i)　法令に基づく場合
　(ii)　人の生命、身体又は財産の保護のために必要がある場合であって、本人の同意を得ることが困難であるとき
　(iii)　公衆衛生の向上又は児童の健全な育成の推進のために特に必要がある場合であって、本人の同意を得ることが困難であるとき
　(iv)　国の機関若しくは地方公共団体又はその委託を受けた者が法令の定める事務を遂行することに対して協力する必要がある場合であって、本人の同意を得ることにより当該事務の遂行に支障を及ぼすおそれがあるとき
　(v)　当該個人情報取扱事業者が学術研究機関等である場合であって、当該個

---

26)　なお、「医療・介護関係事業者における個人情報の適切な取扱いのためのガイダンス」においては、「本人から第三者提供の範囲の一部についての同意を取り消す旨の申出があった場合は、その後の個人データの取扱いについては、本人の同意のあった範囲に限定して取り扱うものとする。」とされている（なお、「ものとする」との語尾からは、これに違反した場合であっても、個人情報保護法違反とならない。同ガイダンス I の 2. 参照）。

人データの提供が学術研究の成果の公表又は教授のためやむをえないとき（個人の権利利益を不当に侵害するおそれがある場合を除く。）

(vi) 当該個人情報取扱事業者が学術研究機関等である場合であって、当該個人データを学術研究目的で提供する必要があるとき（当該個人データを提供する目的の一部が学術研究目的である場合を含み、個人の権利利益を不当に侵害するおそれがある場合を除く。）（当該個人情報取扱事業者と当該第三者が共同して学術研究を行う場合に限る。）

(vii) 当該第三者が学術研究機関等である場合であって、当該第三者が当該個人データを学術研究目的で取り扱う必要があるとき（当該個人データを取り扱う目的の一部が学術研究目的である場合を含み、個人の権利利益を不当に侵害するおそれがある場合を除く。）

❺ 個人データの第三者提供の例外（法27条2項各号）

オプトアウトは、事業者の負担を軽減し、社会にとって有用な事業を阻害しないように、以下の条件と引き換えに、第三者提供にあたって本人の同意を不要とする制度である（法27条2項、ガイドライン（通則編）3−6−2）。

(i) あらかじめ、法27条2項各号の事項を本人に通知又は本人が容易に知りうる状態におく

(ii) 上記(i)の事項について個人情報保護委員会に届け出る（個人情報保護委員会は法27条4項に基づいて、同委員会のホームページで届出書を公表している）

(iii) 本人から求めがあれば、個人データの提供を停止する

ただし、要配慮個人情報のオプトアウト、法20条1項（適正取得）に違反して取得された個人データのオプトアウト、他の事業者からオプトアウトで提供された個人データのオプトアウト（二段階のオプトアウト）はできない（法27条2項ただし書）。

なお、オプトアウトは、本人からの求めがあれば個人データの提供を停止しなければならない等の理由で、実務的には利用例が多いとはいえない。個人情報保護委員会に届けられている例としては、例えば、新聞社が企業の人事異動ニュースをインターネットを通じて提供するためや、地図作成会社が地図を作成して販売するために届け出ている例がある。

〈オプトアウトの仕組み〉

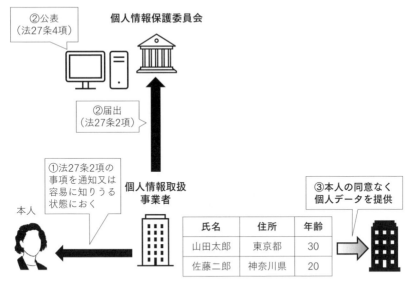

❻ 個人データの第三者提供の例外（法27条5項各号）

(1) 委託、事業の承継、共同利用の概要

「第三者」に対して個人データを提供する場合には上記のルールを遵守しなければならないが、(i)委託、(ii)事業の承継、(iii)共同利用に伴って個人データを提供する場合には、提供元と提供先は一体のものとして扱うことができる（提供元にとって、提供先は「自社以外の者」ではない）ため、提供先は「第三者」に該当せず、第三者提供のルールを守る必要がない（法27条5項、ガイドライン（通則編）3－6－3）。

個人情報（個人データ）の利用目的を達成するために他の事業者を手足として利用することが「委託」である。また、個人データを用いて事業を行っていた事業者がその事業を他の事業者に承継した場合にその事業を承継した事業者がその事業に関連する個人データを利用することが「事業の承継」である。さらに、個人情報（個人データ）の利用目的を達成するためには、他の事業者と一緒に個人データを用いる必要がある場合があり、これが「共同利用」であ

る。

　また、要配慮個人情報を取得する場合には、原則として、あらかじめ本人の同意を得なければならないが（法20条2項）、提供元が委託、事業の承継、共同利用に伴って要配慮個人情報を提供する場合に、提供先が要配慮個人情報を取得したとしても、提供先は本人の同意を得る必要はない（法20条2項8号・政令9条2号）。

　委託については Chapter9（p.186）において、共同利用においては下記❼において説明するため、以下では事業の承継について説明する。

(2)　事業の承継に伴う提供（法27条5項2号）

ア　事業の承継に伴う提供と本人の同意

　個人情報取扱事業者は、個人情報データベース等（個人データ）を用いて事業を行っている。事業者が、この事業を合併、会社分割、事業譲渡等により、他の者に承継する場合には、当該承継先は、事業の実施等のために、個人データにアクセスしたり、利用したりする必要がある。逆にいえば、事業者は、承継先に個人データを提供する必要がある、このような「**事業の承継**」（合併、会社分割、事業譲渡等）に伴って個人データが提供される場合には、本人の同意は不要である[27]。典型的には、会社分割をする場合に、分割承継会社が、分割会社から、承継した事業に関する個人データの提供を受けて、承継した事業を行う場合である。

　「事業の承継に伴って」個人データが提供される場合であれば同意は不要であるため、事業の承継のための**交渉**や**デューデリジェンス（DD）**のために、当該事業の用に供している個人データを承継候補先に提供する場合も、本号に該当し、本人の同意は不要である。ただし、提供する承継候補先に安全管理措置を遵守させるために必要な契約を締結しなければならない。

　本号に該当するためには、「事業の承継」の実態がなければならないため、単に個人データを印刷した紙を売却したり、対価を得て個人データを販売する

---

27) 事業の承継に伴うものであれば足りるため、契約書において、承継資産や譲渡資産として、個人データを列挙する必要はない。また、会社法上の合併、会社分割、事業承継だけではなく、ある事業を行っていた会社を解散し、新会社を設立して事業を承継させる場合にも、「事業の承継」にあたると解される。

場合には、これに該当しない。また、「会社分割」等と称しているが、実態は事業の承継がなく、個人データを提供するだけの場合も、これに該当しない。

イ　事業承継先（提供先）での取扱い

承継先は、承継元における利用目的も承継する。そのため、承継先での利用は、承継前の利用目的の達成に必要な範囲に限定され、これを超えて利用する場合には、目的外利用として、本人の同意を得なければならない（法18条１項、２項）。

❼　個人データの第三者提供の例外（共同利用・法27条５項３号）

個人情報（個人データ）を取得した際に、他の事業者と共同で利用すること（共同利用）を本人に明らかにしていた場合には、その共同利用者間では、本人の同意なく個人データを提供することができる（法27条５項３号、ガイドライン（通則編）３－６－３）。

⑴　共同利用が認められる場合

A社がB社に対して個人データを共同利用する場合には、①共同利用するA社が法27条５項３号に掲げる事項を本人に通知し、又は本人が容易に知りうる状態におくこと、②共同利用する個人データの利用目的から、共同利用すること（共同利用する者や共同利用の目的など）が合理的に予測・想定できること、③共同利用する者が本人から見て一体のものとしてみることができる関係にあることが必要である。

A社が共同利用する場合であっても、A社の利用目的の制限（法18条１項）を受けることから上記②が必要である。通常のA社からB社への第三者提供の場合には、第三者提供すること自体がA社の利用目的であり、B社の利用目的がA社の利用目的の範囲内である必要はない。もっとも、共同利用の場合には、A社とB社は一体のものとして評価されるため、B社での利用がA社の利用目的の範囲内でなければならない。

また、「共同利用」において、本人の同意がないにもかかわらずA社がB社に対して個人データを提供することができるのは、A社とB社が一体のものとして取り扱われることに合理性があるからであり、上記③が必要である。このような関係があるかは、共同利用者の関係（資本関係の有無等）、共同利用す

るデータを用いた共同事業の有無、共同利用の態様（共同利用者間の役割分担
等）や共同利用する個人データについての安全管理措置の態様等の事情を考慮
して判断される。

　グループ会社間の共同利用は1つの会社の部署内での個人データの共有と同
じと評価できる場合が多く、またグループ会社が親会社の下で一体のものとし
て各種事業を行っているため、一般的に上記③が認められる。なお、この場合
であっても、A社とB社との間で締結した契約や両社に適用されるグループ
管理規程等によりA社とB社で共同して安全管理措置を講じること等を決め
ておいたり、グループ監査により個人データに講じた安全管理措置の内容を定
期的に確認・評価する（A社とB社が兄弟会社であれば、その親会社であるC社
がグループ監査により確認し、その結果についてA社が共有を受ける等でも足りる）
等、共同して安全管理措置を講じるべきである。

　グループ会社の関係がない事業者において共同利用を実施する場合には、各
事業者が協力することにより、共同キャンペーン、共通ポイント事業、地域の
犯罪防止、不正行為の防止等の共同のプロジェクトを実施し、その一環として
個人データを共同利用する関係があれば上記③を認めやすい。例えば、A社と
B社が共同でキャンペーンを行う場合には、A社が取得した個人データをB社
に提供し、B社において共同キャンペーンの対象となっている製品のDMを
送る等が考えられる。なお、この場合であっても、A社とB社において、A
社が提供してB社が保有することになる個人データに対する安全管理措置に
ついて共同して決定する、又は必要に応じてA社がB社の安全管理措置の状
況について評価・確認する等、共同して安全管理措置を講じるべきである（こ
のようなことがなければ一体の関係とみることは困難である場合もある。）。

(2)　共同利用にあたって決定すべき事項
　共同利用をするためには、共同利用者の間で、以下の事項を決定しなければ
ならない。
　　ア　共同利用する者の範囲、共同して利用する個人データの項目、共同利
　　　　用する者の利用目的
　まず、共同利用するためには、①共同利用する者の範囲、②共同して利用す
る個人データの項目、③共同利用する者の利用目的を決定する。

　共同利用はあくまで個人情報（個人データ）の利用目的を達成するために必要であることが条件になるため、特定している利用目的の範囲内で、利用目的とは別に、③共同利用をする理由（共同利用する者の利用目的）を決定する必要がある。

　例えば、A社が本人から個人情報（個人データ）を取得して、B社に共同利用に伴って提供する場合には、まず、A社は利用目的を特定して、通知・公表等する（法17条1項、法21条）。A社とB社は、A社が特定した利用目的とは別に、共同利用の目的を定めることになるが、この共同利用の目的は、A社の利用目的の範囲内で設定しなければならない。また、B社は、共同利用される個人データを取得するにあたって、利用目的を特定し、通知・公表等しなければならない（法17条1項、法21条）。A社とB社が事前に個人情報の利用目的を公表している場合には、多くの場合、A社の利用目的、B社の利用目的、共同利用の目的は、次のような関係に立ち、B社が共同利用に伴って提供された個人データを利用できるのは、これらのすべてが重なる範囲（灰色部分）に限られる。

〈共同利用の目的〉

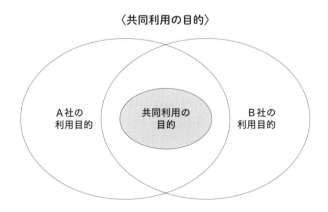

A社の
利用目的

共同利用の
目的

B社の
利用目的

　なお、共同利用を開始した後に、①共同利用する者の範囲、②共同して利用する個人データの項目を追加することはできない（法27条6項の反対解釈）。一方で、共同利用する者の利用目的は、「社会通念上、本人が通常予期しうる限度と客観的に認められる範囲内」でのみ変更することができる。ただし、変更

する前に、あらかじめ、その旨を本人に通知し、又は本人が容易に知りうる状態におかなければならない（法27条6項）。

イ　個人データの管理について責任を有する者

　共同利用する者は、共同利用する者の中から、**個人データの管理について責任を有する者**を定めなければならない。責任者は、本人から開示等の請求（法33条〜法35条）や苦情を受け付けた場合には、いわば、受付窓口となり、各共同利用者に開示等の請求や苦情があった旨及びその内容を連絡しなければならない。もっとも、実際に、開示等の請求及び苦情の処理を行うのは、各共同利用者である。例えば、X社が取得した個人データを、Y社及びZ社に交付して共同利用しており、X社をこの責任者にしたとする。Y社が共同利用により提供を受けて保有する個人データに関して、本人はY社に対して、開示等の請求や苦情の申し出を行うことができるが、さらに、X社に対しても、Y社の保有する個人データに関しての開示等の請求や苦情の申し出を行うことができる。Y社に対する請求や苦情を受けたX社としては、Y社にこの内容を連絡し、Y社において、これらに対応することになる（X社に開示等の請求や苦情に応じる義務が発生するものではない。）。

　個人データの管理についての責任者の名称、住所、代表者の氏名等に変更があったとき（責任者は交代しないが、責任者の商号・住所や代表者に変更があったとき）には、変更後に遅滞なく（変更前でもよい）、その旨を本人に通知し、又は本人が容易に知りうる状態におかなければならない。責任者を変更する場合（責任者が別の共同利用者になる場合）には、変更する前に、あらかじめ、その旨（責任者が変更になる旨及び変更後の責任者）を本人に通知し、又は本人が容易に知りうる状態におかなければならない（法27条6項）。

(3)　共同利用にあたっての通知等

　共同利用を開始する前には、以下の事項を、あらかじめ、本人に通知し、又は本人が容易に知りうる状態におかなければならない。なお、通知等をする義務があるのは共同利用に伴って個人データを提供する者であり、共同利用先においては、通知等をする義務はない。

〈本人に通知等する事項〉

(i)共同利用する旨、(ii)共同して利用される個人データの項目、(iii)共同して利用する者の範囲、(iv)利用する者の利用目的、(v)当該個人データの管理について責任を有する者の氏名又は名称（商号等）及び住所並びに法人にあっては、その代表者の氏名

なお、上記(iii)については、共同利用する者を個別に列挙する必要はなく、本人がどの事業者まで利用されるか判断できる程度に外延を明確にすれば足りる。例えば、従業員の個人データをグループ内で共同利用する場合には、共同して利用する者の範囲として「当社子会社及び関連会社」や「当社グループ」とだけ通知等すれば、従業員が持っている知識や社内資料等で容易にその範囲がわかるため、これで足りる。しかし、一般顧客の個人データの共同利用であれば、一般顧客はこれだけでは、共同利用の範囲がわからない場合もある。そのため、「当社子会社及び関連会社」とする場合には、ホームページや有価証券報告書等において子会社や関連会社が公表されている必要がある。また、「当社グループ会社」とする場合には、ホームページ等でグループ会社一覧が公表されている必要がある。

> **設例**　Ａ社（書店）は、Ａ社が取得する個人情報の利用目的を「当社グループのサービスの案内のため」、「売れ筋商品の分析のため」と特定していた。Ａ社は、今後、会員カードを発行し、会員の氏名、住所、購買履歴を取得・サーバに保管し、以下の共同利用を行うことができるか。
>
> ①　Ａ社は、自社のグループ会社であるＢ社（不動産仲介）に、Ｂ社が行っている不動産販売の案内を送付させるため、Ｂ社がサーバにアクセスして「氏名」と「住所」を閲覧・利用することを認めたい。なお、Ｂ社は、Ｂ社が取得する個人情報の利用目的を「当社サービスの案内のため」、「不動産取引の仲介のため」と特定し、公表していた。

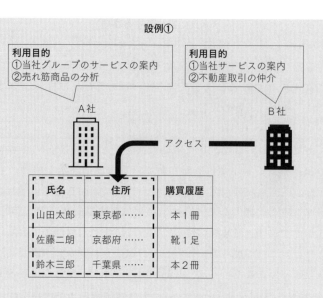

設例①

利用目的
①当社グループのサービスの案内
②売れ筋商品の分析

利用目的
①当社サービスの案内
②不動産取引の仲介

A社　　　　　　　　　　　　　　　　　　B社

アクセス

氏名	住所	購買履歴
山田太郎	東京都……	本1冊
佐藤二朗	京都府……	靴1足
鈴木三郎	千葉県……	本2冊

② A社は、K商店街に書店を出店していたが、K商店街には、C社も書店を出店していた。そこで、A社は、C社とともに、会員の氏名、住所、購買履歴を持ち寄って、その地域で売れている本について分析を行うことを企画し、このプロジェクトを「A社プロジェクト」と名付けた。このA社プロジェクトにおいては、A社とC社が、それぞれの個人データを保存しているサーバに、相互にアクセスを認めて分析を行う。

設例②

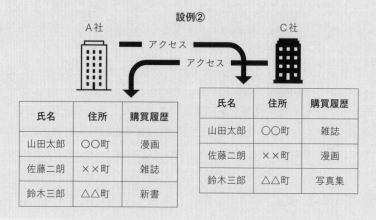

A社　　　　　　　　　　　　　　　　　　C社

アクセス
アクセス

氏名	住所	購買履歴
山田太郎	○○町	漫画
佐藤二朗	××町	雑誌
鈴木三郎	△△町	新書

氏名	住所	購買履歴
山田太郎	○○町	雑誌
佐藤二朗	××町	漫画
鈴木三郎	△△町	写真集

設例①においては、A社は「氏名」及び「住所」へのアクセスを認めるのであり、個人データの提供になる。B社の利用はA社の利用目的（法17条1項）の範囲内でなければならないが、B社の不動産案内の販売はA社の利用目的である「当社グループのサービスの案内のため」の範囲内である。また、共同利用においては一体性が必要である。この場合、B社のみが案内を送付し、A社はそれに関与しないが、A社とB社はグループ会社であり、A社がB社と共同で安全管理措置を講じているとの関係があるのであれば、A社とB社を一体のものと見ることができる。そのため、共同利用する項目を「氏名・住所」、共同利用の目的を「B社の不動産販売の案内のため」、責任者をA社又はB社と設定することにより、B社との間で共同利用することができる。

設例②においては、A社は、個人データを保存したサーバにC社のアクセスを認めるのであり、個人データの提供になる。C社の利用はA社の利用目的（法17条1項）の範囲内でなければならないが、C社とA社が共同で売れている本の分析をすることは、A社の利用目的である「売れ筋商品の分析のため」の範囲内である。また、A社とC社は共同で売れ筋商品の分析のためのプロジェクトを実施しているのであり、共同で安全管理措置を講じているとの関係があるのであれば、A社とC社を一体のものと見ることができる。そのため、共同利用する項目を「氏名・住所・購買履歴」、共同利用の目的を「売れ筋商品の分析のため」、責任者をA社又はC社と設定することにより、C社との間で共同利用することができる（なお、C社が保有する個人データについても、同様に、A社との間で共同利用することができる。）。

(4) 共同利用する者の追加

共同利用を開始した後に、共同利用する者を追加したい場合があるが、「共同利用する者の範囲」にない者を共同利用者に追加することはできず（法27条6項反対解釈）、新たに共同利用をしなければならない。

設例　A社（会員制スーパー）は、
① 子会社にB社とC社があり、A社のホームページで、「共同して利用する者の範囲」を「A社グループ会社　※A社のグループ会社は変動

することがあります。」とし、A社のグループ会社一覧としてB社とC社の商号を掲載した上で、個人データをB社・C社と共同利用していた。その後、A社は新たにD社を買収したが、D社と共同利用することができるか。

② E社との間で、2023年1月から「K商店街ポイントカード」制度（共通ポイントカード制度）を設けていた。この制度を運用するため、A社のホームページでは、「共同して利用する者の範囲」を「K商店街ポイントカード制度参加者 ※この制度の参加者は順次追加されます。」とし、その一覧としてE社の商号を掲載した上で、ポイントカード会員の個人データをE社と共同利用していた。このポイントカード制度に、2023年4月から新たにF社が参加したが、F社と共同利用することができるか。

③ G社との間で、2023年1月から共通ポイントカード制度を設けていた。この制度を運用するため、A社のホームページでは、「共同して利用する者の範囲」を「G社」とした上で、ポイントカード会員の個人データをG社と共同利用していた。この共通ポイントカード制度に、2023年4月からH社が参加したが、H社と共同利用することができるか。

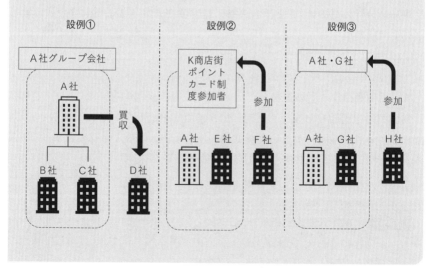

　設例①のＡ社においては、共同利用の範囲を「Ａ社グループ会社」とし、Ｄ社がグループ会社に加入した。Ａ社が行っている事業と何らかの関連する事業（シナジーを発揮する事業）を行うグループ会社が増えることは、本人にとっても予測・想定することができるため、Ｄ社がＡ社と関連する事業を行っている場合には、Ｄ社を共同利用に加えて、Ａ社・Ｂ社・Ｃ社・Ｄ社との間で共同利用を継続することができる（共同利用者の追加にはならず、Ｄ社を買収する前に取得した個人データをＤ社に提供することができる。）。

　設例②のＡ社においては、共同利用の範囲を「Ｋ商店街ポイントカード制度参加者　※この制度の参加者は順次追加されます。」としていたところ、この制度にＦ社が加入した。共同利用の範囲の記載からは、Ｋ商店街の他の店舗がポイントカード制度に参加して共同利用することは本人にとって予測・想定することができるため、Ｆ社を共同利用に加えて、Ａ社・Ｅ社・Ｆ社との間で共同利用を継続することができる（共同利用者の追加にはならず、Ａ社及びＥ社は、Ｆ社が制度に参加する前に取得した個人データをＦ社に提供することができる。）。

　設例③のＡ社においては、共同利用の範囲をＧ社としており、Ｈ社と共同利用することは、共同利用者の追加となるため、認められない。そのため、Ａ社は、2023年４月から、共同利用する者の範囲をＧ社・Ｈ社とした上で、新たな共同利用を開始することになる。なお、2023年１月から３月の間にＡ社が取得した個人情報（個人データ）については、Ｈ社と共同利用することはできない。2023年１月から３月の間に、Ａ社はＨ社と共同利用することについて通知等をしていないため、その間にＡ社に個人情報（個人データ）を提供した本人は、提供した当時、Ａ社がＨ社と共同利用することを予測・想定することはできず、共同利用は法18条１項違反となる（下記 Column 参照）。そのため、Ａ社は、2023年４月以降に取得した個人データのみ、Ｈ社と共同利用することができる。

Column：過去に取得した個人データの共同利用

　上記のとおり、共同利用するためには、特定された利用目的の達成に必要な範囲（合理的に予測・想定できる範囲）でなければならない（法18条１項）。

　そのため、共同利用するためには、社会通念上、利用目的から、当該共同利用（共同して利用する者の範囲や利用目的等）が本人が通常予期しうると客観的に認められる範囲内（合理的に予測・想定することができる範囲内）でなければならない（ガイドライン（通則編）3－6－3）。

　下記の図のとおり、法27条5項3号に定める事項を通知等した後に個人情報を取得した場合には、個人情報を提供した本人も、通知等がされた範囲で共同利用することを予測・想定できる。

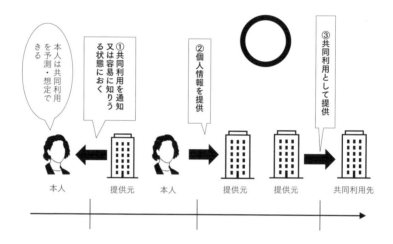

| 本人は共同利用を予測・想定できる | ①共同利用を通知又は容易に知りうる状態におく | | ②個人情報を提供 | | ③共同利用として提供 |

| 本人 | 提供元 | 本人 | 提供元 | 提供元 | 共同利用先 |

　しかし、そのようなことをしないで取得した個人情報を取得し、その後に法27条5項3号に掲げる事項を通知等したとしても、提供した本人は、提供当時には、共同利用を合理的に予測・想定することは困難である。

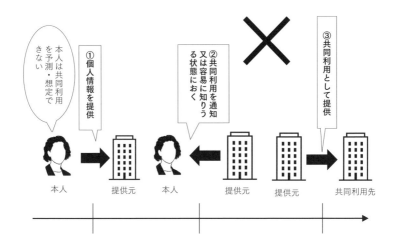

　共同利用の通知等をしていないにもかかわらず、個人情報（個人データ）を取得した当時の利用目的から、共同利用することが合理的に予測・想定できる場合は限られる。

　例えば、Ａ社が、法27条５項３号に定める事項の通知等を行わずに、「顧客分析のため」の利用目的で取得した個人データを、顧客分析のためにＢ社と共同利用したいと考えたとする。この場合、「顧客分析のため」との利用目的は、Ａ社が自社で顧客分析することを予測・想定することはできるが、通常、Ｂ社に共同利用してＢ社とともに顧客分析することは予測・想定できない。そのため、この個人データをＢ社と共同利用することはできない。また、クレジットカード発行会社Ａ社が、法27条５項３号に定める事項の通知等を行わずに、「不正検知のため」として取得していた個人データを、不正検知のためにＢ社と共同利用したいと考えたとする。この場合であっても、「不正検知のため」との利用目的は、Ａ社が自社で不正検知をすることまでは予測・想定できるが、通常、Ｂ社とともに不正検知のために利用することは予測・想定できない。そのため、この個人データをＢ社と共同利用することはできない。

　一方で、例えば、Ａ社が利用目的としては「おすすめ商品の提案のため」のみであったが、チラシなどで「Ａ社グループでワンストップサービスを目指します」などと本人に説明していた場合であれば、法27条５項３号に定める事項の通知等を行っていなかったとしても、おすすめ商品の提案のためにＡ社グループ会社に共同利用することが予測・想定できる場合もある。このような場合であれば、Ａ社はグループ会社との間では共同利用することができる。

❽ まとめ

これまで説明した個人データの第三者提供のルールの概要は、以下のとおりである。

提供先	第三者（法27条）				外国にある第三者（法28条）	
第三者提供の根拠	本人の同意	法27条1項各号	オプトアウト	委託、事業の承継、共同利用	本人の同意	法27条1項各号
同意の要否	○	×	×	×	○	×
同意の取得にあたっての情報提供	×	×	×	×	○	×
利用目的						
第三者提供する旨を利用目的として特定	○	×	○	×	○	×
利用目的の通知・公表等	○	×	○	×	○	×
記録作成義務	○	×	○	×	○	×

❾ 個人データの提供先による「取得」

個人情報取扱事業者は、本人から履歴書1枚をもらうように、単に個人情報を取得する場合もあるが、表計算ソフトで作成されている社員名簿のように、個人情報が検索可能なようにデータベース化されている「個人情報データベース等」ごと個人情報を取得する場合がある。このように、個人情報取扱事業者が「個人情報データベース等」ごと個人情報を取得する場合には、当該個人情報取扱事業者は「個人データ」を取得したことになる。

個人データを取得する場合には、「個人情報」を取得する場合のルールに加えて、「個人データ」を取得する場合のルールに従わなければならない。なお、下記の確認義務や記録作成義務は、個人情報を取得する側（提供先）にとって

「個人データ」である場合に適用され、提供元にとっては個人データであるが、提供先にとっては個人データではない場合には適用されないことに注意する必要がある。

個人データを取得する場合に遵守するルール		
個人情報を取得する場合のルール（Chapter 4 第1（p.21））	①	利用目的の特定（法17条1項）
	②	利用目的の通知・公表等（法21条）
	③	適正取得（法20条1項）
	④	要配慮個人情報の取得（法20条2項）
個人データを取得する場合のルール	①	確認義務（法30条1項）
	②	第三者提供記録の作成義務（法30条3項及び4項）

(1) 個人データの提供を受ける場合の確認義務（法30条1項）

　提供元から「個人データ」の提供を受ける場合には、**①当該提供元の氏名等、②当該提供元による当該個人データの取得の経緯について確認**を行わなければならない（法30条1項、規則22条）。提供元が本人の同意を得て、又はオプトアウトにより個人データの提供を受けた場合には確認をしなければならないが、法27条1項各号の例外事由又は法27条5項各号により個人データの提供を受けた場合には確認する必要はない（法30条1項ただし書）。

　また、確認を受けた提供元は虚偽を述べてはならない（法30条2項）。

　上記①は提供元から申告を受ける方法その他の適切な方法により確認しなければならない（規則22条1項）。「その他の適切な方法」とされているため、事業者の創意工夫に委ねられており、提供元に手間をかけさせない方法による確認（例えば、提供元のホームページで確認する等）も認められている。また、上記②は、当該個人データの取得の経緯を示す契約書その他の書面の提示を受ける方法その他の適切な方法により確認しなければならない（規則22条2項）。「その他の適切な方法」とされているため、上記①と同様に、提供元に手間をかけさせない方法（提供元から、第三者提供の同意を得ていることを誓約する書面の提出を受ける等）による確認も認められている。

(2) 個人データの提供を受ける場合の第三者提供記録の作成義務（法30条3項及び4項）

　上記(1)の確認を行ったときは、文書、電磁的記録又はマイクロフィルムを用

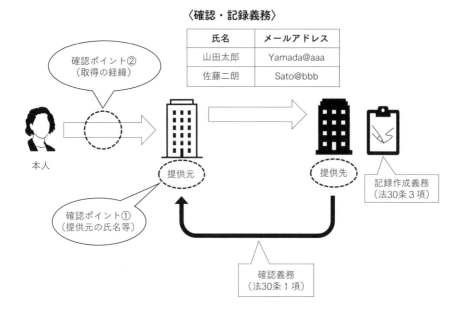

〈確認・記録義務〉

氏名	メールアドレス
山田太郎	Yamada@aaa
佐藤二朗	Sato@bbb

確認ポイント②
（取得の経緯）

本人

提供元

提供先

記録作成義務
（法30条3項）

確認ポイント①
（提供元の氏名等）

確認義務
（法30条1項）

いて（規則23条1項）、原則として個人データの提供を受けた都度速やかに（規則23条2項）、当該個人データの提供を受けた年月日等の一定の事項に関する**記録を作成**し（規則24条）、原則として3年間保管しなければならない（規則25条）。

〈記録事項〉

	本人の同意に基づく提供	オプトアウトによる提供	個人情報取扱事業者以外の者（私人等）からの提供
記録事項	(i)本人の同意を得ている旨 (ii)提供元の氏名等 (iii)提供元による個人データの取得の経緯 (iv)本人の氏名等 (v)個人データの項目	(i)個人データの提供を受けた年月日 (ii)提供元の氏名等 (iii)提供元による個人データの取得の経緯 (iv)本人の氏名等 (v)個人データの項目 (vi)個人情報保護委員会により公表されている旨	(i)提供元の氏名等 (ii)提供元による個人データの取得の経緯 (iii)本人の氏名等 (iv)個人データの項目

> **設例** 以下の場合、B社は確認・記録作成を行わなければならない
> か。
> ① A社は、A社の社員の氏名、住所、年齢を含む社員名簿（個人情報
> データベース等）を作成し、B社に社員名簿すべてを提供し、B社はこ
> れを受け取った。B社が社員名簿のうち、住所、年齢の部分だけ受け
> 取った場合はどうか。
> ② A社は、上記①の社員名簿の中から、従業員Cの氏名、住所、年齢
> だけ印刷し、B社に印刷物を渡した。その後、B社は、Cの氏名等を営
> 業先候補リスト（個人情報データベース等）に登録した。

設例①のA社がB社に提供した社員名簿に含まれる社員の個人情報は、A社にとっては「個人データ」である（そのため、A社がこれをB社に提供する場合には、法27条1項により、原則として、あらかじめ本人の同意を得なければならない。）。B社は、この社員名簿の提供を受けているが、B社にとっても、社員名簿に含まれるA社社員の個人情報は「個人データ」であるため、「個人データ」を取得しているといえる。そのため、B社は、個人データの提供を受ける場合の確認及び第三者提供記録の作成を行わなければならない。

なお、B社が住所、年齢の部分だけ提供を受けた場合には、これはB社にとっては本人がわからず、B社にとっては個人情報（個人データ）ではないため、B社は確認及び第三者提供記録の作成をする必要がない（A社にとっては、住所と年齢だけでも個人データである。）。

設例②のA社がB社に提供したCの氏名、住所、年齢は、A社にとっては「個人データ」である。もっとも、B社は、Cの氏名等の印刷物のみ取得しており、これだけでは「個人情報データベース等」にはならず、Cの氏名等は、B社にとっては「個人情報」であるものの、「個人データ」ではない。そのため、B社は、個人データの提供を受ける場合の確認及び第三者提供記録の作成を行う必要はない[28]。なお、B社は、Cの氏名等の提供を受けた後、その氏名等を営業先候補リスト（個人情報データベース等）に登録したため、この時点で、Cの氏名等もB社にとって「個人データ」となる。もっとも、確認義務や記録作成義務が適用されるかは提供時点で判断するため、B社がA社から

提供を受けた時にはCの氏名等がB社にとって「個人データ」でない以上、その後に「個人データ」となったとしても、これらの義務は生じない。

第5 個人データの第三者への提供（外国にある第三者への提供）

「**外国にある第三者**」に個人データを提供する場合には、日本国内での個人データの提供について定める法27条ではなく、外国にある第三者への個人データの提供について定める法28条に従って提供しなければならない。

〈ライフサイクル〉

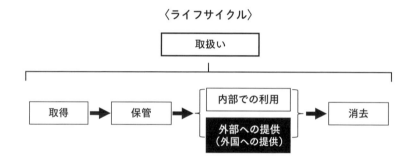

「**外国にある第三者**」には、当該外国の法律が適用されるため、本人が思わぬ不利益を受けることがないように、以下のとおり、情報提供が必要であること、オプトアウトが認められていないこと、委託等の場合にも本人の同意が必要である点で、法28条の方が厳格なルールとなっている[29]。

---

28) A社は、社員名簿に記載の社員の氏名等のすべての提供を受けることが予定されているにもかかわらず、社員の氏名等を1人ずつ提供を受ける等、義務を免れる目的のために、あえて分断して形式的に「個人データには該当しない個人情報」として提供を受ける場合には、実質的には「個人データ」の提供を受けているため、法30条1項の確認を行わなければならない。

29) 越境移転についての実務的な課題の特定を行ったものとして、経済産業省「データの越境移転に関する研究会報告書」（2022年2月28日）も参照。

	国内での第三者提供 （法27条）	外国にある第三者への提供 （法28条）
個人データを提供する場合の原則	同意が必要	同意が必要
同意の内容	第三者提供を認める旨の同意	外国にある第三者への個人データの提供を認める旨の同意
同意取得にあたっての情報提供	（特に規定なし）	法28条に従った情報提供をしなければならない
本人同意が不要な例外事由	法27条1項各号	法27条1項各号
オプトアウトによる提供の可否	オプトアウトによる提供が可能（法27条2項）	不可（法27条2項に対応する条文は法28条にはない）
委託、事業の承継、共同利用	本人の同意は不要（法27条5項各号）	本人の同意が必要（法27条5項各号に対応する条文は法28条にはない）
記録作成義務	法27条1項各号・5項の場合を除き義務あり（29条）	法27条1項各号の場合を除き義務あり（29条）

❶ 外国企業に個人データを第三者提供する場合の基本的なルール

　個人データを「**外国にある第三者**」（外国企業）に提供する場合について、以下の3つのルールがある。下記②・③については、日本国内での提供と同様であるため、ここでは下記①について説明する。

　①　あらかじめ情報提供をした上で、本人の同意を得なければならない（法28条1項、2項）。

　②　個人データを第三者提供することを利用目的として特定し（法17条1項）、通知・公表等（法21条）しなければならない。

　③　第三者提供についての記録（第三者提供記録）を作成しなければならない（法29条）。

(1)　外国にある第三者への個人データの提供のルール

　「外国にある第三者」に個人データを提供する場合には法28条1項及び2項が適用され、以下の事項を本人に情報提供した上で、本人の同意を得なければならない（法28条1項、2項、規則17条2項、ガイドライン（外国にある第三者へ

の提供編)）[30]。ただし、法27条1項各号の事由がある場合には、本人の同意は不要である。

(i) 当該外国の名称

(ii) 適切かつ合理的な方法により得られた当該外国における個人情報の保護に関する制度に関する情報[31]

(iii) 当該第三者が講ずる個人情報の保護のための措置に関する情報

　上記(ii)については、「適切かつ合理的な方法により得られた」情報を提供しなければならない。具体的には、A国にあるB社（外国にある第三者）に個人データを提供する場合には、B社に対してA国の個人情報の保護に関する制度の情報を照会したり、日本の行政機関やA国の行政機関が公表しているA国の上記制度の情報を確認する方法がある。個人情報保護委員会は、主要な国の個人情報の保護に関する制度を調査して、これをホームページで公表しているため、このホームページに掲載された情報を提供することも、この「適切かつ合理的な方法」に該当する。もっとも、外国の法制度も日々変更されているため、個人情報保護委員会が上記の情報を公表した以降に、当該外国の法制度が変更されていないかを確認し、変更されている場合には、変更後の情報を提供しなければならない。

(2) 情報提供の方法

　情報提供の方法は、電磁的記録の提供による方法（メールでの送付等）、書面の交付による方法その他の適切な方法でなければならない（規則17条1項）。電磁的記録や書面の交付だけではなく、「その他の適切な方法」として、事業者の創意工夫に委ねられている。そのため、ホームページを見ることが期待できる人に対しては、必要な情報をホームページに掲載して、そのURLやQRコードを本人に示して、当該ホームページを閲覧するように促したり、ホーム

---

30) 同意を得る時点で、具体的な提供先が決まっていない等の理由で本文(i)〜(iii)が不明である場合には、規則17条3項及び4項に従って情報提供すれば足りる。

31) 当該外国における個人情報保護法の条文をそのまま情報提供すればよいものではない。日本の個人情報保護法との本質的な差異がどこにあるかを特定した上で、その本質的な差異を認識できるように情報提供しなければならない（そのため、本質的な差異ではない差異についてまで細かく情報提供する必要はない。）。

ページで個人情報を取得する場合に、入力フォーム付近に情報を掲載する等で提供することも、「その他の適切な方法」と認められる[32]。なお、これらのように本人が閲覧すると合理的に考えられる方法により情報提供している場合には、実際に本人が閲覧していなかったとしても、適法に情報提供したと認められる。

❷ 外国企業に個人データを提供する場合であっても、法28条が適用されない場合（「外国にある第三者」の意義）

上記のとおり、外国企業に個人データを提供する場合には法28条1項、2項が適用され、原則として情報提供した上で同意を取得しなければならない。もっとも、外国企業であっても、「外国にある第三者」に該当しない場合や、外国企業が「外国にある第三者」であったとしても実質的に日本の事業者と同視できる場合には、法28条1項、2項ではなく、法27条が適用される。そのため、外国企業への提供であったとしても、以下のとおり、法28条ではなく、法27条により提供することができないかを検討する必要がある。

なお、同一法人の国内支店から海外支店に個人データを移転する場合には、同一法人内でのやり取りであるため、第三者提供に該当せず、法27条も法28条も適用されない。

(1) 外国企業であっても「外国にある第三者」に該当しない場合

「外国にある第三者」に該当するかは、外国に所在するかによって判断され、法人については法人格の取得地が外国の企業（外国企業）であれば「外国にある第三者」である。もっとも、外国企業が日本国内で「個人情報データベース等」を事業の用に供していれば、日本の個人情報保護法を適用することができるため、「外国にある第三者」には該当しない。そのため、外国企業が以下の

---

[32] 外国の個人情報保護制度に関する情報提供として、自社ホームページに、個人情報保護委員会のホームページ（外国の法制度を調査した結果をまとめたページ）をリンク先として貼り付ける方法も考えられる。もっとも、リンク切れとなっていたり、個人情報保護委員会のホームページに閲覧障害が発生した場合には、情報提供をしたといえなくなる（実際に、2021年5月28日に、同委員会のウェブサイトに閲覧障害が発生した旨が公表されている。）。

〈外国企業への提供チャート〉

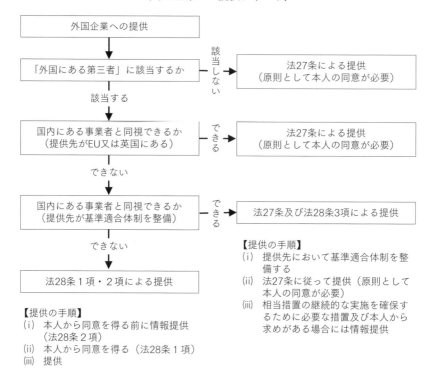

2つの要件を満たす場合に「外国にある第三者」に該当する（ガイドライン（外国にある第三者への提供編）2−2）。

〈「外国にある第三者」の要件〉

① 提供先が外国企業（外国の法令に準拠して設立された、外国に本店所在地がある企業）であること

② 提供先が日本国内で「個人情報データベース等」を事業の用に供していないこと（日本国内で「個人情報データベース等」を事業の用に供している場合には、「外国にある第三者」には該当しない）

　特に外国法人の日本支店に個人データを提供する場合には、上記②を満たさず、「外国にある第三者」に該当しないことがある。例えば、A社が、B社（外国企業）の日本支店に個人データを提供する場合において、当該日本支店が、日本において事業を行っており（例えば、「個人情報データベース等」を用いて、日本の企業や個人に向け、継続的に営業やサービスの提供等をしており）、当該日本支店の事業に用いる「個人情報データベース等」の取扱いが日本支店だけである程度完結しているような場合には、当該日本支店は、B社とは別の日本にある事業体となって、日本国内で「個人情報データベース等」を事業の用に供しているとみることができる。そのため、当該日本支店に個人データを提供したとしても「外国にある第三者」への提供とはいえず[33]、法28条1項、2項ではなく、法27条により提供することができる。

(2)　外国企業であっても、法27条により個人データを提供できる場合

　外国企業であっても、以下のとおり、実質的に日本国内にある事業者と同視できる場合には、「外国にある第三者」からは除外されており（法28条1項）、法27条により個人データを提供することができる。

ア　提供先の外国にある第三者が、EU又は英国にある場合

　提供先が、日本と同等の個人情報保護水準である国（**同等水準国**。個人情報保護委員会が指定）にある場合には、日本国内の提供と同視できるため、国内の提供についての法27条に従って提供することができる（法28条1項かっこ書）。現在はEU（平成31年1月23日時点で欧州経済領域協定に規定された国）及び英国が指定されている。なお、EU又は英国にある者に提供する場合には、法27条が適用されるため、原則として、あらかじめ本人の同意を得なければならないが、法28条2項による情報提供は不要である。

イ　提供先が基準適合体制を整えている場合

　提供先が、日本の個人情報保護法において個人情報取扱事業者が遵守すべきルール（法4章2節）に相当する措置（相当措置）を継続的に実施する体制（基

---

33) この場合、当該日本支店は「個人情報取扱事業者」に該当する。「個人情報取扱事業者」となるためには法人格が必要なわけではないため、外国法人の東京支店であっても、当該東京支店が「個人情報取扱事業者」に該当することがある。

準適合体制）を整えている場合[34)]には、日本国内の提供と同視できるため、国内の提供についての法27条により提供することができる（法28条1項かっこ書）。この場合、①提供先における基準適合体制の整備、②法27条による提供、③相当措置の継続的な実施を確保するために必要な措置の実施、④法28条3項による情報提供の順序で、第三者提供しなければならない。

〈基準適合体制による提供〉

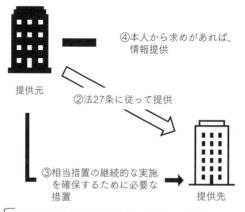

④本人から求めがあれば、情報提供

本人

提供元

②法27条に従って提供

①基準適合体制を整備

(i) 契約等で相当措置の実施が担保されている
(ii) 提供元がCBPR認証を受けている（提供先が提供元に代わって個人情報を取り扱う場合に限る）
(iii) 提供先がCBPR認証を受けている

提供先

③相当措置の継続的な実施を確保するために必要な措置

(i) 相当措置の実施状況等を、適切かつ合理的な方法により、定期的に確認する
(ii) 相当措置の実施に支障が生じたときは、必要かつ適切な措置を講ずる
(iii) 相当措置の継続的な実施の確保が困難となったときは、個人データの当該第三者への提供を停止する

---

34) 正確には、「個人データの取扱いについてこの節の規定により個人情報取扱事業者が講ずべきこととされている措置に相当する措置（「相当措置」）を継続的に講ずるために必要なものとして個人情報保護委員会規則で定める基準に適合する体制を整備している者」である（法28条1項）。

　上記①の提供先が基準適合体制を整える方法は、(i)契約等で提供先における相当措置の実施が担保されている、(ii)提供元がCBPR認証[35]を受けている（提供先が提供元に代わって個人情報を取り扱う場合に限る）、(iii)提供先がCBPR認証を受けている、のいずれかを満たさなければならない（規則16条）。なお、上記(i)の方法で基準適合体制を整える場合には、契約等で、「提供先は、個人情報保護法第4章第2節の趣旨に沿った措置を講じる」と規定するだけでは足りず、ガイドライン（外国にある第三者への提供編）4－2に従った内容としなければならない。

　上記③のとおり、提供後であっても、上記の基準適合体制を維持するために必要な措置を講じなければならない（法28条3項）。その詳細はガイドライン（外国にある第三者への提供編）6－1参照。

　また、上記④のとおり、本人から求めがあれば、上記の相当措置の継続的な実施を確保するために必要な措置に関する情報を本人に提供しなければならない（法28条3項）。その詳細はガイドライン（外国にある第三者への提供編）6－2参照。

❸　同意の要否

　外国企業に対して個人データを第三者提供する場合には、同意の要否について、次頁〈**同意の要否**〉のとおり判断する。

---

35) 現在、日本においてCBPR認証を受けている企業として、インタセクト・コミュニケーションズ株式会社、株式会社Paidy、株式会社インターネットイニシアティブ、PayPay株式会社がある。また、Apple等もアメリカにおいてCBPR認証を受けている。

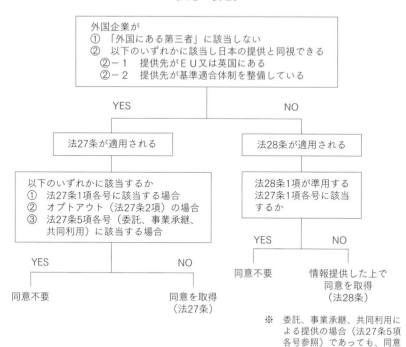

〈同意の要否〉

外国企業が
① 「外国にある第三者」に該当しない
② 以下のいずれかに該当し日本の提供と同視できる
　②-1　提供先がEU又は英国にある
　②-2　提供先が基準適合体制を整備している

YES　　　　　　　　　　　　　　NO

法27条が適用される　　　　　　法28条が適用される

以下のいずれかに該当するか
① 法27条1項各号に該当する場合
② オプトアウト（法27条2項）の場合
③ 法27条5項各号（委託、事業承継、共同利用）に該当する場合

法28条1項が準用する
法27条1項各号に該当
するか

YES　　　　　　　　　　NO

YES　　　　　　　　　　NO

同意不要　　　　　　同意を取得
　　　　　　　　　（法27条）

同意不要　　　情報提供した上で
　　　　　　　同意を取得
　　　　　　　　（法28条）

※　委託、事業承継、共同利用による提供の場合（法27条5項各号参照）であっても、同意が必要。

第6　消　去

　個人情報も最終的には消去されることになるが、きちんと消去できなければ、個人情報の本人の権利利益を侵害するおそれがあることから、消去のルールについて説明する。

❶　消去のタイミング

　個人情報は利用目的の達成に必要な範囲で保管されなければならず、利用目的の達成に必要がなくなった場合には**消去**しなければならない（法18条1項）。例えば、個人情報を取得した際に特定された利用目的を達成したにもかかわらず、「今後利用する可能性もあるから」との理由で漫然と個人情報を保管する

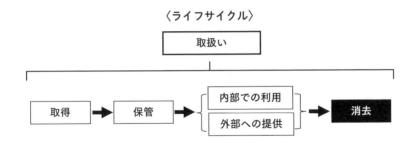

ことは、法18条１項違反となるため、消去しなければならない。個人情報を消去しなければならない場合は、例えば、以下の場合である。

　① 　利用目的が達成され、当該目的との関係では当該個人データを保有する合理的な理由が存在しなくなった場合

　② 　利用目的が達成されなかったものの当該目的の前提となる事業自体が中止となった場合

　事業者において、「記録整理日」や「データの棚卸日」を設ける等して、その日にまとめて情報を消去する場合には、事業者内で定められている定期的な廃棄のタイミングで消去することで足りる（その日が来るまで保管していることも利用目的の達成に必要な範囲内といえる。）。なお、漏えい等リスクの低減及び本人の不安解消のため、個人データは上記の事情が発生した後、遅滞なく消去するように努めなければならない（法22条後段）。

　また、個人情報保護法以外の法令において、保管が義務づけられている場合には、保管を続けることができる（法18条１項ないし同条３項１号）。なお、個人情報保護法においては、「○年間は保管しなければならない」との**保管義務**はない。

❷ 　消去の方法

　安全管理措置（物理的安全管理措置）の一環として、個人データを削除し又は個人データが記録された機器、電子媒体、書類等を廃棄する場合は、復元不可能な手段で行わなければならない（ガイドライン（通則編）10－5）。また、個人データを削除した場合、又は、個人データが記録された機器、電子媒体等を廃棄した場合には、削除又は廃棄した記録を保存することや、それらの作業

を委託する場合には、委託先が確実に削除又は廃棄したことについて証明書等により確認することも重要である。

第7　個人データの漏えい等への対応

　個人情報保護法では、個人データの漏えい等が発生した場合には、①安全管理措置として漏えい等の被害の拡大を防止する措置等をとらなければならず、②個人情報保護委員会規則で定める重大な漏えい等であれば、上記①に加えて、個人情報保護委員会に報告するとともに、本人に対して通知しなければならない。なお、上記のルールは、原則として、個人データの漏えい等を対象としているものの、一部、個人情報の漏えい等にも拡大されており、非常に複雑なルールとなっている。

❶　「漏えい等」とは

　「漏えい等」とは、以下の「漏えい」、「滅失」、「毀損」の3つをまとめた概念である。

	定義	典型例
漏えい	個人データが外部に流出すること	メールの誤送信、郵便物の誤配、盗難、共有範囲の設定を誤ったことによりインターネット上で閲覧可能となった （第三者に閲覧されないうちにすべてを回収した場合は、漏えいに該当しない）
滅失	個人データの内容が失われること	社内での紛失、誤廃棄 （その内容と同じデータが他に保管されている場合は、滅失に該当しない）
毀損	個人データの内容が意図しない形で変更されることや、内容を保ちつつも利用不能な状態となること	内容の改ざん、暗号化されている場合の復元キーの喪失（復元できなくなった）、ランサムウェア等による暗号化（復元できなくなった）[36] （復元キーの喪失やランサムウェア等の場合、同じ内容のデータが他に保管されている場合は、毀損に該当しない）

　なお、個人データの一部が漏えい等した場合であっても、個人データの漏えい等となる。例えば、氏名、住所、年齢の各項目からなる個人データについ

〈漏えい等の対応〉

```
┌─────────────────────────────────────────────────────┐
│ 【個人情報の漏えい等】                                    │
│  ┌──────────────────────────────────────────────┐    │
│  │ 【個人情報（事業者が取得し、又は取得しようとしている個人情報 │    │
│  │  であって、個人データとして取り扱われることが予定されている │    │
│  │  もの）の漏えい等】                                 │    │
│  │              ┌────────────────────────┐          │    │
│  │              │ 安全管理措置として対応が必要 │          │    │
│  │              └────────────────────────┘          │    │
│  │  ┌──────────────────────────────────────────┐  │    │
│  │  │ 【規則で定める重大な漏えい等】                   │  │    │
│  │  │ 不正の目的によるおそれがある    ┌──────────────┐│  │    │
│  │  │ 漏えい等                    │ 個人情報保護委員会に報告 ││  │    │
│  │  │                            │ 本人に通知        ││  │    │
│  │  │                            └──────────────┘│  │    │
│  │  └──────────────────────────────────────────┘  │    │
│  └──────────────────────────────────────────────┘    │
│                                                       │
│  ┌──────────────────────────────────────────────┐    │
│  │ 【個人データの漏えい等】      ┌────────────────────────┐│    │
│  │                          │ 安全管理措置として対応が必要 ││    │
│  │                          └────────────────────────┘│    │
│  │  ┌──────────────────────────────────────────┐  │    │
│  │  │ 【規則で定める重大な漏えい等】                   │  │    │
│  │  │ ①要配慮個人情報の漏えい等    ┌──────────────┐│  │    │
│  │  │ ②財産的被害のおそれがある    │ 個人情報保護委員会に報告 ││  │    │
│  │  │   漏えい等                 │ 本人に通知        ││  │    │
│  │  │ ③不正の目的によるおそれが    └──────────────┘│  │    │
│  │  │   ある漏えい等                                │  │    │
│  │  │ ④1000件を超える漏えい等                        │  │    │
│  │  └──────────────────────────────────────────┘  │    │
│  └──────────────────────────────────────────────┘    │
└─────────────────────────────────────────────────────┘
```

Chapter4

て、住所の部分だけ漏えい等した場合には、住所だけではその情報の本人はわからないが、「個人データ」の漏えい等となる。また、「漏えい」とは、意図せず個人データが外部に流出することであり、意図して外部に提供した場合には、「漏えい」ではなく、「提供」になる[37]。すなわち、外部に個人データを出

---

36) ランサムウェアとは、感染した PC 上に保存しているファイル（PC からアクセス可能なネットワーク上のファイルも含む。）を暗号化して使用ができない状態にし、復旧させることと引き換えに身代金を要求するマルウェアである（総務省「国民のためのサイバーセキュリティサイト　用語辞典」）。最近では、ランサムウェア対策として、バックアップデータを保管しておくことが行われており、データが暗号化されたとしても、同内容のバックアップデータが利用可能である場合には「毀損」にはあたらない。なお、最近は、これに対抗して、暗号化する前にデータを盗んで（この時点で「漏えい」である。）、身代金を支払わなければ、そのデータを暴露すると脅迫するものがある。

した場合には、事業者の意図に基づけば「個人データの提供」となるし（そのため以下で述べる個人情報保護委員会への漏えい等報告や本人への通知は不要である。）、事業者の意図に基づかなければ「個人データの漏えい等」になる。

> **設例**　A社は、表計算ソフトを使用して、社員の氏名、住所、電話番号、健康診断結果を検索可能なようにデータベース化することにより、社員名簿を作成していた。A社は、当該社員名簿を印刷して保管していたが、その印刷した紙を社外で紛失した。これは、個人データの「漏えい」であるか。

設例のA社においては、社員名簿を検索可能なようにデータベース化していたのであり、社員名簿は「個人情報データベース等」に該当し、その中に含まれる各社員の個人情報は「個人データ」であり、個人データ（要配慮個人情報）の「漏えい」である。

なお、この**設例**において、紛失した「紙」自体は、インデックスが付される等していないため「個人情報データベース等」ではない。しかし、A社が紛失した「紙」に記載されている情報は、電子データである社員名簿（個人情報データベース等）に含まれる各社員の個人情報（個人データ）である。そのため個人データが記載された「紙」を紛失すれば、「個人データ」の漏えいである（個人情報保護法は、「紙」自体を問題とするのではなく、紙に記載されている「情報」を問題とするものである。）。

❷　個人データの漏えい等が発生した場合の対応

個人データの漏えい等の発生を認識した場合には、安全管理措置として、以下の順序で対応しなければならない（法32条、ガイドライン（通則編）3－5－2）。なお、個人データになる前の個人情報であったとしても、「事業者が取得

---

37) 例えば、個人データをA社がBに第三者提供したが、本人の同意を得ていなかった等により、法27条を遵守していなかった場合には、A社の意図に基づく提供ではあるため、「漏えい」には該当しない。

し、又は取得しようとしている個人情報であって、個人データとして取り扱われることが予定されているもの」について安全管理措置を講じなければならないため、このような個人情報が漏えい等した場合であっても、下記の対応をしなければならない。

(1) 事業者内部における報告及び被害の拡大の防止[38]

個人データの漏えい等の発生を認識した場合には、事業者内部において、責任ある立場の者に直ちに報告するとともに、漏えい等による被害が発覚時よりも拡大しないように、漏えい等をとめる等の必要な措置を講じなければならない。自社で対応できない場合には、警察等の捜査機関、独立行政法人情報処理推進機構（IPA）の情報セキュリティ安心相談窓口・J-CRAT／標的型サイバー攻撃特別相談窓口等に相談することも検討する。

(2) 事実関係の調査及び原因の究明、影響範囲の特定

漏えい等をとめた後、事実関係を調査して、漏えい等した個人データの範囲を特定するとともに、原因を究明して、他の個人データの漏えい等が生じていないことを確認しなければならない。

(3) 再発防止策の検討及び実施

漏えい等の原因を踏まえて、漏えい等事案の再発防止策の検討及び実施に必要な措置を講じなければならない。

❸ 個人情報保護委員会規則で定める個人データの漏えい等が発生した場合の対応

個人情報保護委員会規則で定める重要な個人データの漏えい等が発生した場合には、**個人情報保護委員会に報告**するとともに、**本人への通知**をしなければならない（法26条）。なお、漏えい等があれば、必ず報告・通知をしなければならないものではなく、規則７条に定める重大な漏えい等が発生し、又は発生

---

38) サイバー攻撃被害に係る情報の共有・公表ガイダンス検討会「サイバー攻撃被害に係る情報の共有・公表ガイダンス」（令和５年３月８日）も参照。

したおそれがある場合には、個人情報保護委員会への報告及び本人への通知をしなければならない。また事業者に帰責性がない漏えい等でも、これらの対応をしなければならない。

〈重大な漏えい等の対応〉

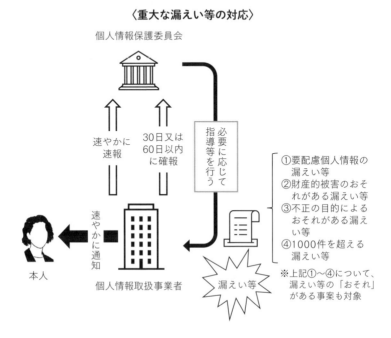

(1) 報告・通知が必要となる個人データの漏えい等

個人データが漏えい等した場合は、下記4類型に該当すれば、個人情報保護委員会への報告及び本人への通知をしなければならない。なお、右頁表の1～3は、その重大性から、1件の漏えい等でも報告・通知対象となる。

	対象事態 （以下の漏えい等が発生し、又は発生したおそれがある事態）		例外
	概要（規則7条）	典型例	
1	**要配慮個人情報**が含まれる個人データの漏えい等	処方箋等の誤交付	高度な暗号化等がされている場合（この場合には、個人情報保護委員会への報告も、本人への通知も不要）
2	不正に利用されることにより**財産的被害**が生じるおそれがある個人データの漏えい等	クレジットカード番号の誤交付	
3	**不正の目的**をもって行われたおそれがある当該個人情報取扱事業者に対する行為による個人データの漏えい等	不正アクセス、従業員の持ち出し	
4	個人データに係る本人の数が**1000人**を超える漏えい等		

ア　要配慮個人情報の漏えい等

「**要配慮個人情報**が含まれる個人データの漏えい等」とは、漏えい等した項目の中に、要配慮個人情報が含まれている場合である。例えば、氏名、住所、病歴からなる個人データがある場合には、病歴があるため、全体として要配慮個人情報である。この場合、氏名や住所の項目が漏えい等した場合であっても、その漏えい等した個人データの中に「要配慮個人情報」となる記述が含まれていないため、「要配慮個人情報が含まれる個人データ」の漏えい等とはいえない。一方で、病歴だけが漏えい等した場合には、「要配慮個人情報が含まれる個人データ」の漏えい等として、報告・通知の対象となる[39]。

イ　財産的被害が生じるおそれがある漏えい等

「**不正に利用**されることにより財産的被害が生じるおそれがある個人データの漏えい等」とは、例えば、**クレジットカード番号**を含む個人データの漏えい等であるが、クレジットカード番号の下4桁と有効期限のみの漏えい等であれば、これに該当しない。また、個人データである銀行口座情報（金融機関名、支店名、預金種別、口座番号、口座名義等）のみが漏えいした場合にはこれに該

---

[39]　要配慮個人情報であるかは、政令で定める記述が含まれているか、という観点から判断されるため、漏えい等した項目の中に、政令で定める記述が含まれていなければ、要配慮個人情報の漏えい等とはならない。

当しない。

　　ウ　不正目的の漏えい等

　「**不正の目的**をもって行われたおそれがある当該個人情報取扱事業者に対する行為による個人データの漏えい等」とは、例えば、**マルウェア感染**による漏えい等である。なお、「当該個人情報取扱事業者に対する行為」とは、事業者の従業員、委託先、使用しているクラウド事業者を含み、これらに対する行為により漏えい等が生じればこれにあたる。例えば、従業員の社用 PC へのマルウェア感染による漏えい等や、クラウドサービスを利用して個人データを保管していた場合にクラウド事業者に対して攻撃が行われたことによる漏えい等はこれに該当する。

　　エ　1000人超の個人データの漏えい等

　１つの個人データの漏えい等により、本人の数が**1000人を超える個人データ**の漏えい等がある場合には、個人情報保護委員会への報告の対象となる。この漏えい等の件数は合理的に算定する。例えば、1000人分の顧客名簿を誤送付した場合には１つの個人データの漏えいにより1000人を超える個人データの漏えいに該当する。一方で、2000人の顧客名簿の住所に郵便物（個人データ）を送付したところ、様々な理由で1000人分の住所に誤記があり別人に送付された場合には、１つの個人データの漏えいにより1000人分が漏えいしたのではなく、１人／件の漏えいが1000件発生しただけであり、これに該当しない。

(2)　報告・通知が必要となる個人情報の漏えい等

　「当該個人情報取扱事業者が取得し、又は取得しようとしている個人情報であって、個人データとして取り扱われることが予定されているもの」の漏えい等であり、不正の目的をもって行われたおそれがある個人情報取扱事業者に対する行為による漏えい等であれば、個人情報保護委員会に報告するとともに、本人への通知をしなければならない（不正目的での漏えい等を対象事態と定める規則７条３号かっこ書きには、上記の個人情報による漏えい等を含む旨が規定されている。）。

　例えば、EC サイトの利用者が個人情報を入力し、これを受け取った EC サイト事業者はその「個人情報」を検索可能なようにデータベース化して「個人データ」とすることを予定していたが、攻撃者が EC サイト上に不正プログラムを埋め込み、本来は EC 事業者に届くはずであった利用者が入力した個人情

報を窃取した場合（Webスキミング）には、まだ個人データとはなっていな
かったとしても、ECサイト事業者は報告・通知をしなければならない。もっ
とも、いわゆるフィッシングサイトは、「当該個人情報取扱事業者に対する行
為」とはいえないため、フィッシングサイトで利用者が個人情報を窃取された
場合には、事業者は報告・通知をする必要はない。

(3) 漏えい等のおそれがある場合

上記(1)及び(2)の漏えい等が発生した可能性があるものの、漏えい等が発生し
たかがはっきりしない場合がある。しかし、漏えい等が否定できない場合に
は、漏えい等の「おそれ」があるとして、個人情報保護委員会への報告及び本
人への通知をしなければならない。

例えば、事業者が個人データをサーバに保管していたところ、公開設定を
誤って、外部から個人データ（1000件以上）を閲覧できる状態になっていた場
合には、ログ等により、外部から個人データを閲覧した形跡がないことが確認
できない限り、1000件を超える漏えい等の「おそれ」があるといえる。

(4) 個人情報保護委員会への報告

個人情報保護委員会規則で定める重要な個人データの漏えい等が発生した場
合には、個人情報保護委員会に報告しなければならない（法26条、ガイドライ
ン（通則編）3－5－3）[40]。

ア 個人情報保護委員会への報告の時期・方法

個人情報保護委員会への報告は、**速報**と**確報**の2段階で行われており、その
期限や報告様式が厳格に定められている。

個人情報保護委員会への速報は、当該事態を知った（法人のいずれかの部署
が当該事態を知った時点）後速やかに（**3～5日**が目安。土曜・祝日も含む）行わ
なければならないため、原因究明等が終わっていなくても、速報をしなければ
ならない。

個人情報保護委員会のWebサイトにおいて、報告をするためのページが設

---

[40] 個人情報保護委員会が、漏えい等報告を受ける権限を事務所管大臣に委任している場合
には（金融分野等）、事務所管大臣に報告しなければならない。

けられているため、当該ページを経由して報告しなければならない。

　イ　報告すべき事項

　報告すべき事項は、下記①〜⑨のとおりであるが、速報段階では、その時点で把握している範囲で報告すれば足りる。また、確報段階（報告対象事態を知った日から30日以内又は60日以内[41]）では、下記①〜⑨のすべてを報告しなければならないが、確報の時点で、合理的努力を尽くした上で、一部の事項が判明しておらず、すべての事項を報告することができない場合には、その時点で把握している内容を報告し、判明次第、報告を追完しなければならない。

	個人情報保護委員会への報告（法26条1項）		本人への通知
	速報（規則8条1項）	確報（規則8条2項）	（法26条2項・規則10条）
時期	当該事態を知った後、速やかに（3〜5日が目安）	当該事態を知った日から30日（不正の目的の漏えい等の場合は60日）以内	当該事態の状況に応じて速やかに
報告・通知事項	（漏えい等の内容）①概要、②漏えい等が発生し、又は発生したおそれがある個人データの項目、③漏えい等が発生し、又は発生したおそれがある個人データに係る本人の数、④原因、⑤二次被害又はそのおそれの有無及びその内容（漏えい等への対応）⑥本人への対応の実施状況、⑦公表の実施状況、⑧再発防止のための措置（その他）⑨その他参考となる事項[42]		左記①・②・④・⑤・⑨
	上記事項について、報告時点で把握している内容	上記のすべて	
方法	個人情報保護委員会のホームページの報告フォームに入力する方法		具体的な方法は定められていない

(5)　本人への通知

　個人情報保護委員会規則で定める重要な個人データの漏えい等が発生した場

---

[41] 確報の報告期限の算定にあたっては、その漏えい等を知った時点を1日目とする。また、報告期限の算定にあたっては、土日・祝日も含めるが、30日目又は60日目が土日、祝日又は年末年始閉庁日（12月29日〜1月3日）の場合は、その翌日を報告期限とする。

合には、当該事態の状況に応じて速やかに、本人に対して、漏えい等が生じた旨を**通知**しなければならない（法26条２項、ガイドライン（通則編）３－５－４）。

　　ア　通知の時期

　本人通知は、「**当該事態の状況に応じて速やかに**」しなければならない。その時点で把握している事態の内容、通知を行うことで本人の権利利益が保護される蓋然性、本人への通知を行うことで生じる弊害等を勘案して判断する。例えば、その時点で漏えい等した個人データの項目が特定できていない場合には、本人が通知を受けても、どのように対応してよいかわからない。また、事業者が漏えい等の被害拡大防止のための措置を講じている最中であり、通知をすることで問合せが殺到し、被害拡大防止措置の支障となる場合には、通知をすることは本末転倒である。このような場合には、当該状況が解消されるまで、本人通知をする必要はない。

　　イ　通知すべき事項

　本人に通知すべき事項は、①概要、②漏えい等が発生し、又は発生したおそれがある個人データの項目、③原因、④二次被害又はそのおそれの有無及びその内容、⑤その他参考となる事項である。

　　ウ　通知の方法

　本人通知は、内容が本人に認識される合理的かつ適切な方法でなければならないが、具体的な手段（郵便、メール、電話等）や書面のフォーマットは、上記の通知すべき事項が含まれている限り、事業者に委ねられている。また、通知が到達していれば足りるため、実務的には、メールアドレス宛てに本人通知のメールを送信し、送信できなかった旨の通知がなかった場合や、本人通知の郵便物が宛先不明で返送されてこない等の場合には、本人通知が到達したものと理解することで足りるであろう。

　　エ　本人通知が不要となる場合

　「**本人に対して通知をすることが困難である場合**」には、本人通知を行わず

---

42)　「その他参考になる事項」として、他の者と連名で漏えい等報告をすることができる。例えば委託先から漏えいが発生した場合に、委託先が報告するが「その他参考になる事項」として委託元と連名で報告する旨を記載することで委託元も報告したことになる。もっとも、委託元も委託先が提出する報告の内容を確認している必要がある。

に、本人の権利利益を保護するために必要な**代替措置**を講じることで足りる（法26条2項ただし書）。

　この「本人に対して通知をすることが困難である場合」とは、①保有しているすべての連絡先に本人通知を行っても（電話番号、メールアドレスなどの複数の連絡先がある場合には、そのすべてに通知する。）、本人通知ができなかった場合や、②連絡先を保有していない場合等である（連絡先を保有していても、変更されている可能性が高い場合を含む。）。連絡先を保有していなければ「本人に対して通知をすることが困難である場合」に該当し、電話帳等を使って連絡先を調査する義務まではない。

　なお、通知に要する費用が大きい場合や、本人通知の作業負担が大きい場合であったとしても、「本人に対して通知をすることが困難である場合」に該当しない[43]。また、電話番号が別の人に割り当てられていたり、引越等により事業者が保有する住所には本人以外の者が住んでいる可能性があるものの、それだけでは、「本人に対して通知をすることが困難である場合」に該当しない（もっとも、このような可能性があるため、電話番号や住所に連絡する際には、通知の内容を工夫する必要がある。）。

オ　代替措置の内容

　代替措置の内容は事業者に委ねられているが、①**事案の公表**や②**問合せ窓口**を用意してその連絡先を公表し、本人が自らの個人データが漏えい等したかを確認できるようにすること等が挙げられる（ガイドライン（通則編）3-5-4-5）。どのような代替措置をとるかは、漏えい等が本人の権利利益に及ぼす影響の大きさ（リスクベース）に応じて決定するべきであり、例えば、漏えいした個人データを悪用すると財産的被害が生じるおそれが高い場合や、不正利用が疑われる者に個人データが窃取された場合には、公表（ホームページへの掲載等）して、広く情報提供を行うことが考えられる。一方で、このような場合ではなく、単なる氏名、住所、メールアドレスのように、日常的に本人が他人に教えているような情報の場合であれば、公表はせずに、本人から問合せが

---

43) 令和2年改正パブコメ（通則編）No.260。なお、このパブコメも、費用が膨大になる場合にまで、「本人に対して通知をすることが困難である場合」に該当しないとまでは述べていないため、本人通知の費用により、従業員の給与が支払えなくなる倒産に至るような場合は、これに該当すると解される。

あったときに速やかに対応する体制を整えるだけで足りる。具体的には、日常的に設置しているお客様相談窓口（その窓口の連絡先が公表されていることが必要）等に、漏えい等した個人データの概要や本人の氏名等を伝えておき、本人からの問合せがあれば、迅速に対応できるようにしておく等である。

Column：高度な暗号化とパスワード

個人データは暗号化され、暗号文になっている場合もある。暗号文を見ても、元の個人データの内容を推測することが困難な場合もあるが、個人データを暗号化したとしても、暗号文自体は個人データのままである（Chapter3 (p.17)）。しかし、暗号文を解読することが非常に困難であれば、このような暗号文が漏えい等した場合にまで、報告や通知をさせる必要もない。

もっとも、すぐに破られる暗号であれば意味がないため、個人データが「高度な暗号化その他の個人の権利利益を保護するために必要な措置を講じたもの」（規則7条1号かっこ書）であれば、報告・通知は不要である。

どのような暗号を使用していれば、上記の「高度な暗号化」に該当するかについては、QA 6 –19により明らかにされている。まず、暗号技術（暗号アルゴリズム）は、「適切な評価機関等により安全性が確認されている電子政府推奨暗号リスト[44]やISO/IEC18033等に掲載されている暗号技術」でなければならない。また、この暗号技術（暗号アルゴリズム）の強度を維持するためには、実装するための条件が決められている[45]。このような実装条件を満たして、適切に実装されていなければならない。

さらに、当たり前であるが、暗号文とともに復号鍵も漏えい等してしまった場合には、その復号鍵を使って、暗号は元に戻ってしまう。そのため、暗号文と復号鍵を分離するとともに、復号鍵自体の漏えいを防止するために適切な措置を講じている等の必要がある。復号鍵も漏えいした場合には、この「適切な措置」を講じていなかったとして、高度な暗号化とは認められない。

なお、パスワードを設定しているだけでは、それが複雑なパスワードであったとしても、この高度な暗号化とは認められない。

---

44) 電子政府推奨暗号の安全性を評価・監視し、暗号技術の適切な実装法・運用法を調査・検討するプロジェクトである。

45) 電子政府推奨暗号リストに掲載されている暗号技術については、仕様書が公表されているほか、同リストの脚注等において安全性を担保するための条件が付されているため、これらを遵守して実装しなければ、高度な暗号化には該当しない。

第8　本人からの各種請求・本人との関わり

　個人情報保護法は、本人の権利利益の保護のために、本人に対して、保有個人データの開示等を請求することを認めている。そのため、事業者としては、開示等の請求に対して、自社の企業秘密等を守りつつ、個人情報保護法に従って対応できる体制を整える必要がある。

❶　保有個人データ

　本人からの各種請求は、個人情報取扱事業者が保有する個人データのうち、開示等の請求に応じる権限を有する「**保有個人データ**」についてのみ認められる。

　まず、データベース化されていない個人情報（個人データとなる前の個人情報）を開示等の請求の対象とすると事業者の負担が大きい。また、事業者の個人データが、その事業者に開示等に応じる権限がない個人データであれば、開示等の請求に応じることができない。そのため、開示等をする権限がある個人データ（政令で定めるものを除く）を「**保有個人データ**」として、保有個人データのみを開示等の対象としている（法16条4項、ガイドライン（通則編）2 - 7）。事業者の個人データであるが開示等をする権限がないものとは、例えば、委託先が委託元から委託を受けている個人データである（このような個人データは委託先は委託元のために保有しているのであり、委託元の承諾がなければ開示等に応じることはできない。そのため、委託先にとっては保有個人データではなく、単なる個人データなので、委託先に対して開示等の請求がなされた場合には委託先はこれに応じなくてよい。なお、委託元にとっては保有個人データであり、委託元に対して開示等の請求がなされればこれに応じなければならない。）。

　なお、本人に個人データを保有していること（存否）が明らかになるだけで（データベースに本人が掲載されているとわかるだけで、という程度の意味である。）、違法又は不当な行為を助長・誘発するおそれがある場合等もある。このような場合には、開示等の請求に応じる権限を有する個人データであっても、保有個人データにならず（政令5条）、開示等の請求に応じる必要はない。例えば、本人から「クレーマーリストに掲載された私の情報を開示せよ」との開示請求

〈保有個人データのルール〉

【個人情報】
生存する個人に関する情報で、特定の個人を識別することができるもの又は個人識別符号を含むもの

【取得】
●利用目的の特定（法17条1項）
●利用目的の通知・公表等（法21条）
●適正取得（法20条1項）
●要配慮個人情報の取得（法20条2項）
【利用】
●利用目的の範囲内での利用（法18条）
●不適正利用の禁止（法19条）

【個人データ】
個人データベース等を構成する個人情報

【利用】
●データ内容の正確性の確保（法22条）
【保管】
●安全管理措置、従業者の監督、委託先の監督（法23条～法25条）
【提供】
●第三者提供のルール（法27条～法30条）
【その他】
●漏えい等の対応（法26条）

【保有個人データ】
開示、訂正、利用停止、消去等の権限を有する個人データ

【その他】
●保有個人データの公表等（法32条1項）
●開示、訂正等、利用停止等の請求（法32条2項、33条～35条）

Chapter4

がある場合には、法33条2項1号（事業者の業務の適正な実施に著しい支障を及ぼすおそれがある場合の開示拒否事由）で開示を拒否できる。しかし、不開示事由があるため不開示と回答したとしても、クレーマーリストに本人が掲載されていることがわかってしまい、報復等を受けるおそれがある。そのため、クレーマーリストに本人が掲載されているかがわかるだけで、違法又は不当な行為を助長・誘発するおそれがあるため、クレーマーリストに含まれる個人データは「保有個人データ」にならず、開示請求に応じる必要はない（政令5条2号）。「開示すべき保有個人データは存在しません」などと本人に通知することになる。

❷ 保有個人データについて認められる権利

(1) 概要

個人情報保護法は、個人の権利利益を保護するための中心的な請求権として、①訂正等請求権及び②利用停止等請求権を認めている。また、これらを実効的に行使させるために、③利用目的の通知請求権、④保有個人データの開示請求権、⑤第三者提供記録の開示請求権を認めている。各種請求権の概要は以下のとおりである[46]。

	請求の内容	根拠法令	個人情報取扱事業者の対応	手数料徴収
訂正等	保有個人データの内容の訂正、追加又は削除（訂正等）	法34条1項	遅滞なく必要な調査を行い、その結果に基づき請求に対応	×（不可）
利用停止等	保有個人データの利用停止（第三者提供の停止を含む）又は消去	法35条1項	理由がある場合には、遅滞なく請求に対応	×（不可）
	保有個人データの第三者提供の停止	法35条3項		
	保有個人データの利用停止（第三者提供の停止を含む）又は消去	法35条5項		
通知	保有個人データの利用目的の通知請求	法32条2項	原則として、遅滞なく通知	○（可能）
開示	保有個人データの開示請求	法33条1項	原則として、遅滞なく開示	
	第三者提供記録の開示	法33条5項		

(2) 訂正等請求権・利用停止等請求権

個人情報取扱事業者は、本人から、訂正、追加又は削除（以下「**訂正等**」という。）の請求を受けた場合には、保有個人データの内容が事実でないときに

---

46) 個人情報取扱事業者が、本人との間でこれらの請求権を行使しない旨の合意をしたとしても、請求に応じないことは個人情報保護法違反となる（第201回国会参議院内閣委員会・令和2年6月4日政府参考人答弁）。

限り、利用目的の達成に必要な範囲で、訂正等を行わなければならない（法34条1項、2項、ガイドライン（通則編）3-8-4）。事業者が事実ではない保有個人データを用いることにより、本人に対して誤った評価をする等の権利利益の侵害を防止するためである。

　また、個人情報取扱事業者は、本人から、当該保有個人データの利用の停止又は消去（以下「**利用停止等**」という。）及び第三者提供の停止の請求を受けた場合には、本人の同意なく目的外利用を行っている等の違法行為があった場合や、事業者が利用する必要がなくなった場合、保有個人データの重大な漏えい等が発生した場合、本人の権利利益又は正当な利益が害されるおそれがある場合（例えば、本人の意思に反してダイレクトメールが繰り返し頻繁に送付されるような場合）等に限り、利用停止等又は第三者提供の停止を行わなければならない（法35条）。本人にサービスを提供するためにはその保有個人データが必要である場合などの利用停止等や第三者提供の停止が困難な場合には、本人の権利利益を保護するために必要なこれに代わるべき措置をとれば足りる（法35条2項、4項、6項）。

(3)　保有個人データの利用目的の通知請求

　保有個人データの本人から、保有個人データの利用目的（法17条1項により特定した利用目的）の**通知請求**を受けた場合には、原則として、利用目的を通知しなければならない（法32条2項、ガイドライン（通則編）3-8-1）。利用目的を本人に知らせて、目的外利用があるか等を判断させ、利用停止等の請求権を行使させるためである。

(4)　保有個人データの開示請求

　保有個人データの本人から、保有個人データの**開示請求**を受けた場合には、原則として、保有個人データを開示しなければならない（法33条1項、2項、ガイドライン（通則編）3-8-2）。保有個人データの内容を本人に知らせて、事実と異なるか等を判断させ、訂正等請求などの権利を行使させるためである。

　開示請求を受けた場合には、①**電磁的記録の提供による方法**、②**書面の交付による方法**、③**その他個人情報取扱事業者の定める方法**（例えば、音声データ

の視聴や指定した場所での文書の閲覧等を定めることができる）のうち、本人が指
定した方法により開示しなければならない（規則30条）。もっとも、本人が請
求した方法による開示に多額の費用を要する場合その他の当該方法による開示
が困難である場合には、書面による方法により開示することができる。

　本人が上記①を指定した場合であっても、開示の具体的な方法は事業者が決
定することができる。そのため、電磁的記録の形態（PDF にするか、ワードに
するか、エクセルにするか等）や交付の方法（電子メールで送付するか、CD-ROM
等の媒体に保存して郵送するか等）については、事業者が決定することができる。

Column：電磁的記録の提供による開示への誘導

　社会の DX 化の流れも受けて、開示請求については、電磁的記録の提供によ
る方法で行いたいとのニーズが高まっている。上記のとおり、本人が書面の交
付による開示を請求した場合には、これに応じなければならないが、電磁的記
録の提供による開示に誘導すること自体は許される。

　例えば、開示請求がなされた場合には、まずはメールでの開示を前提とした
開示請求書を交付する（書面の交付による開示請求が認められていることまで
本人に説明する義務はない。）、電磁的記録の提供による開示については手数料
を無料にする等の方法により、電磁的記録の提供による開示に誘導することが
できるであろう。

(5)　第三者提供記録の開示

　第三者提供を行った場合及び第三者提供を受けた場合には、原則として、第
三者提供記録を作成しなければならないが（第 4（p.50、p.78）参照）、本人は
この**第三者提供記録の開示**を請求することができる（法33条 5 項・ 1 項、ガイ
ドライン（通則編） 3 － 8 － 3 ）。第三者提供の有無等を本人に知らせて、利用
停止等・第三者提供停止の請求権を行使させるためである。

　開示については、保有個人データの開示請求と同様であり、①電磁的記録の
提供による方法、②書面の交付による方法、③その他個人情報取扱事業者の定
める方法のうち、本人が指定した方法により開示しなければならない。

⑹　請求権行使の手続
　ア　請求権行使の手続についての定め
　個人情報取扱事業者は、本人が開示等の請求をするための手続について、以下の事項を定めることができる。本人は、この手続に従って請求を行わなければならず（法37条１項、政令12条）、本人がこの手続に従わない場合には、事業者は各種請求に応じる必要はない。

〈法37条で定めることができる事項〉

⒤　開示等の請求等の申出先
⒥　開示等の請求等に際して提出すべき書面（電磁的記録を含む）の様式
　　その他の開示等の請求等の方式
⒦　開示等の請求等をする者が本人又は代理人であることの確認の方法
⒧　手数料の徴収方法

〈法38条で定めることができる事項〉

⒨　保有個人データの開示請求、第三者提供記録の開示請求、保有個人
　　データの利用目的の通知請求についての手数料額

　上記⒥にあるとおり、本人が提出すべき書面の様式（フォーマット）だけではなく、「その他の開示等の請求等の方式」を決めることができるため、請求等の方法について幅広く、事業者が決定することができる。例えば、EC サイトのようにウェブページで個人情報を取得しているような事業者であれば、自社のウェブページからのみ開示等の請求等を受け付けることにより、負担を軽減することができる。
　また、上記⒨の**手数料**は、実費を勘案して合理的であると認められる範囲内の金額としなければならない（法38条）。なお、実費とは、郵送料等だけではなく、これらの請求に対応するための人件費を含むものである。
　イ　請求権行使を受けた場合の対応
　本人から保有個人データの開示の請求があったものの、開示除外事由があったために開示しない旨の決定をしたとき、当該保有個人データが存在しないとき、又は本人が請求した方法による開示が困難であるときは、本人に対し、遅

滞なく、その旨を通知しなければならない（法33条3項）。その他の各種請求においても、これを拒否する場合には、遅滞なくその旨を通知しなければならない（法32条3項、法34条3項、法35条7項）。

また、上記の通知の際には、本人に対し、その理由を説明するよう努めなければならない（法36条、ガイドライン（通則編）3−8−6）。

❸ 保有個人データについての公表等

本人に対して、開示等の請求の手続等を知らしめるため、保有個人データについて、以下の事項を、本人の知りうる状態（本人の求めに応じて遅滞なく回答する場合を含む）におかなければならない（法32条1項、ガイドライン（通則編）3−8−1）。

〈本人の知りうる状態におくべき事項〉

(i) 当該個人情報取扱事業者の氏名又は名称及び住所並びに法人にあっては、その代表者の氏名

(ii) すべての保有個人データの利用目的（法21条4項1号から3号までに該当する場合を除く。）

(iii) 利用目的の通知請求、開示請求、訂正等請求、利用停止等請求に応じる手続（手数料の額を定めたときは、その手数料の額を含む。）

(iv) 安全管理措置の内容（本人の知りうる状態におくことにより当該保有個人データの安全管理に支障を及ぼすおそれがあるものを除く。）[47]

(v) 保有個人データの取扱いに関する苦情の申出先

(vi) 認定個人情報保護団体の対象事業者である場合にあっては、当該認定個人情報保護団体の名称及び苦情の解決の申出先

上記の事項について、プライバシーポリシー等として、自社ホームページで

---

[47] 従業者の監督（法24条）・委託先の監督（法25条）も安全管理措置法（法23条）の一環であるため、これらの措置も本人の知りうる状態におかなければならない。また、安全管理措置の内容については、詳細を本人の知りうる状態におく必要はなく、安全管理措置の項目程度（例えば、「個人データは暗号化している」など）を本人の知りうる状態におけば足りる。

公表することが一般的に行われている。もっとも、「本人の求めに応じて遅滞なく回答する」ことでも足りるため、必ずしも公表する必要はなく、問合せ窓口を設け、問合せがあれば、口頭又は文書で回答できるよう体制を構築することで足りる。具体的には、コールセンター等を設置している場合は、これとは別に専用の問合せ窓口を設ける必要はなく、そのコールセンター等に問合せがあった場合に遅滞なく回答できるように、上記事項について、まとめておけば足りる。

❹ 苦情処理

(1) 苦情のルート

個人情報取扱事業者に対して、本人から**苦情**が寄せられるルートには、(i)本人から直接、(ii)地方公共団体が設けている**苦情処理あっせん制度**（法14条）、(iii)個人情報保護委員会が設けている**苦情処理あっせん制度**（法132条2号）、(iv)認定個人情報保護団体を経由した苦情がある。

上記(iii)は、個人情報保護委員会が設ける「個人情報保護法相談ダイヤル」（電話）に事業者の個人情報等の取扱いに関する苦情が寄せられた場合、必要に応じてあっせんに関する説明を行い、あっせんの申し出を受けた場合には、個人情報保護委員会が苦情処理のあっせんを行うものである。令和4年度は23件のあっせんの申し出が行われており、例えば、事業者のウェブサイトにいまだ在職しているかのように掲載されている元従業員から、当該事業者への個人情報の消去の依頼について一向に対応されないという苦情の申立てがされた事案に関し、当該事業者に対し元従業員からの苦情を伝えるとともに、個人情報保護法の規定等の説明を行い、削除に応じるようあっせんを行う等の例がある。

上記(iv)は、個人情報保護委員会が認定した民間団体（認定個人情報保護団体）を経由した苦情の処理である。認定個人情報保護団体は、その対象事業者（認定個人情報保護団体の業務の対象となることを承諾した事業者）に関する苦情を受け付けており、苦情の申し出があると、認定個人情報保護団体が苦情の処理にあたる。

Column：認定個人情報保護団体

　認定個人情報保護団体とは、民間による個人情報の保護の推進を図るために、自主的な取組みを行うことを目的として、個人情報保護委員会の認定を受けた団体のことである。典型的には、業界団体が認定個人情報保護団体として認定され、その傘下の事業者に対して、個人情報保護のための業務を行う。この認定個人情報保護団体が事業者に対して行う業務は、①対象事業者の個人情報等の取扱いに関する苦情の処理、②対象事業者に対する情報提供、③対象事業者が個人情報保護指針（認定個人情報保護団体が策定した自主基準）を遵守するための指導や勧告、④その他対象事業者の個人情報等の適正な取扱いの確保に関し必要な業務である（法47条1項、法54条4項）。

　現時点で認定個人情報保護団体として44団体が認定されており、各団体が様々な活動を行っているが、個人情報保護法や情報セキュリティに関するセミナーを実施している団体も多い。また、対象事業者から個人情報保護法の相談を受け付ける団体もあり、事業者にとっては強い味方となる。それぞれの認定個人情報保護団体には強みとする分野があるため、自社の事業内容に応じて、適した団体に加入することを検討する必要がある（認定個人情報保護団体の一覧は、個人情報保護委員会のホームページに掲載されている。）。

　なお、個人情報保護委員会としても、認定個人情報保護団体の対象事業者向けの研修会を開催する等して、同団体の活動を支援している。

(2) 苦情処理体制

　個人情報取扱事業者は、**苦情処理**の申出先を決めた上で、それを本人の知りうる状態（本人の求めに応じて遅滞なく回答する場合を含む。）に置かなければならない（上記❸（p.110））。

　また、個人情報の取扱いに関する苦情がもたらされた場合には、適切かつ迅速な処理に努めなければならず（法40条1項）、平時からそのために必要な体制の整備に努めなければならない（同条2項）。具体的には、苦情処理マニュアルを策定したり、苦情処理の担当者を決めておく等をすることにより体制整備に努めることになる。なお、苦情を解決する義務まではない。

第9　プライバシー保護や炎上防止のために

❶　プライバシー保護や炎上防止の必要性

　個人情報保護法は個人情報についてすべての事業者が守るべき最低限のルールを定めたものである。一方で、「**プライバシー**」を侵害すると不法行為になるため、「プライバシー」を侵害しないようにする必要がある。個人情報保護法が保護している範囲と、「プライバシー」が保護している範囲とは必ずしも一致するものではない。そのため、個人情報保護法を遵守しているだけではプライバシー侵害を避けることはできない。

　また、国民の「プライバシー」への関心は高まっており、国民が個人情報保護法の求めるレベルより高いレベルでの保護を求めることがある。事業者としては、このような法律と国民が求めるレベルのギャップを埋めていかなければ「炎上」ということにもなりかねない。

❷　個人情報の取得の場面での「プライバシー」や炎上防止への取組み

(1)　取得する個人情報の項目の限定

　事業者は、個人情報を取得する際に、一度に氏名、年齢、住所、電話番号、メールアドレス……と多くの項目を取得する場合がある。このように、多くの項目を取得してしまうと、いろいろな情報と紐づけることが容易になり、個人が丸裸になる危険性が高まる。例えば、氏名とメールアドレスの個人情報がある場合、これとは別にメールアドレスとそのメールアドレスが登録しているメールマガジンの情報があれば、メールアドレスをキーとして、これらの情報を紐づけることができる。

　また、多くの項目を集めていて、これが漏えい等した場合には、本人に不利益が及んだり、事業者の評判を大きく傷つけることになりかねない。

　そのため、事業者が個人情報を取得する場合には、その項目が本当に必要であるかを慎重に検討した上で、取得するべきである（特に、要配慮個人情報や、性的指向・性自認、結婚・妊娠・出産・人の生死に関わることなどのライフイベントや収入の情報など、本人にとって知られたくない情報を取得する際には、慎重な

検討が必要である。）。

(2)　わかりやすい利用目的や個人情報の取扱いの説明

　上記のとおり、利用目的を記載したプライバシーポリシーを事業者のホームページに掲載することにより、利用目的が公表されることが多いが、そもそもプライバシーポリシーがどこに掲載されているかわからなかったり、掲載場所がわかったとしても、早く個人情報の登録を済ませてサービスを利用したいとの理由で利用者が読まなかったり、理解しにくい用語で記載されているため読みにくい場合も多い[48]。そのため、事業者が実際に個人情報を用いて事業を開始したところ、本人は「まさかそのように使われると思っていなかった。だまされて個人情報を提供してしまった」と感じる。これを避けるために、専門用語や多数の文字を避ける、重要な点を強調する、クリック等の操作をしなくてもプライバシーポリシーの重要部分を読むことができる、図表や解説動画により視覚的に理解できるように公表する等の工夫をするべきである。また、プライバシーポリシーを見なければ個人情報の入力画面に到達できないようにする等、その人の目線がとおる場所にプライバシーポリシーを掲載する等の工夫をするべきである。

　加えて、個人情報保護法においては、利用目的さえ通知・公表等しておけば足り、事業者が取り扱う個人情報の項目については通知・公表等を義務づけていない。しかし、本人にとって、事業者が利用しているとわかりにくい個人情報もある。例えば、Cookie を利用して収集したサイトの閲覧履歴や、事業者が個人情報から年収を推定した場合のように事業者の中で生成した個人情報は、本人が利用されていると認識していない場合もある。そのため、利用する個人情報の項目についても、利用目的とあわせて通知・公表等することによ

---

48)　消費者庁「デジタル・プラットフォーム利用者の意識・行動調査（詳細版）」（令和2年5月20日）によれば、約30％の人が利用規約の内容を理解できず、内容を理解できないと答えた人の約45％が言葉が難しくてわからない、としている。また、同調査では、プラットフォーム利用者のうち、40％を超える人がサービス利用開始時やアカウント取得時に利用規約やプライバシーポリシーを読まない、どちらかというと読まない、と回答している。その理由としては、分量が多い、読んでもわからないという順に回答者が多かった。

り、本人が「まさかそのように使われると思っていなかった」と感じる可能性を低くすることができる。

❸ 個人情報の管理の場面での「プライバシー」や炎上防止への取組み

個人情報の管理の場面におけるプライバシーの保護は、漏えい等の防止が重要であるが、事業者内での情報の名寄せについても十分に注意しなければならない。

事業者内で複数のデータベースを保有している場合には、データベースに同じ人がいれば、これを統合（本人ごとに突合）して保管することがある。例えば、事業者が山田太郎の氏名と住所を取得したが、別の機会に、山田太郎の氏名とメールアドレスを取得した場合に、これを1つのデータベースで保管し、山田太郎の氏名、住所、メールアドレスを1列につなげて保管するような場合である。また、複数のデータベースに同じ人がいた場合に、IDなどでこれらのデータを紐づけておくことがある。

このような保管が直ちに個人情報保護法に違反するものではないが、このようなデータベースの名寄せにより、いくつかのプライバシー上のリスクが生じる。例えば、①複数の情報をまとめて保管しておくことにより、本人が丸裸になり、本人に不利益な取扱いが行われる危険性が高まる、②1つのデータベースに保管することにより、そのデータベースのどの情報を、どの利用目的で取得したかがわからなくなるなどの問題が発生する可能性がある、③このデータベース1つが漏えい等すれば、より大量の項目が漏えい等することになるリスクがある。

一方で、このようなデータベース管理は、きちんと管理を行えるのであれば、①自社内での個人情報の一元化により複数回にわたって同じ人から個人情報を取得しない、②（利用目的の範囲内で行う必要があるが）より本人についての深い分析を行うことができて、効率的なビジネスや本人にとってのメリットが大きくなる、③そのデータベースに厳重なセキュリティをかければよいため、セキュリティに関するリソースの集約及び集中投下ができるメリットもある。

そのため、このような管理については、メリットとデメリットを考えて、プライバシーにも十分に配慮し、慎重に検討する必要がある。

❹ 個人情報の利用の場面での「プライバシー」や炎上防止への取組み

　事業者が利用目的を達成するために必要な範囲で個人情報を利用していたとしても、プライバシーを侵害することはありうる。

　特に、本人が個人情報を提供した時の状況を踏まえて、（仮に利用目的の記載からは合理的に予測・想定できるため、利用目的の範囲内での利用であるとしても）本人が思っている個人情報の利用と異なる利用をする場合には、丁寧な説明が必要である。

　例えば、本人が就活サイトに個人情報を入力する場合には、就活情報の案内のために個人情報を入力していると思う者が多い。もっとも、利用目的として、「就活情報の案内のため」だけではなく、「当社が提携している会社が販売する不動産を案内するため」と記載し、明示していれば（法21条）、不動産案内のためにも利用できることになる。しかし、本人が個人情報を入力したときの状況から考えて、不動産の案内のために個人情報を利用することを本人が想定することは難しい。そのため、そもそも、本人が個人情報を提供する際の状況から見て、想定しないような利用目的を掲げるべきではないし、仮に、上記の例のような利用をする場合には、事前にリリースして周知を図ったり、不動産の案内がほしくない人は案内を拒否できるような工夫（不動産案内の配信停止をするためのウェブページを作成するなど）をするべきである。

❺ 個人情報の提供の場面での「プライバシー」への取組み

(1)　同意取得の際の説明

　個人データの第三者提供について、本人の同意を得ていればプライバシー侵害とならないが、わかりにくいプライバシーポリシーや規約で同意を得ている場合には、十分な同意を得たと認められないことがあろう。実際に、消費者庁「デジタル・プラットフォーム利用者の意識・行動調査（詳細版）」（令和2年5月20日）によると、プライバシーポリシーや規約に同意した際に、個人データを第三者と共有することについて同意していると認識している人は20％にすぎないとされており、第三者提供することを本人にわかりやすく説明して同意を得ているかについて、今一度検討する必要がある。

　また、第三者提供の同意を得る際に、提供先を特定する必要はないものの、

上記の消費者庁の調査によれば、利用規約において、提供先の第三者の個社名について明示する必要がないとしたのは約16％にとどまり、それ以外の人は、提供先の第三者の個社名について、自分に不利益な利用をする場合には明示すべき、同意した事業者のグループ会社か関連会社の範囲外であれば明示すべき、提供先であればすべて明示すべきのいずれかの選択肢を選んでいる。そのため、提供先の名称や属性（例えば、「インターネット広告を行う会社」）を特定することも検討する価値がある。

(2) プライバシーリスクを低減する第三者提供の方法[49]

提供元が提供先での利用についてプライバシーリスクを低減させることも重要である。

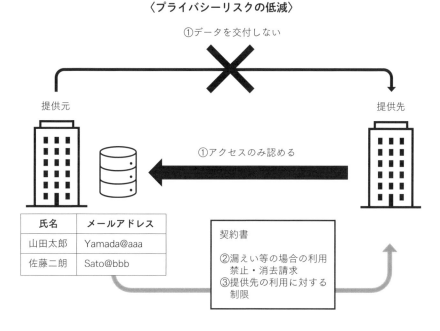

〈プライバシーリスクの低減〉

①データを交付しない

提供元　　　　　　　　　　　　　　　　　　提供先

①アクセスのみ認める

氏名	メールアドレス
山田太郎	Yamada@aaa
佐藤二朗	Sato@bbb

契約書

②漏えい等の場合の利用
　禁止・消去請求
③提供先の利用に対する
　制限

49）経済産業省「データ利活用のてびき」（2020年6月）や「データ利活用のポイント集」（2020年6月）も参照。

　まず、個人データ自体を提供先に渡すのではなく、提供先にはクラウドに保管した個人データのアクセス権限のみを認め、自社においてアクセス制限をしたり、ダウンロード制限をすることにより、提供先において個人データが共有される範囲を適切にコントロールすることができる。なお、仮に個人データを第三者に渡すのであれば、契約により、提供先は必要な範囲に限って個人データを社内で共有できること等を定めておくことが有効である。

　また、一度、個人データを第三者に提供した場合には、提供先において個人データの漏えい等が発生したとしても、提供元は個人情報保護法に基づいて、提供先に対して、個人データの消去や利用停止等を請求することはできない。そのため、提供先との契約において、漏えい等が発生した場合等には、個人データの利用を禁止したり、消去を求める権利を規定しておくことも考えられる。

　加えて、本人の同意を得て個人データを提供した場合には、提供先は、提供先が特定した利用目的の範囲内で、当該個人データを利用することができる（法18条1項）。しかし、例えば、提供元がゲームサービスの提供のために取得した個人情報を、同意を得て個人データを取得した提供先が不動産案内のために利用するように、提供先の利用目的が提供元の利用目的からあまりにも離れている場合には、本人からの反発も避けられないこともある。そのような場合には、提供先における利用について一定の制限を行うことも考えられる。

❻　プライバシーリスクの管理手法（PIA）

　プライバシーリスクを管理する手法として、PIA（プライバシー影響評価、Privacy Impact Assessment）がある。環境アセスメントのプライバシー版のようなものであり、個人情報を利用した事業を行う前に、その事業を行うと本人のプライバシーにどのような影響を与えるかを検討し、事前にプライバシーへのリスクを低減する手法である。

(1)　リスク評価をする前の準備

　PIAを実施する場合には、その事務局を決定するなどの準備をした後に、まずその事業において、個人情報等がどのように取り扱われるかを整理する。具体的には、事業部門において、①事業の概要、②事業において利用する個人情

報等の項目、③当該情報を取得してから消去するまでのフロー（個人情報を取得する主体、個人情報の提供先等）、④当該個人情報について本人に通知・公表等する利用目的等の基本的な事項を整理する。フローの整理においては、取得、保管、利用、消去の一連の流れごとに整理するとともに、他の事業者が関与する場合には、その関与についても整理する。例えば、本人から個人情報を取得し、委託業者Aに分析を委託した上で、その分析結果に基づき、広告を行う場合には、以下のとおり、フローを整理することができる。

〈フロー例〉

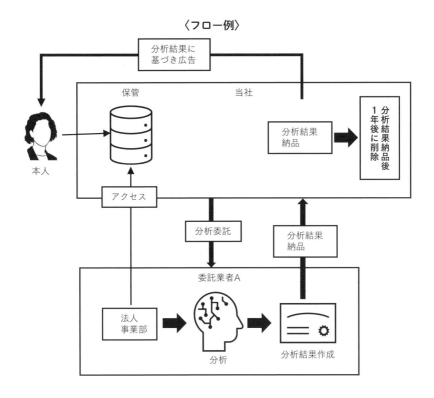

(2) PIA の評価基準の整理

PIA においてもっとも大切なのは、どのようにリスクを評価するかであり、評価の基準を決めておく。具体的には、以下の3つの観点から整理する。

① 事業に適用される法令・ガイドライン等

事業に適用される法令・ガイドライン等を遵守するために、これらを整理しておく。これらの整理のためには、当該事業の法律に詳しい事業部門と、民法や消費者契約法等の一般的な法律に詳しい法務部門が協力して、整理する。

② 情報セキュリティの観点

個人情報等を取得・利用する場合には、その漏えい等により、個人のプライバシーが侵害されるおそれがある。そのため、当該事業において満たすべき情報セキュリティの基準を事業者内で決定しておく。また、当該事業において漏えい等が発生しやすい作業工程を洗い出す。もっとも、情報セキュリティ部門がPIAとは別の機会に情報セキュリティの基準を決めて、セキュリティ対策をしている場合には、PIAにおいて確認しないこともある。

③ プライバシーや不安感の観点

上記①及び②以外にも、個人情報等を用いることで、その人のプライバシーが侵害されるおそれがある。また、いわゆる不安感から「炎上」するリスクもある。このようなプライバシー侵害や不安感に起因するリスクを特定して、列挙する。特に、事業に必要のない個人情報等まで収集してしまうリスク、情報を収集していることが本人にわからないリスク、説明が不十分であり本人が想定しない利用をしてしまうリスク、差別的な取扱いをする等の本人に重大な不利益が及びうるリスク等のリスクは列挙しておく。

なお、上記の観点のほかに、④本人への影響についても整理する場合がある。個人情報を利用する場合には、本人にとっても利益でなければならない、と考えて、本人に利益があるかをチェックポイントとする場合もある。また、⑤企業理念や企業のデータ活用方針との合致をチェックポイントとする場合もある。

(3) リスク評価

上記(2)の評価基準に従って、当該事業を評価する。

法令遵守については、法令遵守をすることが前提条件ではある。もっとも、法令を遵守するためには複数の方法があり、事業部門が提案する方法より本人にとって納得性が高い等の理由で適切な方法がある場合には、その方法を検討する。

　また、プライバシーや不安感については、特に、事業によって本人にどのような影響を及ぶかについて検討した上で、リスク評価を行う。リスクをなくすことはできないため、リスクを評価した上で、リスクをそのまま保有するか、リスクに対して対策をとるか、またどのような対策をするかを決定した上で、実行する。例えば、事業者が、サイト訪問者の閲覧履歴を取得しており、取得していることがサイト訪問者本人にわからない可能性（リスク）があるとされた場合には、サイトのトップページに「閲覧履歴を取得しています」と掲載する等の対応策を実行する。

Chapter5

個人関連情報

> ▶個人関連情報とは、生存する個人に関する情報であって、個人情報、仮名加工情報及び匿名加工情報のいずれにも該当しないものである（法2条7項、ガイドライン（通則編）2－8）。
> ▶この個人関連情報については原則として規制はないが、個人関連情報を第三者に提供する場合には、「個人データとして取得することが想定される」ときに限って、原則として、提供先があらかじめ本人の同意を得て、提供元は同意を得ていることを確認しなければならない（法31条）。

第1 個人関連情報の提供

❶ 個人関連情報の提供に関するルール

(1) ルールの概要

個人関連情報（検索可能なようにデータベース化する等している個人関連情報）の第三者提供の場合には、「**個人データとして取得することが想定される**」ときに限って、法27条1項各号の例外事由がない限り、提供先があらかじめ本人の同意を得て、提供元は同意を得ていることを確認しなければならない（法31条、ガイドライン（通則編）3－7）。「個人データとして取得することが想定される」とは、個人データと紐づける場合である。

これを提供元から見ると、提供先が保有する個人データと提供を受けた個人関連情報を紐づけることが想定されるときには、原則として提供先が本人の同意を取得しなければならず、提供元は提供先が同意を取得していることを確認しなければ提供してはならない。なお、提供当時に「紐づけることが想定され

るとき」であれば同意が必要であり、そのあとに実際に紐づけなかったり、紐づけようと試みたものの失敗した場合であっても、同意が不要となるわけではない。ただし、法27条1項各号の事由がある場合には同意は不要である。

　また、本人の同意が得られていることを確認した場合には、記録を作成しなければならない（法31条3項・法30条3項）。

(2) 法31条の趣旨

　すでに述べたとおり、法27条及び法28条により、個人データを第三者に提供する場合には、原則として、あらかじめ本人の同意を得なければならない。例えば、「氏名：山田太郎、メールアドレス：1111@aaaa、SNSアカウント：@abcde」との個人データを提供する場合には、原則として、あらかじめ本人の同意を得なければならない。

〈個人関連情報のルール〉

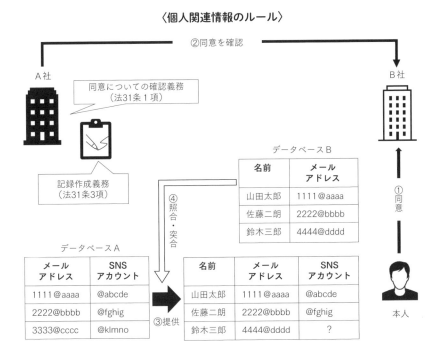

　一方で、前頁〈個人関連情報のルール〉のとおり、提供元Ａ社が「メールアドレス：1111@aaaa、SNSアカウント：@abcde」だけの情報を保有していた場合には、Ａ社にとっては本人がわからないため、個人データではない。そのため、この情報を第三者に提供するときには、法27条及び法28条の同意は不要である。しかし、提供先Ｂ社において、「氏名：山田太郎、メールアドレス：1111@aaaa」との情報をもっており、この情報とＡ社から提供を受けた情報をメールアドレスをキーとして紐づけて利用する場合には、結局のところ、Ａ社はＢ社に対して、「氏名：山田太郎、メールアドレス：1111@aaaa、SNSアカウント：@abcde」との個人データを提供しているのと同じである。そのため、このような場合には、提供先Ｂ社において本人から同意を得て、提供元Ａ社はＢ社が同意を得たことを確認しなければ、当該個人関連情報をＢ社に提供してはならないとしたものである（法31条）。

❷　提供元における対応

(1)　本人の同意の取得の確認

　提供先が、提供を受けた個人関連情報を個人データと紐づけることを予定している場合には、**①提供を受ける情報の項目、②個人データと紐づけることについて特定した同意を得なければ**「同意」（法31条）を取得したことにならない。そのため、提供元においても、提供先がこれらの２点を特定した同意を得たかについて確認しなければならない。なお、これに加えて、③提供先での利用目的について特定することも望ましい。「お客様の閲覧履歴を取得して、お客様の情報と結びつけた上で、マーケティングに利用することに同意します」などとの同意を得る。

(2)　外国にある第三者に対して、個人関連情報を提供する場合の確認

　提供先が「**外国にある第三者**」（Chapter4 第5 ❷（p.85）参照。EUや英国にある者、基準適合体制を整えている者はこれに該当しない。）である場合には、提供先は、同意を得るにあたって、外国の名称等の情報提供をしなければならず（規則17条）、提供元は、提供先が本人の同意を得たことに加えて、このような情報提供をしたことも確認しなければならない（法31条１項２号）。

提供先	第三者	外国にある第三者
確認する点	提供先が本人から同意を得たこと	①　提供先が本人から同意を得たこと ②　情報提供をしたこと
確認方法		
原則	提供先の第三者から申告を受ける方法その他の適切な方法（規則26条1項）	（①について）左記と同様 （②について） 情報提供が行われていることを示す書面の提示を受ける方法その他の適切な方法（規則26条2項）
例外	複数回にわたって、同一本人の個人関連情報を提供する場合には、すでに作成・保存してある記録に記録された事項と内容が同一であるものについては確認を省略できる（規則26条3項）	

(3) 記録作成義務（法31条3項・法30条3項）

　提供元は、上記(1)及び(2)の確認を行ったときは、文書、電磁的記録又はマイクロフィルムを用いて（規則27条1項）、原則として提供した都度速やかに（規則27条2項）、提供した年月日等の一定の事項に関する**記録を作成**し（規則28条1項）、3年間保管しなければならない（規則29条）。

〈記録事項〉

(i)　本人の同意が得られていること（外国にある第三者への提供においては、これに加えて、情報提供が行われていること）を確認した旨

(ii)　提供年月日

(iii)　提供先の氏名等

(iv)　個人関連情報の項目

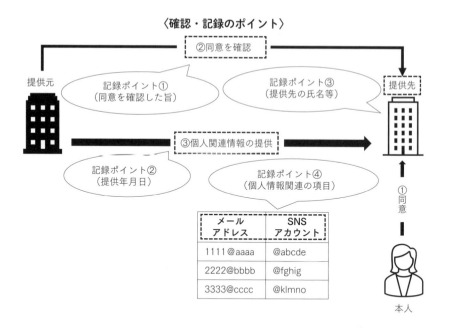

〈確認・記録のポイント〉

(4) まとめ

　これまで説明した、個人関連情報を第三者提供する場合（個人データとして取得されることが想定される場合）のルールは以下のとおりである。

提供先		第三者 （法31条1項1号）		外国にある第三者 （法31条1項2号）	
第三者提供の根拠		本人の同意	法27条1項各号	本人の同意	法27条1項各号
同意	同意の要否	○	×	○	×
	情報提供	×	×	○	×
同意の確認義務		○	×	○	×
記録作成義務		○	×	○	×

設例　A社は、メールアドレスとSNSアカウントをデータベースAとして保有していたが、これらのメールアドレスとSNSアカウントは、氏名等が入っていないため、その本人がわからない（特定の個人を識別す

ることができない）ものであった。A社は、B社から、上記データベース
Aを提供してほしいとの要請を受けたため、A社は、B社に対して、この
データベースAを提供した。以下の場合、提供にあたって同意を得る必
要があるか。

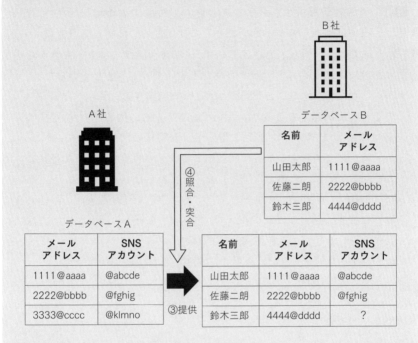

① A社は、B社から「B社では、氏名とメールアドレスのデータベース
　Bがあるが、SNSのアカウントがわからない。A社から提供を受けた
　データベースAを用いて、データベースBの本人のSNSアカウントを
　知りたいから、データベースを提供してほしい」とデータベースの利用
　方法について説明を受けていた。最終的に、B社は、データベースA
　とデータベースBを見比べて、データベースBに含まれている山田太
　郎と佐藤二朗のSNSアカウントが判明したが、鈴木三郎のアカウント
　は判明しなかった。

② A社は、B社から、データベースの利用方法について説明は受けてい

なかった。もっとも、B社は、A社から提供を受けたデータベースA
を用いて、B社で保有しているデータベースBの本人のSNSアカウン
トを知りたいと考えていた。

　設例①のA社が提供するメールアドレスとSNSアカウントだけの情報は、
A社にとっては本人がわからないため、A社にとっては個人関連情報である。
B社においては、氏名とメールアドレスからなる個人データと、A社から提供
を受けたメールアドレス・SNSアカウントを紐づけようとしているため、「個
人データとして取得することが想定される」に該当する。

　そのため、提供先であるB社において、本人から、例えば、「お客様のメー
ルアドレスやSNSアカウントを取得して、お客様の情報と結びつけた上で、
マーケティングに利用することに同意します」との同意を得て、A社において
は、この同意が得られたことを確認しなければならない。

　また、A社は、同意を「提供先の第三者から申告を受ける方法その他の適切
な方法」により確認すれば足りるため、例えば、B社から同意の取得方法につ
いて説明を受ける等により確認すれば足りる。

　なお、結果的には、B社は、A社から取得した個人関連情報を用いて、山田
太郎と佐藤二朗のSNSアカウントだけを紐づけることができ、鈴木三郎の
SNSアカウントは紐づけることができなかった。しかしながら、A社が個人
関連情報を提供する時点においては、このことはわからず、データベースB
に含まれる全員（鈴木三郎を含む）について個人データと紐づけようとしてい
たのであり（「個人データとして取得することが想定される」のであり）、全員から
同意を得なければならない。

　さらに、A社は、B社の同意を確認した場合には、本人から同意を得られて
いることを確認した旨等の記録を作成しなければならない。

　設例②のA社においては、B社がどのような意図でデータベースBを取得
するか（B社が個人データと紐づけようとしているか）について説明を受けてい
ない。提供先から個人データと紐づけると説明を受けていなくても、個人デー
タとして紐づけることが客観的に想定できるのであれば、「個人データとして
取得することが想定される」として、同意を確認しなければならない。しか
し、**設例**の状況だけでは、B社が個人データと紐づけるかわからないため、

「個人データとして取得することが想定される」とはいえない[50]。A社としては、B社との契約において、「個人データとして取得しない」と明記することも検討するべきである（このような契約が締結されている場合には、原則として、個人データと紐づけるとは想定されず、法31条が適用されない。）。

第2　個人関連情報の取得

❶　個人関連情報の第三者提供の制限等（法31条）

　法31条の個人関連情報のルールを提供先（個人関連情報の取得者）から見れば、提供元から提供を受けた個人関連情報（提供元から見ると個人関連情報となる情報）を自らが保有する個人データと紐づける場合には、法27条1項各号の例外事由がない限り、本人から同意を得なければならない。

　上記のとおり、提供先（取得者）が本人の同意を取得しなければならず、本人から同意を取得するためには、①提供を受ける情報の項目、②個人データと紐づけることを特定した上で、同意を得なければならない。もっとも、提供元に同意取得を代行させることができる。代行させる場合には、提供元において、上記①～②に加えて、③提供先の事業者の名称を特定して、同意を得なければならない。

❷　確認・記録作成義務（法30条）

　提供先（取得者）が、個人関連情報（提供元から見て個人関連情報）の提供を受けて個人データと紐づける場合は、個人データの提供を受ける場合の確認義務（法30条1項）及び個人データの提供を受ける場合の第三者提供記録の作成義務（法30条3項及び4項）の適用を受ける。

　そのため、Chapter4 第4（p.78）のとおり、提供元への確認及び第三者提供の記録を作成しなければならない（規則24条1項3号）。もっとも、「当該第三者による当該個人データの取得の経緯」（法30条1項2号）は確認の対象とならない。

---

[50] 提供先が「個人データとして取得する」かについて確認する義務まではない。

〈確認事項〉

提供先の氏名等

〈記録事項〉

(i) 本人の同意を得ている旨（外国にある第三者への提供においてはこれに加えて、情報提供が行われている旨）
(ii) 提供先の氏名等
(iii) 本人の氏名等
(iv) 個人関連情報の項目

❸ 適正取得（法20条1項）

　上記のとおり、提供先（取得者）が個人データと紐づける場合には、提供元に法31条が適用される。もっとも、個人関連情報の提供を受ける事業者が個人データと紐づけるかは、個人関連情報の提供を受ける事業者でなければわからない。そのため、個人関連情報の提供を受ける事業者が個人データと紐づける場合には、提供元がそのことを容易に知りうる場合を除き、その旨を提供元に告げなければならない。提供元に個人データとして利用する意図を秘して、本人同意を得ずに「個人データとして取得した」場合には、法20条1項に違反する。

❹ 利用目的の特定（法17条1項）、通知・公表（法21条1項）

　提供先（取得者）が、個人関連情報を個人データと紐づける場合には、当該提供を受けた情報は個人関連情報の提供を受ける事業者から見ると個人情報である場合がある。この場合には、個人情報を取得したのであるから、利用目的を特定し（法17条1項）、利用目的を通知・公表（法21条1項）しなければならない。

> **設例**　A社（塾経営）は、「当社講習の案内のため」との利用目的で、特別講習の受講者の氏名、受講歴、メールアドレスを含む「受講歴データ

ベース」を保管していた。A社は、さらに、効率的に講習の案内をするため、複数のメールマガジンを配信しているB社からメールアドレスと登録しているメルマガが含まれる「メルマガデータベース」をもらって、受講歴データベースとメルマガデータベースで、同じ人のデータを統合して保管・利用することを予定していた。この場合、A社はどのように対応しなければならないか。

B社　　メルマガデータベース

メールアドレス	登録メルマガ
AAA@aaa	私立受験メルマガ
BBB@bbb	料理メルマガ
CCC@ccc	漫画メルマガ

受講歴データベース

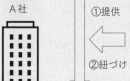

①提供　②紐づけ

氏名	受講歴	メールアドレス
山田太郎	2020年夏季講習	AAA@aaa
佐藤二朗	2020年夏季講習	BBB@bbb
田中三郎	2020年春季講習	CCC@ccc

氏名	受講歴	メールアドレス	登録メルマガ
山田太郎	2020年夏季講習	AAA@aaa	私立受験メルマガ
佐藤二朗	2020年夏季講習	BBB@bbb	料理メルマガ
田中三郎	2020年春季講習	CCC@ccc	漫画メルマガ

　設例のA社は「メルマガデータベース」を取得しているが、この「メルマガデータベース」は、B社にとっては個人関連情報である（氏名等が含まれないため、B社にとっては、本人がわからず、個人情報ではない。）。A社は、この「メルマガデータベース」を「受講歴データベース」（個人データ）と紐づけるものであり、「個人データとして取得する」ものである。

　そのため、A社は、B社に対して「個人データとして取得する」ものであることを伝えるとともに（法20条1項）、「受講歴データベース」の本人から同意

を得なければならない（法31条1項）。B社は、A社が同意を取得したことを確認した後に、A社に「メルマガデータベース」を提供し、A社は「受講歴データベース」と紐づけることができる。なお、A社は、B社に対して同意の取得を代行させることができるので、B社がメルマガデータベースの本人にメールを送って同意を求めたり、B社のメルマガに登録する際に、B社がA社への提供について同意を取得することもできる。なお、この場合には、B社は、「お客様から取得したメールアドレス及び登録メルマガの情報を、A社に提供し、A社において、同社が保有しているお客様の情報と紐づけた上で、マーケティングに利用することに同意します」などと、A社の名称を示して同意を取得しなければならない。

　また、A社は、B社から「メルマガデータベース」の提供を受けるにあたって、提供先の氏名等を確認するとともに（法30条1項）、「メルマガデータベース」の提供を受けた年月日や本人の氏名等を記録しなければならない（法30条3項、4項）。

　加えて、A社にとっては「個人情報」を取得することになる場合もあるため、A社は、「メルマガデータベース」の利用目的を特定し（法17条1項）、利用目的を通知・公表しなければならない（法21条1項）。例えば、「メルマガデータベース」の「メールアドレス：AAA@aaa、登録メルマガ：私立受験メルマガ」との情報は、B社にとっては本人がわからないが、A社にとっては、「メールアドレス：AAA@aaa」の本人は「山田太郎」であるとわかるため、個人情報である（容易照合性）。

III

個人情報の活用のルール

　個人情報を利活用する際には、①個人情報は利用目的を達成するために必要な範囲で利用しなければならない（法18条1項）、②個人データの第三者提供のためには原則として本人の同意を得なければならない（法27条1項、法28条1項）との2つのルールにより、利活用ができない場合がある。

　もっとも、この2つのルールについては例外が設けられており、この例外をうまく利用することにより、利活用することができる。大きく分けて、個人情報・個人データのままで目的外利用や同意なき第三者提供をする場合と、個人情報・個人データを加工して（項目を削除する等して）目的外利用や第三者提供する場合に分かれる。

	個人情報・個人データのまま	個人情報・個人データを加工
利用目的の制限（法18条1項）	①例外事由（法18条3項各号） ②利用目的の変更（法17条2項） ③同意（法18条1項）	仮名加工情報、匿名加工情報、個人関連情報、統計情報（Chapter 8（p.148））
第三者提供の制限（法27条、法28条）	①例外事由（法27条1項各号） ②オプトアウト ③委託、事業の承継、共同利用（法27条5項各号） ④同意（法27条1項）	

Chapter6

個人情報の目的外利用

個人情報は、利用目的の達成に必要な範囲で利用しなければならない（法18条1項）。もっとも、例えば、商品を発送するとの利用目的で取得した個人情報を利用して、新たな商品を開発する場合のように、利用目的を超えた利用（目的外利用）をしたい場合がある。このような場合には、以下の方法で、目的外利用することができる。

第1　本人の同意なく目的外利用ができる例外事由（法18条3項各号）

　個人情報は原則として目的外利用をすることはできない。しかし、目的外利用が必ず本人の不利益になるわけではないため、本人の不利益よりも優先する利益があるような場合には、法18条3項各号により本人の同意なく**目的外利用**することができる。

(i)　法令（条例を含む）に基づく場合（1号）

(ii)　人の生命、身体又は財産の保護のために必要がある場合であって、本人の同意を得ることが困難であるとき（2号）

(iii)　公衆衛生の向上又は児童の健全な育成の推進のために特に必要がある場合であって、本人の同意を得ることが困難であるとき（3号）

(iv)　国の機関若しくは地方公共団体又はその委託を受けた者が法令の定める事務を遂行することに対して協力する必要がある場合であって、本人の同意を得ることにより当該事務の遂行に支障を及ぼすおそれがあるとき（4号）

(v)　当該個人情報取扱事業者が学術研究機関等である場合であって、当該個

人情報を学術研究の用に供する目的（学術研究目的）で取り扱う必要があるとき（当該個人情報を取り扱う目的の一部が学術研究目的である場合を含み、個人の権利利益を不当に侵害するおそれがある場合を除く。）（5号）

(vi) 学術研究機関等に個人データを提供する場合であって、当該学術研究機関等が当該個人データを学術研究目的で取り扱う必要があるとき（当該個人データを取り扱う目的の一部が学術研究目的である場合を含み、個人の権利利益を不当に侵害するおそれがある場合を除く。）（6号）

❶ 生命身体財産例外（2号）

「**人の生命、身体又は財産の保護のために必要がある場合**」であり、本人から同意を得ることが困難なときには、本人の同意なく目的外利用することができる。この生命身体財産例外（2号）により目的外利用することができるかは、生命身体財産の保護のために個人情報を利用する必要性と、個人の権利利益に与える影響を比較衡量して決定する。これにより本人の同意なく目的外利用することができる典型例としては、災害等の対応のために個人情報を目的外利用する場合や、不正対策のために個人情報を目的外利用する場合である。

また、「**本人の同意を得ることが困難であるとき**」については、①本人に連絡をとることを試みたができなかった場合（例えば、連絡先が不明な場合や、連絡先が古くて連絡がとれなかった場合）、②本人に連絡できたとしても同意を得られなかった場合や、本人に連絡をとることはできるが同意を得る見込みがない場合（例えば、本人の未払金請求のために目的外利用する場合）、③本人に連絡をとることはできるが、本人に連絡をとったり、同意を得ることにより、生命身体財産の保護に支障が生じる場合（例えば、メーカーが製造した商品に重大な欠陥があり、メーカーとしては、販売会社から購入者リストをもらって、購入者に連絡し、すぐに製品を回収する必要があるが、購入者が膨大であり、購入者全員から同意を得ている時間的余裕がない場合）がこれに該当する。

> **設例** A社（バイク販売）は、「購入したバイクの配送」という利用目的で、バイク購入者の氏名、住所を保有していた。購入者Bが、バイ

クの代金を支払わなかったため、A 社は、購入者 B の住所に督促状を送付することができるか。

設例において、A 社が、購入者 B の氏名及び住所（個人情報）を使用して督促状を送付することは、「購入したバイクの発送」という利用目的を超えている。しかし、A 社は、自分の購入代金回収（A 社の財産保護）のため、住所を使用して督促状を送付する必要がある。また、A 社が、B に対して、代金回収のための目的外利用について同意を求めても、同意を得ることは期待できない。そのため、生命身体財産例外（法18条3項2号）により、氏名・住所を督促状の送付のために使用することができる[51]。

❷ 公衆衛生向上・児童福祉推進例外（3号）

「公衆衛生の向上又は児童の健全な育成の推進のために特に必要がある場合」であり、本人から同意を得ることが困難なときには、本人の同意なく目的外利用することができる。この公衆衛生向上・児童福祉推進例外（3号）により目的外利用することができるかは、公衆衛生向上・児童福祉推進のために個人情報を利用する必要性と、個人の権利利益に与える影響を比較衡量して決定する。これにより本人の同意なく目的外利用することができる典型例としては、病気のメカニズム解明や医療機関の医療技術の向上のために個人情報を目的外利用する場合である。

「**本人の同意を得ることが困難であるとき**」については、生命身体財産例外（2号）と同様である。

第2 利用目的を変更して利用する場合

上記**第1**で説明した本人の同意なく目的外利用することができる例外事由がないとしても、実施したいことを利用目的に含むように利用目的を変更することができれば、変更後の利用目的の達成に必要な範囲内で個人情報を利用する

---

[51] 訴訟活動として一定の必要性や合理性が認められる場合に個人データを書証として裁判に提出することも、生命身体財産例外に該当する（東京地判令和4年3月25日2022WLSPCA03258049参照）。

ことができる。

❶ 利用目的の変更ができる範囲（法17条2項）

　個人情報保護法は、一度特定した利用目的を変更することを認めているが、変更できる範囲は「**変更前の利用目的と関連性を有すると合理的に認められる範囲**」に限られる（法17条2項）。

　この「変更前の利用目的と関連性を有すると合理的に認められる範囲」とは、変更後の利用目的が変更前の利用目的からみて、社会通念上、本人が通常予期しうる限度と客観的に認められる範囲である。この範囲は、かなり狭く解されており、安易にこの範囲に含まれると判断することはできない。

❷ 利用目的の変更の手続（法21条3項）

　利用目的を変更した場合は、変更された利用目的について、本人に通知し、又は公表しなければならない（法21条3項）。利用目的をホームページで公表しているのであれば、そのホームページ上で**変更後の利用目的を公表すること**で足りる。

> **設例**　A社（バイク販売）は、バイクの試乗会を行い、「当社製品の案内」という利用目的で、試乗会に来た人の氏名、住所を保有していた。A社は、試乗会に来た人に、新たにA社と提携したB社のバイク修理サービスの案内を送付したいが、利用目的の変更ができるか。

　設例のA社の変更前の利用目的は、「当社（＝A社）製品の案内」であり、B社のサービスの案内をすることは、利用目的を達成するために必要な範囲とはいえない。そのため、B社の案内を送付するためには、「当社と提携する会社のバイク修理サービスに関するパンフレット発送」との利用目的を変更（追加）しなければならない。

　このような変更が「変更前の利用目的と関連性を有すると合理的に認められる範囲」であれば変更することができる。バイクを購入して乗車していれば、バイクの修理も当然に必要になるため、バイクを販売するA社がバイク修理

サービスを行う会社と提携して、その案内を発送することは、本人が通常予期しうる。そのため、「変更前の利用目的と関連性を有すると合理的に認められる範囲」であり、このような利用目的の変更は認められる。

A 社は、以下のいずれかの方法で、変更後の利用目的を通知・公表した上で、B 社のバイク修理サービスの案内を送付することができる（必ずしも、利用目的を変更したことや、変更前の利用目的を通知・公表する必要はない。）。

変更後の利用目的のみ通知・公表	変更前と変更後の利用目的を通知・公表
当社は、個人情報を以下の目的で利用します。 ① 当社製品の案内 ② 当社と提携する会社のバイク修理サービスに関するパンフレット発送	当社は、以下のとおり、利用目的を変更しました。 （変更前） ① 当社製品の案内 （変更後） ① 当社製品の案内 ② 当社と提携する会社のバイク修理サービスに関するパンフレット発送

第3 本人の同意を得た目的外利用

本人の同意を得ることにより目的外利用をすることができるため（法18条1項）、法18条3項各号の例外事由がない場合や、利用目的を変更することができない場合には、**本人の同意**を得なければならない。

〈利用目的の変更についてのルール〉

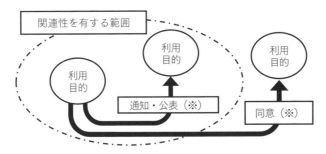

※例外事由（法18条3項各号がある場合には不要）

Chapter7

第三者提供の同意を得ないで取得した個人データの第三者への提供

個人データを第三者に提供するためには、原則として、あらかじめ本人の同意を得なければならない（法27条1項）。本人から個人情報を取得するときに、個人データの第三者提供の同意を得ていればよいが、個人情報を取得するときには個人データの第三者提供を予定しておらず、同意を得ていない場合もある。それでも、個人データを第三者に提供したい場合には、以下の方法により第三者提供することができる。

第1 法27条1項各号の例外事由による第三者提供

　個人データを第三者提供する場合には、原則として、あらかじめ本人の同意を得なければならないが、**法27条1項各号の例外事由**がある場合には、本人の同意なく、個人データを第三者に提供することができる（Chapter4 第4 ❶ (p.50)）。

　なお、法27条1項各号の例外事由により提供する場合の提供先は、その例外事由がある範囲で本人の同意がない第三者提供が正当化されている以上、当該例外事由が認められる範囲を超えて、個人データを利用することはできない。提供先は当該例外事由に基づく利用が終わった場合には、遅滞なく消去するように努めなければならない（法22条後段）。

❶ 法令に基づく場合（1号）

　法令（条例を含む）に基づいて個人データを第三者提供する場合は、本人の同意なく提供することができる。

法令により、個人データを保有する者に対して個人データを提供することが命じられている場合（個人データを提供することが努力義務になっている場合を含む。）にはこれに該当するが、これだけではない。法令により、提供先が個人データの提供を求めることができるとされている場合や、提供先が法令に基づく事務を行うために個人データが必要である場合に、提供先からの求めに応じて提供するときには、この例外事由に基づいて、本人の同意なく提供することができる。法令に基づく場合に、本人の同意が必要であるとすると、法令の目的を達成できないためである。捜査関係事項照会、弁護士会照会、裁判所の令状、調査嘱託に基づいて提出する場合はこれに該当する。

実務的に重要であるのは、「犯罪による収益の移転防止に関する法律」（以下「犯収法」という。）である。

> **設例**　A社（銀行）は、口座開設の申込みを行った者が他人になりすましをしていないかを確認しようと考えた。そのため、下記のとおり、(i)申込者から氏名・住所等を記載した申込書の提出を受ける、(ii)B社（電力会社）に対して、当該口座開設申込者の氏名や住所（個人データ）を送付する、(iii)B社は、B社のデータベースにある氏名や住所（個人データ）と一致しているかを確認し、(iv)B社は住所と氏名が一致しているかを回答する仕組みにより他人になりすましていないか確認しようと考えた。

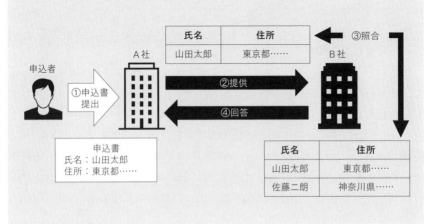

① A社は、B社に対して、口座開設申込者の同意なく、その氏名や住所を送付できるか。また、B社は、A社に対して、本人の同意なく、氏名や住所が一致しているかを回答できるか。
② A社は、口座開設申込者Cの氏名と住所をB社に送付したところ、B社から「当該住所に住んでいるのはCではない」との回答を受けた。怪しんだA社がCについて調べると、Cにはマネーロンダリングをしている疑いが生じた。この場合、A社は、Cの氏名や住所を、Cの同意なく金融庁長官に届け出ることができるか。

　犯収法4条により、特定事業者（銀行、保険会社、信託会社、貸金業者、資金移動業者等）は、顧客等との間で、同法施行規則に定める取引を行うに際しては、当該顧客等の本人特定事項（法人の場合はその名称及び本店又は主たる事務所の所在地等）、取引を行う目的、当該顧客等の職業や事業内容などを確認しなければならない。 **設例**①のA社は、特定事業者であるため、犯収法4条に基づく確認をしなければならない。このような法令に定める事務のために、A社がB社に口座開設申込者の氏名と住所を提供しているのであり、「法令に基づく場合」に該当する。そのため、A社は、口座開設申込者の同意なく、口座開設申込者の個人データをB社に提供することができる。また、B社が、A社に対して、住所と氏名が一致している旨を回答する場合には、B社のA社に対する個人データの提供である（Chapter4 第4❷(3)（p.56））。提供先であるA社における法令に定める事務のために、このような個人データの提供が必要であるため、「法令に基づく場合」に該当する。そのため、B社は、A社に対して、本人の同意なく、回答することができる。

　また、犯収法8条により、一定の特定事業者は、特定業務に係る取引について、マネーロンダリング等を防止するために、それらの疑いがあると認められる場合においては、速やかに、政令で定める事項を行政庁（特定事業者ごとに決められており、銀行の場合には金融庁長官である。）に届け出なければならない。 **設例**②のA社においては、マネーロンダリングの疑いが認められたため、同法8条により、金融庁長官に届け出なければならない。この届出のために、Cの氏名・住所を金融庁長官に提供することは「法令に基づく場合」に該当し、Cの同意なく提供することができる。

❷ 生命身体財産例外（2号）

　人の生命、身体又は財産の保護のために必要がある場合であって、本人の同意を得ることが困難であるときは、本人の同意なく、個人データを第三者に提供することができる。生命身体財産例外の解釈については、目的外利用における生命身体財産例外と同様である（Chapter6 第 1 ❶（p.136））。

　生命身体財産例外を適用することができる典型例は、不正検知である。

設例　　A社（会員制 EC サイト）は、登録者の氏名、住所や購入履歴（個人データ）を保有していた。以下の場合には、この個人データを提供することができるか。

①　A社は、他の EC サイト事業者 B 社に、商品の料金を支払わなかった人（未納者）の個人データを提供し、B 社は、その人が B 社の EC サイトを利用して買い物をした場合には、これを断ることにしたい。

設例①

氏名	メールアドレス	備考
山田一子	AAA@aaa	未納
田中二郎	BBB@bbb	未納なし

氏名	メールアドレス	備考
山田一子	AAA@aaa	未納

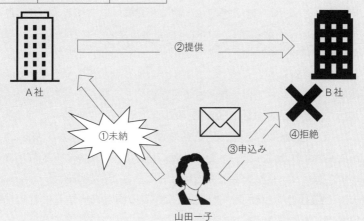

② C社は、様々なECサイトから、個人データを集めて、未納者（未納になりそうな人）を検知するためのシステムを作りたいと考えた。このシステムを作るために、未納者の個人データだけではなく、料金を支払っている人の個人データも利用したい。A社は、C社から依頼を受けて、未納者か否かにかかわらず、すべての登録者の個人データをC社に提供したい。

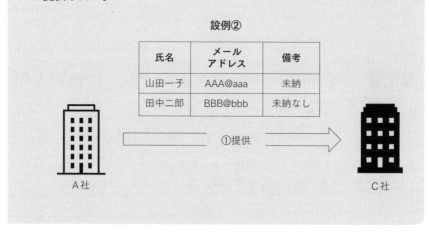

設例②

氏名	メールアドレス	備考
山田一子	AAA@aaa	未納
田中二郎	BBB@bbb	未納なし

①提供

A社　　　　　　　　　　　　　　　　　　　C社

　設例①の場合、A社から未納者の個人データの提供を受けたB社は、それを用いて、同様の被害が発生しないようにすることができる。そのため、このような個人データの提供は、B社の「財産の保護のために必要がある場合」といえる。また、(i)ECサイトの料金未納は多額にのぼりうるものであり、直ちにB社に個人データを提供してB社の被害を防ぐ必要があること（本人全員から同意を得る時間的余裕がないこと）、(ⅱ)A社が本人に第三者提供の同意を求めた場合、本人に対策をとっていることが知れて、別の氏名を利用する等、それまでの手口とは異なる手口に変えることによって、新たな被害が生じるおそれがあること、(ⅲ)未納者から第三者提供の同意を得ることは期待できないことから、「本人の同意を得ることが困難であるとき」に該当する。なお、B社は、A社から提供された個人データを未納者の利用防止のためにしか利用することはできず、例えば、自社の製品案内等に利用することはできない。

　一方で、**設例**②のA社は、未納者でない者の個人データもC社に提供することになる。この個人データを提供することにより、未納者を検知するための

システムができるため、広い意味では「財産の保護」につながる。しかし、財産の保護に直接結びつくものではない一方で、購入履歴等はその人の行動が推測されるものである等の重要性に鑑みると、未納者でない者の個人データの提供は「財産の保護のために必要がある場合」に該当しない。このような場合には、後述のような仮名加工情報の共同利用が適切である。

〈不正防止のための提供〉

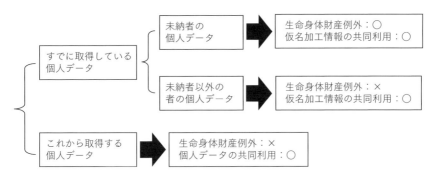

　なお、これから会員登録をする人の個人データは、会員登録の際に、容易に個人データの第三者提供の同意を得ることができるため、「本人の同意を得ることが困難であるとき」には該当しない（一般に、これから取得する個人データについて、「本人の同意を得ることが困難であるとき」と認められることはない。）。

❸　公衆衛生向上・児童福祉推進例外（3号）

　公衆衛生の向上又は児童の健全な育成の推進のために特に必要がある場合であって、本人の同意を得ることが困難であるときは、本人の同意なく、個人データを第三者に提供することができる。公衆衛生向上・児童福祉推進例外の解釈については、目的外利用における公衆衛生向上・児童福祉推進例外と同様である（Chapter6 第1 ❷ (p.137)）。

　公衆衛生例外を適用することができる典型例は、医療データの利活用である。

> **設例**　A社（製薬会社）は、疾病メカニズムは解明されていたが、薬剤が開発されていない難病の薬剤開発のために、当該難病に関する症例を集めたいと考えていた。そのため、B病院（市中病院）[52]にすでにある当該難病患者の診療データ（個人データ）500例を取得したいが、B病院は、数人のスタッフしかおらず、日々の診療に忙しく、患者の同意を得ていては日々の診療にも支障が生じると言っている。B病院は、患者の同意なく診療データをA社に提供し、A社はこれを取得することができるか。

　A社による難病の薬剤開発は国民の健康レベルの向上に資するものであって、「公衆衛生の向上に特に資する」ものであると考えられる。なお、疾病メカニズムの解明などの医学研究だけではなく、薬剤開発や医療機器開発であったとしても、「公衆衛生の向上に特に資する」に該当しうるものであり、その薬剤の効果等も踏まえて、この要件を満たすかについて検討する必要がある。

　また、B病院の人員等を考慮すると、本人の同意を得ていては、日々の診療や運営に支障を来すことになる。B病院がA社に対して同意の取得を委託することも考えられるが、同意取得のために必要な費用（同意を得るための郵送費や人件費等）がかかり、薬剤開発費用が高額になることで、薬剤を使用できる者の範囲が狭まる場合や、同意を得ていると同意取得のために時間がかかり、薬剤開発が大幅に遅れる場合もある。このように、時間的余裕や費用等に照らし、本人の同意を得ることにより、薬剤開発に支障を及ぼすおそれがあるとして、「本人の同意を得ることが困難であるとき」にあたる。

　なお、B病院が、これから診察を行って取得する診療データ（個人データ）については、診療を行う際に、患者から容易に個人データの第三者提供の同意を得ることができるため、「本人の同意を得ることが困難であるとき」には該当しない。

---

52) 市中病院は、大学病院とは異なり、診療して報酬を得ることを主目的としているため、学術研究機関等には該当せず、学術研究例外（法27条1項6号、7号）を適用することはできない。

第2　オプトアウト、委託・事業の承継・共同利用

　同意なく個人データを提供できる場合として、**オプトアウト**（法27条2項）、**委託・事業承継・共同利用**（法27条5項）があるため、これらのスキームを利用できる場合には、第三者提供の同意を得ないで取得した個人データを本人の同意なく提供することができる（Chapter4 第4❺❻（p.64））。

　もっとも、共同利用の通知等をすることなく取得した個人データ（過去に取得した個人データ）を本人が共同利用を予測・想定することは困難であるため、他の事業者と共同利用することは困難である。共同利用のためには、個人情報（個人データ）を取得した当時の利用目的から、共同利用することが合理的に予測・想定できなければならない。しかし、共同利用の通知等をしていないにもかかわらず、個人情報（個人データ）を取得した当時の利用目的から、共同利用することが合理的に予測・想定できる場合は限られる（Chapter4 第4❼（p.67））。

第3　本人の同意

　個人情報を取得する際に本人から同意を得ていなかったとしても、改めて**本人から同意**を得れば、個人データを第三者に提供することができる（法27条1項、法28条1項）。

Chapter8

利用目的の制限及び第三者提供の制限を緩和する制度（仮名加工情報、匿名加工情報、個人関連情報、統計情報への加工）

> 個人情報や個人データの場合には、利用目的の制限（法17条2項、法18条）や、第三者提供の制限（法27条、法28条）があり、個人情報の利活用のハードルとなっている。そのため、この利用目的の制限や第三者提供の制限を緩和するために、個人情報の本人をわからないように加工した上での利活用、具体的には①仮名加工情報、②匿名加工情報、③個人関連情報、④統計情報に加工する方法がある。

第1 仮名加工情報、匿名加工情報、個人関連情報、統計情報の関係

　個人情報の項目を削除するなどして、**仮名加工情報、匿名加工情報、個人関連情報、統計情報**を作成することができる。それぞれ加工の方法が異なり、削除しなければならない個人情報の項目が異なる。概ね下記の順序で削除しなければならない項目が多い。

仮名加工情報＜個人関連情報＜匿名加工情報＜統計情報

　仮名加工情報の場合には、個人情報の特定個人識別性のうち単体識別性は削除しなければならないが、容易照合性を残すことができる（Chapter3 第1❺（p.14））。個人関連情報は特定の個人識別性を完全に削除し（容易照合性も削除し）、本人がわからないようにしなければならない。個人関連情報においては

〈情報の分類〉

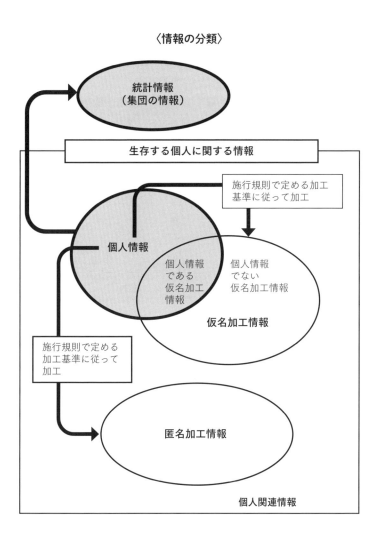

提供先で個人データと紐づけることができるが、匿名加工情報とするために
は、さらに提供先で個人データと紐づくことがないように加工しなければなら
ない（個人関連情報は提供先で本人と紐づけることができる程度の項目を残すこと
ができるが、匿名加工情報の場合には提供先において本人と紐づけることができる
程度の加工では足りない。）。

　また、仮名加工情報、匿名加工情報、個人関連情報は個人の情報（１人ひと

りの情報）であるが、これを集団の情報（統計情報）とすることにより、個人情報保護法が適用されなくなる。

〈仮名加工情報、匿名加工情報、個人関連情報の区別〉

		仮名加工情報	個人関連情報	匿名加工情報	統計情報
分類		個人に関する情報（1人1人の情報）			集団の情報
加工に関する規則		規則31条	加工方法は定められていない	規則34条	加工方法は定められていない
加工方法					
特定の個人識別性の要件	単体識別性	削除	削除	削除	削除
	容易照合性	残っていてもよい	削除	削除	削除
	個人識別符号	削除	削除	削除	削除
	提供先での個人との紐づけ	できてもよい	できてもよい	できないように加工	できないように加工
利用目的の制限		あり（利用目的は変更可）	なし	なし	なし
第三者提供		×（委託、事業の承継、共同利用は可）	○（個人データとして取得することが想定される場合には同意が必要）	○（提供時の公表・明示義務あり）	○

第2 　仮名加工情報

❶ 　加工基準

　個人情報を仮名加工情報にするためには、仮名加工情報を作成する意図で、下記の規則31条に定める**加工基準**に従って個人情報を加工する（法41条1項）。仮名加工情報の作成は、委託先に委託して行うことができる。また、例えば、

個人情報の利用目的として「仮名加工情報を作成すること」と掲げていなかったとしても、個人情報から仮名加工情報を作成することができる。

〈仮名加工情報の加工基準（規則31条）〉

基準	基準内容	削除するべき項目例
規則31条1号	個人情報に含まれる特定の個人を識別することができる記述等の全部又は一部を削除すること	氏名、顔写真、フルネームが含まれるメールアドレスやSNSのID
規則31条2号	個人情報に含まれる個人識別符号の全部を削除すること	旅券番号、基礎年金番号、運転免許証番号、住民票コード、マイナンバー
規則31条3号	個人情報に含まれる不正に利用されることにより財産的被害が生じるおそれがある記述等を削除すること	クレジットカード番号

1号基準から3号基準における「削除」として、削除して代わりの文字に置き換えることも認められている[53]。

SNSのIDやメールアドレスは1号基準で削除しなければならない場合も、削除する必要がない場合もある。メールアドレス及びSNSのIDにフルネームが含まれている場合には、「個人情報に含まれる特定の個人を識別することができる記述等」に該当するため、1号基準により削除しなければならない。フルネームが含まれていない等により特定の個人を識別することができない場合には「個人情報に含まれる特定の個人を識別することができる記述等」には該当しないため、削除する必要はない。実務的には、これらを区別するのは大変

---

53) 削除して代わりの文字に置き換えるためには、当該全部又は一部の記述等を復元することのできる規則性を有しない方法により他の記述等に置き換えなければならない。「復元することのできる規則性を有しない方法」による置き換えとは、置き換えた記述等から、置き換える前の内容を復元することができない方法である。

　例えば、エクセルシートの個人情報の氏名を削除したが、「戻る」ボタンを押せば元に戻ってしまうような場合や、暗号化して暗号文に置き換えたり、規則性がある対応表による置き換える方法は、「復元することのできる規則性を有しない方法」とはいえない。暗号化は、復号鍵により元に戻るという点では、「復元できる」規則性がある。

であるため、メールアドレスや SNS の ID は一律に削除するしかない。

> **設例** A 社は、氏名、マイナンバー、クレジットカード番号、購買履歴からなる個人データを、仮名加工情報に加工したいが、どのように加工すればよいか。

設例 の A 社は、まず、仮名加工情報を作成する意図で、規則31条に定める加工基準に従って個人情報を加工しなければならない。保有する個人情報は、氏名、マイナンバー、クレジットカード番号、購買履歴からなるため、氏名（1号基準）、マイナンバー（2号基準）、クレジットカード番号（3号基準）を削除して、購買履歴だけ残したデータとする。

〈氏名を削除〉

○個人情報

氏名	マイナンバー	クレジットカード番号	購買履歴
山田太郎	1111	3333	2020/1/9　鞄1個
佐藤二朗	2222	4444	2021/3/21　靴1足

仮名加工情報に加工

○仮名加工情報

氏名	マイナンバー	クレジットカード番号	購買履歴
			2020/1/9　鞄1個
			2021/3/21　靴1足

また、氏名、マイナンバー及びクレジットカードは「削除」として、削除して代わりの文字に置き換えることができるが、特に氏名については、対応表により仮 ID に置き換えることも一般的に行われる。例えば、下記のとおり、「山田太郎」との氏名を削除し、「1」との仮 ID に置き換えることでも仮名加工情報を作成することができる。

〈氏名を置き換え〉

○個人情報

氏名	マイナンバー	クレジットカード番号	購買履歴
山田太郎	1 1 1 1	3 3 3 3	2020/1/9　鞄1個
佐藤二朗	2 2 2 2	4 4 4 4	2021/3/21　靴１足

〔対応表〕

仮ID	氏名
1	山田太郎
2	佐藤二朗

仮名加工情報に加工

○仮名加工情報

氏名	マイナンバー	クレジットカード番号	購買履歴
1			2020/1/9　鞄1個
2			2021/3/21　靴１足

なお、仮名加工情報となるためには、仮名加工情報を作成する意図で規則31条に定める加工基準に従った加工をする必要があり、仮名加工情報を作成する意図がなければ仮名加工情報とはならない。例えば、上記 設例 において、単に、A社が個人データの氏名、マイナンバー、クレジットカード番号が必要なくなり、購買履歴だけあればよい場合に、漏えい等によるリスクを減らすため、氏名、マイナンバー、クレジットカード番号を削除して購買履歴だけにして保管しておくことがある。このような場合には、客観的には規則31条に定める加工基準に従った加工をしているが、A社には安全管理の意図しかなく、仮名加工情報を作成する意図はないため、仮名加工情報ではない。このように作成された情報は、引き続き個人情報及び個人データのルールを遵守しなければならない。

❷　仮名加工情報のルール（個人情報である仮名加工情報）

個人情報である仮名加工情報とは、仮名加工基準にしたがって加工したものの、容易照合性が残っている場合である（第1の 〈情報の分類〉（p.149）参照）。具体的には、1号基準から3号基準により削除されなかった項目をキーとして、他の情報と組み合わせることにより、その仮名加工情報の本人がわかる場合である（容易照合性）[54]。このような仮名加工情報を「**個人情報である仮名加工情報**」という。

「個人情報である仮名加工情報」は個人情報である以上、個人情報・個人データ・保有個人データのルールも適用される（ただし、一部のルールは変更されたり適用されない。）。具体的には利用目的の特定（法17条1項）、利用目的の範囲内での利用（法41条3項）、不適正利用の禁止（法19条）、適正取得（法20条1項）、利用目的の公表（法41条4項）、削除の努力義務（法41条5項）、安全管理措置（法23条〜25条）、苦情処理（法40条）は適用される。一方で、利用目的の変更（法17条2項）が適用されず（法41条9項）、第三者提供は原則として禁止される（法41条6項）という点で大きく異なる。また、漏えい等報告（法26条）、保有個人データに関する公表等・開示等の請求（法32条〜39条）は適用されない。さらに、仮名加工情報であるため、削除情報等の安全管理措置（法41条2項）、識別禁止（法41条7項）、連絡禁止（法41条8項）の義務が生じる。

(1) 利用目的の変更（法17条2項）の不適用（法41条9項）

仮名加工情報（個人情報である仮名加工情報）は個人情報である以上、利用目的を特定しなければならず（法17条1項）、仮名加工情報を「取得」した場合に利用目的を「公表」しなければならない（法41条4項による読み替え後の法21条1項）。なお、個人情報を仮名加工情報に加工した場合には、仮名加工情報の「取得」にはあたらないため、利用目的の公表は不要である。

仮名加工情報（個人情報である仮名加工情報）であっても、法令に基づく場合をのぞき、利用目的の達成に必要な範囲内で利用しなければならない（法41条3項）。もっとも、仮名加工情報の場合には、自由に利用目的を変更することができ（法41条9項）、変更後の利用目的を公表すれば足りる（法41条4項）。個人情報の場合には、「変更前の利用目的と関連性を有すると合理的に認められる範囲」でのみ利用目的を変更することができたのとは大きく異なる（法17条2項）。

そのため、個人情報を仮名加工情報とした後であれば、利用目的を自由に変

---

54) 仮名加工情報を作成する場合には、個人情報のデータベース（個人情報データベース等）を加工して、仮名加工情報を作成することが多い。この場合、仮名加工情報もデータベースになっているため、「仮名加工情報データベース等」といい、そこに含まれる仮名加工情報について、以下の仮名加工情報のルールが適用される。

更することができる。

(2) 第三者提供の禁止

仮名加工情報については、法令に基づく場合を除いて第三者提供は認められていない。もっとも、委託・事業の承継・共同利用による提供が認められており（法41条6項）、実務的には共同利用が多く利用される。

(3) 仮名加工情報及び「削除情報等」に対する安全管理措置

仮名加工情報については安全管理措置を講じなければならないが、さらに、「削除情報等」についても安全管理措置を講じなければならない。

仮名加工情報から削除した情報等、その情報を用いて、個人情報に復元することができてしまう情報（削除した情報や加工の方法）を「削除情報等」といい、「削除情報等」には安全管理措置を講じなければならない（法41条2項、規則32条）[55]。例えば、削除情報等を他の事業者と共有することは原則として認められない（規則32条3号）。

設例　A社は、氏名、マイナンバー、クレジットカード番号、購買履歴からなる個人データから、氏名、マイナンバー、クレジットカード番号を削除して、仮名加工情報を作成した。どのように安全管理措置を講じればよいか。また、氏名を仮IDとした場合はどうか。

設例のA社においては、以下のとおり、①削除した氏名、マイナンバー、クレジットカード番号、②対応表（氏名を仮IDとした場合）、③仮名加工情報に対して、安全管理措置を講じなければならない。

削除した氏名、マイナンバー、クレジットカード番号を元に戻すと、仮名加工情報は元の個人情報に戻ってしまう。また、氏名を仮IDに置き換えた場合には、誰を、どの仮IDに置き換えたか（対応表）がわかってしまうと、仮名

---

55)　削除情報等を復元不可能な方法で削除してしまう場合には、安全管理措置を講じる必要はないが、事業者内で保管を続ける場合には安全管理措置を講じなければならない。

〈仮名加工情報の安全管理措置〉

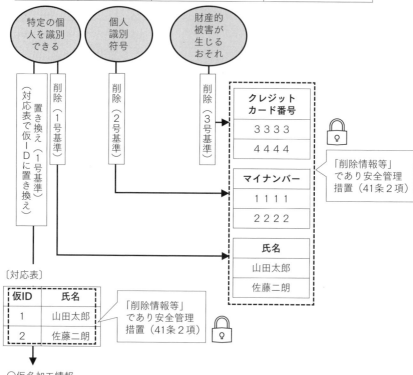

○個人情報

氏名	マイナンバー	クレジットカード番号	購買履歴
山田太郎	1111	3333	2020/1/9　鞄1個
佐藤二朗	2222	4444	2021/3/21　靴1足

特定の個人を識別できる

個人識別符号

財産的被害が生じるおそれ

（対応表で仮IDに置き換え）置き換え（1号基準）

削除（1号基準）

削除（2号基準）

削除（3号基準）

クレジットカード番号
3333
4444

マイナンバー
1111
2222

氏名
山田太郎
佐藤二朗

「削除情報等」であり安全管理措置（41条2項）

〔対応表〕

仮ID	氏名
1	山田太郎
2	佐藤二朗

「削除情報等」であり安全管理措置（41条2項）

○仮名加工情報

氏名	マイナンバー	クレジットカード番号	購買履歴
1			2020/1/9　鞄1個
2			2021/3/21　靴1足

仮名加工情報であり安全管理措置（23条～25条）

加工情報が個人情報に戻ってしまう。例えば、「山田太郎」との氏名を、仮ID
の「１」と置き換えて仮名加工情報を作成した場合、仮名加工情報には「氏
名：１」と表示される。しかし、その仮名加工情報と、対応表（山田太郎の仮
IDが１であるとの対応表）を照らし合わせれば、その仮名加工情報の本人が山
田太郎とわかる。そのため、削除した氏名等や対応表は「削除情報等」であ
り、安全管理措置を講じなければならない。

　A社は、①削除情報等を取り扱う者の権限及び責任を明確に定めること（規
則32条１号）、②削除情報等の取扱いに関する規程類を整備し、当該規程類に
従って削除情報等を適切に取り扱うとともに、その取扱いの状況について評価
を行い、その結果に基づき改善を図るために必要な措置を講ずること（規則32
条２号）、③削除情報等を取り扱う正当な権限を有しない者による削除情報等
の取扱いを防止するために必要かつ適切な措置を講ずること、の３つの安全管
理措置を講じなければならない（規則32条３号）。

⑷　識別行為の禁止（仮名加工情報の本人の特定の禁止）

　仮名加工情報について、本人を特定するために、他の情報と照合してはなら
ない（法41条７項）。本人をわからなくしたものであり、その状態を維持する
ために本人を調べることを禁止している。本人を確実に１人に特定できなかっ
たとしても、本人はA、B、Cのうちの誰かである等と、本人の候補を絞りこ
むことも禁止されている。

⑸　本人への連絡等の禁止

　個人情報を仮名加工情報にする際には、住所や電話番号等を削除する必要は
ない。しかし、その連絡先を用いて本人に連絡をしてしまうと、本人をわから
ない状態にして、利用目的の変更について制限を緩和した意味がなくなってし
まうため、本人に連絡をとることはできない（法41条８項）。

❸　仮名加工情報のルール（個人情報でない仮名加工情報）

　個人情報ではない仮名加工情報は個人情報ではないので、多くの義務が適用
されない。利用目的の特定（法17条１項）・変更（法17条２項）、利用目的の範
囲内での利用（法18条）、不適正利用の禁止（法19条）、適正取得（法20条１項）、

利用目的の通知・公表等（法21条）、正確性の確保等の努力義務（法22条）、漏えい等報告（法26条）、保有個人データに関する公表等・開示等の請求（法32条〜法39条）は適用されない。一方で、仮名加工情報の安全管理措置（法42条3項・法23条〜法25条）は適用される。

　また、第三者提供は原則として禁止される（法42条1項）、加えて、仮名加工情報であるため、「削除情報等」に対する安全管理措置（法41条2項）、③識別行為の禁止（法42条3項・法41条7項）、④本人への連絡等の禁止（法42条3項・法41条8項）は適用される。

	個人情報／個人データ	個人情報である仮名加工情報	個人情報でない仮名加工情報
規則に従った加工	×（ ）	○（法41条1項）	○（法41条1項）
利用目的の特定	○（法17条1項）	○（法17条1項）	×
利用目的の変更制限	○（法17条2項）	×（法41条9項）	×
利用目的の制限	○（法18条）	○（法41条3項）	×
不適正利用の禁止	○（法19条）	○（法19条）	×
適正取得	○（法20条1項）	○（法20条1項）	×
利用目的の通知・公表等	○（法21条、通知又は公表）	○（法41条4項、公表）	×
削除の努力義務	○（法22条）	○（法41条5項）	×
安全管理措置等	○（法23条〜法25条）	○（法23条〜法25条）	○（法42条3項・法23条〜法25条）
漏えい等報告	○（法26条）	×（法41条9項）	×
第三者提供の制限	○（法27条、法28条。原則として同意が必要）	○（法41条6項。原則として第三者提供禁止）	○（法42条1項。原則として第三者提供禁止）

保有個人データに関する公表等、請求権	○ （法32条〜法39条）	× （法41条9項）	×
苦情処理	○ （法40条）	○ （法40条）	○ （法42条3項・法40条）
削除情報等の安全管理措置	×	○ （法41条2項）	○ （法41条2項）
識別禁止	×	○（法41条7項）	○（法42条3項・法41条7項）
連絡禁止	×	○（法41条8項）	○（法42条3項・法41条8項）

Column：「個人情報ではない仮名加工情報」と「個人情報である仮名加工情報」

　「個人情報である仮名加工情報」の典型例は、事業者が個人情報から仮名加工情報を作成し、その元となる個人情報を削除しない場合である。「個人情報でない仮名加工情報」の典型例は、事業者が個人情報から仮名加工情報を作成し、その元となる個人情報を削除した場合や、仮名加工情報を作成した事業者から仮名加工情報の提供を受けた事業者が保有する仮名加工情報である。

　なお、個人情報保護法は、「個人情報である仮名加工情報」は41条1項〜9項により、「個人情報でない仮名加工情報」は41条1項〜2項及び42条により、ルールを定めている。

〈仮名加工情報の条文〉

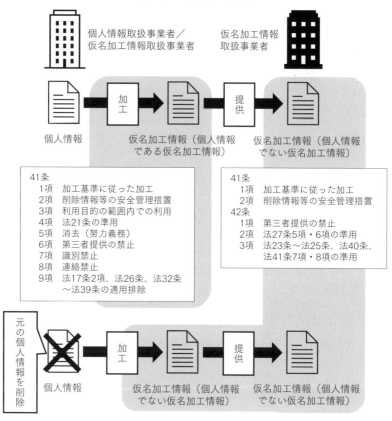

例えば、A社においては、右頁図のとおり、保有する個人情報をコピーした上で、これを仮名加工情報とするために、そのコピーの氏名、マイナンバー、クレジットカード番号を削除したとする。

この場合、元の個人データがA社内に残っていれば、仮名加工情報で残った項目（購買履歴）をキーとして、元の個人情報と照合すると、仮名加工情報の本人がわかる（容易照合性が残っている）ため、「個人情報である仮名加工情報」である（例えば、仮名加工情報の1列目の購買履歴は、元の個人情報の1列目の購買履歴と一致しているため、その本人が「山田太郎」であるとわかる）。

〈個人情報である仮名加工情報の例〉

〈シート1〉
○元の個人情報

氏名	マイナンバー	クレジットカード番号	購買履歴
山田太郎	1111	3333	2020/1/9　鞄1個
佐藤二朗	2222	4444	2021/3/21　靴1足

①コピーを作成

〈シート2〉
○コピーされた個人情報

氏名	マイナンバー	クレジットカード番号	購買履歴
山田太郎	1111	3333	2020/1/9　鞄1個
佐藤二朗	2222	4444	2021/3/21　靴1足

②仮名加工情報を作成

○仮名加工情報（個人情報である仮名加工情報）

氏名	マイナンバー	クレジットカード番号	購買履歴
			2020/1/9　鞄1個
			2021/3/21　靴1足

容易照合性あり

第3　仮名加工情報の利活用方法

　上記のとおり、仮名加工情報は比較的容易に作成できるにもかかわらず、利用目的の制限が緩和され、共同利用をすることができるため、便利な制度である。

❶　仮名加工情報の社内での利用

> **設例**　A社（ネットショップ）は、A社の会員であるかを問わずに利用できるネットショップを運営していた。A社は、「商品発送及びアフターサービスのため」との利用目的で、ネットショップを利用した人の氏

名、住所、電話番号、購買履歴のデータベースを保有していた。また、これとは別に、「会員管理のため」として、A社の会員の氏名、メールアドレス、電話番号のデータベースを保有していた。

① A社は、これらを突合した上で、A社の会員がどのような商品を購入しているかを分析したいと考えたが、どのようにすればよいか。

（購買履歴データベース）
利用目的：商品発送及びアフターサービスのため

氏名	住所	電話番号	購買履歴
山田太郎	東京都……	111-111-111	本1冊
佐藤二朗	京都府……	222-222-222	靴1足
鈴木三郎	千葉県……	333-333-333	本2冊

突合

（会員データベース）
利用目的：会員管理

氏名	メールアドレス	電話番号
佐藤二朗	2222@bbb	222-222-222
山田太郎	1111@aaa	111-111-111
鈴木三郎	3333@ccc	333-333-333

② A社は、上記①で突合して作成した仮名加工情報を分析したところ、「靴を買う会員は、その後に靴下を買う」との分析結果が出た。A社は、靴を買った会員に靴下の広告を送りたいと考えたが、仮名加工情報や元の個人情報を利用して広告を送ることはできるか。

　A社が両データベースを突合して購買履歴を分析することは、利用目的を達成するために必要とはいえないため、突合・分析はできない（法18条1項）。そこで、以下のとおり、仮名加工情報を作成する。

⑴　個人情報を加工して、仮名加工情報を作成する

　　ア　突合のキーとする項目の決定

　２つのデータベースを突合する場合には、両データベースに共通する項目を
キーとして突合することになるため、このキーとする項目を決定しなければな
らない。設例の両データベースにおいては、氏名と電話番号が共通の項目であ
るため、氏名又は電話番号をキーとして突合することになる。

　　イ　仮名加工情報の作成

　仮名加工情報の作成基準に従って、個人情報を加工する。この際、上記アで
決めたキーを完全に削除してしまっては、両データベースを突合できなくなっ
てしまう。設例においては、電話番号をキーとする場合には、電話番号は規則
31条の１号～３号基準による削除をする必要がなく、仮名加工情報に加工後
も電話番号が残るため、電話番号をキーとして突合することができる。

〈電話番号での突合〉

（購買履歴データベース）

氏名	住所	電話番号	購買履歴
	東京都 ……	111-111-111	本１冊
	京都府 ……	222-222-222	靴１足
	千葉県 ……	333-333-333	本２冊

同じ電話番号同士を突合

（会員データベース）

氏名	メールアドレス	電話番号
	2222@bbb	222-222-222
	1111@aaa	111-111-111
	3333@ccc	333-333-333

　しかし、氏名をキーとする場合には、氏名は１号基準により削除しなければ
ならないため、工夫する必要がある。

〈氏名での突合〉

（購買履歴データベース）

氏名	住所	電話番号	購買履歴
	東京都……	111-111-111	本1冊
	京都府……	222-222-222	靴1足
	千葉県……	333-333-333	本2冊

氏名で突合できない

（会員データベース）

氏名	メールアドレス	電話番号
	2222@bbb	222-222-222
	1111@aaa	111-111-111
	3333@ccc	333-333-333

○対応表による置換え

　両データベースについて、氏名をキーとして突合する場合に、氏名を完全に削除してしまうと、両データベースを突合できなくなってしまう。そこで、氏名を削除して仮IDを付す方法により、両データベースを突合できるようにする。この場合には、「山田太郎の仮IDは1、佐藤二朗の仮IDは2……」と**対応表**を作成した上で、両データベースの氏名を仮IDに置き換える。そうすると、両データベースに同じ氏名が含まれていれば、同じ仮IDになっているため、この仮IDをキーとして、仮名加工情報となったデータベースを突合することができる（右頁**〈対応表での突合〉**参照）。

○ハッシュ関数による置換え

　上記のような対応表を作成するのは多くの手間が必要であるため、**ハッシュ関数**による置き換えが利用される場合もある。氏名をハッシュ関数によりハッシュ値に変換する場合、同じ氏名を変換すると同じハッシュ値に変換される。

　右頁**〈ハッシュ関数での突合〉**のとおり、購買履歴データベースの「山田太

〈対応表での突合〉

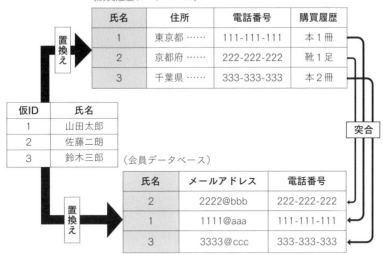

（購買履歴データベース）

氏名	住所	電話番号	購買履歴
1	東京都 ……	111-111-111	本1冊
2	京都府 ……	222-222-222	靴1足
3	千葉県 ……	333-333-333	本2冊

置換え

仮ID	氏名
1	山田太郎
2	佐藤二朗
3	鈴木三郎

置換え

突合

（会員データベース）

氏名	メールアドレス	電話番号
2	2222@bbb	222-222-222
1	1111@aaa	111-111-111
3	3333@ccc	333-333-333

郎」をハッシュ化すると「abcdef」であったとする。同じハッシュ関数を用いて、会員データベースの「山田太郎」をハッシュ化すると、同様に「abcdef」になる。そのため、このハッシュ値をキーとして、仮名加工情報となったデータベースを突合することができる。

〈ハッシュ関数での突合〉

（購買履歴データベース）

氏名	住所	電話番号	購買履歴
abcdef	東京都 ……	111-111-111	本1冊
ghijkl	京都府 ……	222-222-222	靴1足
mnopqr	千葉県 ……	333-333-333	本2冊

同じハッシュ値同士を突合

突合

（会員データベース）

氏名	メールアドレス	電話番号
ghijkl	2222@bbb	222-222-222
abcdef	1111@aaa	111-111-111
mnopqr	3333@ccc	333-333-333

Column：ハッシュ化

　ハッシュとは、「もとのデータから特定のサイズの別のデータを、計算によって作ること」であり、計算に使う関数をハッシュ関数、計算によって求められた別のデータをハッシュ値という（岡嶋裕史『ブロックチェーン——相互不信が実現する新しいセキュリティ』（講談社、2019年）24頁）。このハッシュ関数には様々なものがあるが、電子政府推奨暗号リストに掲載されているハッシュ関数は、「SHA-256」、「SHA-384」、「SHA-512」の 3 種類である。例えば、「個人情報保護法」を、あるハッシュ関数でハッシュ化すると、「966da4e33c2b91352dad16bf65009c7311493b2dc84f51be6778f39757e93f6c」というハッシュ値になる。

　暗号は暗号文から復号鍵を用いて元のデータに復号することができるが、ハッシュ関数は「一方向性関数」と言われ、暗号学的ハッシュ関数により生成されたハッシュ値から元のデータに復号することは困難である（上記のハッシュ値からは「個人情報保護法」という元のデータを復号することができない。）。このような特性を持っているため、仮名加工情報や匿名加工情報の加工によく使用される技術である。

〈暗号とハッシュ関数の違い〉

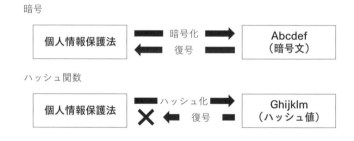

(2) 削除情報等及び仮名加工情報自体の安全管理措置

　個人情報を仮名加工情報に加工した際に削除した氏名等の情報を保有し続ける場合には、「削除情報等」として、安全管理措置を講じなければならない（第2❷(3)（p.157））。また、ハッシュ関数でハッシュ値に置き換える場合には、どのようなハッシュ関数を用いたかがわかってしまうと、個人情報に復元できてしまうため、どのハッシュ関数を用いたかについても削除情報等として安全管理措置を講じなければならない（具体的には、どのハッシュ関数を用いたかわかるメールや作業履歴について安全管理措置を講じなければならない。）[56]。

　また、仮名加工情報自体についても、安全管理措置を講じなければならない。

(3) 仮名加工情報の利用

　上記のように作成した仮名加工情報の利用目的は元となった個人情報の利用目的を承継する。そのため、購買履歴データベースの仮名加工情報の利用目的は「商品発送及びアフターサービスのため」であり、会員データベースの仮名加工情報の利用目的も同様である。このままでは、突合・分析できないため次頁〈**利用目的の変更例**〉のとおり、利用目的を「購買履歴の分析のため」と変更し（第2❷(1)（p.154））、変更後の利用目的を公表した上で、両データベースをキーとなる項目により突合する。

---

56) 例えば「山田太郎」をハッシュ関数でハッシュ化した場合「abcdef」とのハッシュ値になるとする。この場合、ハッシュ関数は不可逆性を有するため、「abcdef」から「山田太郎」という個人情報に戻ることはない。しかし、どのハッシュ関数を用いたかわかってしまった場合、「山田太郎」をもう一度、同じハッシュ関数でハッシュ値にすれば、「abcdef」というハッシュ値が出るため、「abcdef」は山田太郎であるとわかってしまう。そのため、どのハッシュ関数を用いたかは「削除情報等」として、安全管理措置を講じなければならない。

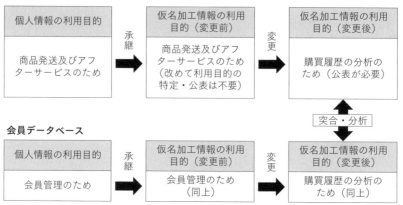

〈利用目的の変更例〉

購買履歴データベース

個人情報の利用目的		仮名加工情報の利用目的（変更前）		仮名加工情報の利用目的（変更後）
商品発送及びアフターサービスのため	承継 →	商品発送及びアフターサービスのため（改めて利用目的の特定・公表は不要）	変更 →	購買履歴の分析のため（公表が必要）

突合・分析

会員データベース

個人情報の利用目的		仮名加工情報の利用目的（変更前）		仮名加工情報の利用目的（変更後）
会員管理のため	承継 →	会員管理のため（同上）	変更 →	購買履歴の分析のため（同上）

⑷ 分析の結果に基づくアプローチ

設例②のＡ社は、下記のように、仮名加工情報を突合し、分析した。この分析により、「靴を買う人は、その後に靴下を買う」との分析結果が出たため、Ａ社としては、靴を買った会員に、靴下の広告を送付したい。

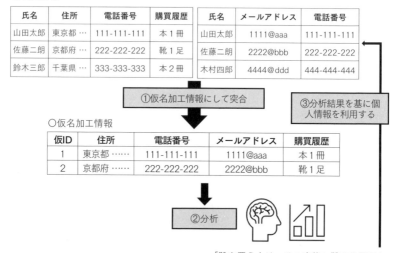

○個人情報

氏名	住所	電話番号	購買履歴
山田太郎	東京都 …	111-111-111	本1冊
佐藤二朗	京都府 …	222-222-222	靴1足
鈴木三郎	千葉県 …	333-333-333	本2冊

氏名	メールアドレス	電話番号
山田太郎	1111@aaa	111-111-111
佐藤二朗	2222@bbb	222-222-222
木村四郎	4444@ddd	444-444-444

①仮名加工情報にして突合

③分析結果を基に個人情報を利用する

○仮名加工情報

仮ID	住所	電話番号	メールアドレス	購買履歴
1	東京都 ……	111-111-111	1111@aaa	本1冊
2	京都府 ……	222-222-222	2222@bbb	靴1足

②分析

「靴を買う人は、その直後に靴下を買う」

　仮名加工情報からは、仮 ID が「2」の人が靴を買ったことがわかるが、A 社が仮 ID「2」の人の仮名加工情報に残っている電話番号やメールアドレスを用いて、仮 ID「2」の人に、靴下の広告メッセージを送ることはできない（法41条 8 項。仮名加工情報に残っている SNS の ID や CookieID を用いて、インターネット広告を表示することも認められていない。）。

　ただし、A 社が仮名加工情報を用いて、「靴を買う会員は、その直後に靴下を買う」との分析を行い、仮名加工情報でなく、元の個人情報から、靴を買った会員を探して、その人の個人情報にある電話番号やメールアドレスを用いて、靴下の広告を行うこと等は、（個人情報の利用目的の範囲内であれば）適法に行うことができる。

❷　仮名加工情報の共同利用

> **設例**　A 社（ネットショップ）は、「商品発送及びアフターサービスのため」との利用目的で、氏名、住所、電話番号、購買履歴のデータベースを保有していた。B 社（量販店）は、「会員管理のため」との利用目的で、ポイントカードの会員の氏名、電話番号、購買履歴のデータベースを保有していた。A 社と B 社は、これらを突合した上で、A 社の利用者が、B 社でどのような商品を購入しているかを分析したいと考えたが、どのようにすればよいか。

　個人データの共同利用の場合には、利用目的から共同利用することが合理的に予測・想定できる必要があるが、**設例**の場合には A 社と B 社が共同利用することは合理的に予測・想定できない。そのため、個人データを仮名加工情報にした上で、利用目的を変更して、A 社と B 社が共同利用することが合理的に予測・想定できるようにすることにより、共同利用して分析することができる。

　仮名加工情報を共同利用するためには、①法27条 5 項 3 号に掲げる事項を「公表」することに加えて、②仮名加工情報の利用目的から、共同利用することが合理的に予測・想定できること、③共同利用する者が本人から見て一体の

ものとしてみることができる関係にあることが必要である（法41条6項）。

(1) 仮名加工情報の作成

　２つのデータベースを突合する場合には、両データベースに共通する項目をキーとして突合することになるため、このキーとする項目を決定しなければならない。**設例**の両データベースにおいては、氏名と電話番号が共通の項目であるため、氏名又は電話番号をキーとして突合することになるが、Ａ社及びＢ社は、あらかじめ、両データベースに共通する項目が何かを共有した上で、キーとする項目を決定する必要がある。

　その後、仮名加工情報の加工基準に従って、個人情報を加工する。この際、上記で決めたキーを完全に削除してしまっては、両データベースを突合できなくなってしまうため、氏名をキーとして突合するためには、ハッシュ関数による置換えが有効である。

　氏名をハッシュ関数によりハッシュ値に変換する場合、同じ氏名を変換すると同じハッシュ値に変換される。そのため、Ａ社とＢ社で、どのハッシュ関数を使用するかをあらかじめ決定・共有しておき、氏名をハッシュ関数で、ハッシュ値とすれば、このハッシュ値をキーとして、仮名加工情報となったデータベースを突合することができる（上記❶（p.164）参照）。

(2) 削除情報等の安全管理措置

　削除情報等に安全管理措置を講じなければならないため、どのようなハッシュ関数を用いたか等の情報（削除情報等）は、共同利用者であっても、共有してはいけないことになる（第2❷(3)（p.155））。

　削除情報等の安全管理措置は、「仮名加工情報を作成したとき」に講じなければならないため、仮名加工情報を作成する前は、どのようなハッシュ関数を用いるか等の情報を共有することができる。しかし、仮名加工情報を作成した後は、これらを削除しなければならない。

　そのため、**設例**のＡ社とＢ社は、仮名加工情報を作成する前に、「○○というハッシュ関数を使用する」と共有しておき、同時に仮名加工情報を作成する。仮名加工情報を作成した段階で、「○○というハッシュ関数を使用する」との情報は削除情報等となり、Ａ社とＢ社で共有することができないため、

仮名加工情報を作成した後、すぐにＡ社及びＢ社は、この情報を削除しなければならない。

(3) 仮名加工情報の利用
ア　仮名加工情報の利用目的の変更
仮名加工情報の共同利用であっても、利用目的から共同利用することが合理的に予測・想定できなければならないため、Ａ社とＢ社が共同利用することが合理的に予測・想定できるような内容に利用目的を変更しなければならない。Ａ社であれば、例えば、「Ｂ社と共同利用して、共通顧客の購買分析のため」などと利用目的を変更した上で、「公表」する。

また、仮名加工情報を共同利用するためには、法27条５項３号の事項を決定し、「公表」しなければならない。

〈利用目的の変更例〉

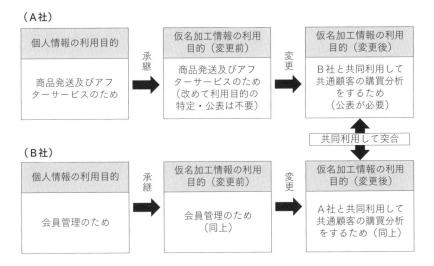

イ　仮名加工情報の提供及び利用
その後、Ａ社とＢ社間で仮名加工情報を共同利用して、突合することができる。

　なお、A社は、B社の作成した仮名加工情報を取得するため、「共通顧客の購買分析のため」などと、B社から取得した仮名加工情報の利用目的を特定して、公表しなければならない（法41条4項）。また、A社は、B社から提供を受けて取得した仮名加工情報についても安全管理措置を講じなければならない（B社も、A社から取得した仮名加工情報の利用目的を特定して公表するとともに、安全管理措置を講じなければならない。）。

第4　匿名加工情報

❶　匿名加工情報への加工

(1)　加工基準

　個人情報を匿名加工情報に加工するためには、匿名加工情報を作成する意図で、下記の規則34条に定める**加工基準**に従って、個人情報を加工する（法43条1項）。匿名加工情報の作成は、委託先に委託して行うことができる。また、例えば個人情報の利用目的として「匿名加工情報を作成すること」を掲げていなかったとしても個人情報から匿名加工情報を作成することができる。

〈匿名加工情報の加工基準（規則34条）〉

	匿名加工情報の加工基準	仮名加工情報の加工基準（規則31条）
1号	個人情報に含まれる特定の個人を識別することができる記述等の全部又は一部を削除すること	個人情報に含まれる特定の個人を識別することができる記述等の全部又は一部を削除すること
2号	個人情報に含まれる個人識別符号の全部を削除すること	個人情報に含まれる個人識別符号の全部を削除すること
3号	個人情報と当該個人情報に措置を講じて得られる情報とを連結する符号（現に個人情報取扱事業者において取り扱う情報を相互に連結する符号に限る。）を削除すること	個人情報に含まれる不正に利用されることにより財産的被害が生じるおそれがある記述等を削除すること
4号	特異な記述等を削除すること	―
5号	個人情報データベース等の性質を踏まえてその他適切な措置を講ずること	―

　上記のとおり、１号基準と２号基準は仮名加工情報の加工基準と同じである。また、１号基準から４号基準における「削除」として、削除して代わりの文字に置き換えることも認められている。

(2)　特定の個人識別性を喪失させる加工

　匿名加工情報に加工するためには、個人情報を、個人情報でないようにしなければならず、具体的には個人情報の要件のうち、特定の個人識別性（Chapter3第１❺（p.14））を失わせるとともに個人識別符号は削除しなければならない（容易照合性も失わせなければならない。第１の〈**情報の分類**〉（p.149）参照）。

　３号基準の「個人情報と当該個人情報に措置を講じて得られる情報とを連結する符号……を削除すること」とは、容易照合性を切断するための方法を示したものである。例えば、図表〈**３号基準**〉のように、会員データベースとID

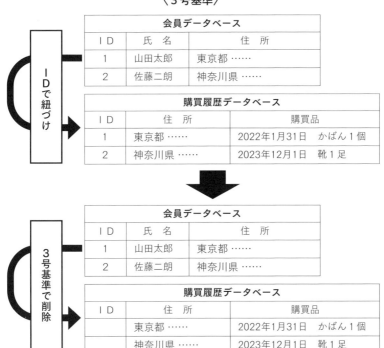

〈３号基準〉

会員データベース

ID	氏　名	住　　所
1	山田太郎	東京都 ……
2	佐藤二朗	神奈川県 ……

購買履歴データベース

ID	住　所	購買品
1	東京都 ……	2022年1月31日　かばん１個
2	神奈川県 ……	2023年12月1日　靴１足

会員データベース

ID	氏　名	住　　所
1	山田太郎	東京都 ……
2	佐藤二朗	神奈川県 ……

購買履歴データベース

ID	住　所	購買品
	東京都 ……	2022年1月31日　かばん１個
	神奈川県 ……	2023年12月1日　靴１足

で紐づけられている購買履歴データベースがあり、購買履歴データベースを匿名加工情報としたい場合には、IDを削除し、これらの連結を断ち切らないと、容易照合性が否定されない（購買履歴データベースのIDが残っている場合には、これをキーとして会員データベースにたどると、本人がわかってしまう。）。

　また、3号基準により、IDを削除したとしても、購買履歴データベースに住所が残っていると、住所をキーとして、会員データベースをたどり、本人がわかってしまう。そのため、5号基準により、住所も削除したり、丸める（例えば「東京都」だけにしたり、「関東」にしたりする）等しなければならない。な

〈5号基準〉

会員データベース		
ID	氏　名	住　所
1	山田太郎	東京都 ……
2	佐藤二朗	神奈川県 ……

住所で紐づけ

購買履歴データベース		
ID	住　所	購買品
	東京都 ……	2022年1月31日　かばん1個
	神奈川県 ……	2023年12月1日　靴1足

会員データベース		
ID	氏　名	住　所
1	山田太郎	東京都 ……
2	佐藤二朗	神奈川県 ……

5号基準で削除

購買履歴データベース		
ID	住　所	購買品
		2022年1月31日　かばん1個
		2023年12月1日　靴1足

お、実務的には容易照合性を否定するためには、個人情報の項目の多くを削除したり、丸めたりしなければならないため、匿名加工情報を作成することは難しく、また、仮に匿名加工情報を作成できたとしても、分析等の役に立たないくらい情報項目が削除されてしまっている場合がある。

設例 A社（ガス小売業）は、以下のガスの販売先の氏名、住所、勤務先等の個人情報を匿名加工情報に加工したい。A社は、元の個人情報を削除したくないと考えて、個人情報のコピーを作成し、当該コピーされた個人情報を加工して、匿名加工情報を作成し、元の個人情報は削除しないこととしたが、どのように加工すればよいか。

NO	氏名	住所	勤務先	2020年1月のガス使用料金	2020年2月のガス使用料金
1	山田太郎	東京都……	○○商事	2123円	2722円
2	佐藤二朗	神奈川県……	××食品	1万7262円	1万2648円
3	田中三郎	東京都……	△△物流	1万7382円	5687円
4	木村四郎	千葉県……	□□物流	3456円	4873円

設例のA社が、個人情報を匿名加工情報にする場合には、氏名は削除しなければならない（1号基準）。また、住所、No、勤務先、ガス使用料金が残っている場合には、これらをキーとして、元の個人情報との間に容易照合性が認められるため、削除したり、置き換える（丸める）加工が必要である。例えば、次頁図のようなデータができたとすると、容易照合性が否定されるであろうか。

（個人情報）

NO	氏名	住所	勤務先	2020年1月の ガス使用料金	2020年2月の ガス使用料金
1	山田太郎	東京都……	〇〇商事	2123円	2722円
2	佐藤二朗	神奈川県……	××食品	1万7262円	1万2648円
3	田中三郎	東京都……	△△物流	1万7382円	5687円
4	木村四郎	千葉県・・・	□□物流	3456円	4873円

（加工後のデータ）

NO	氏名	住所	勤務先	2020年1月の ガス使用料金	2020年2月の ガス使用料金
		南関東		5000円以下	5000円以下
		南関東		1万円台	1万円台
		南関東	物流会社	5000円以上	5000円以上
		南関東		5000円以下	5000円以下

どちらに該当するかわからない

　まず、加工後のデータの「2行目」は、2020年1月も2月もガス使用料金が1万円台であるのは、「佐藤二朗」しかいないため、「佐藤二朗」の情報とわかってしまい、個人情報のままである。加工後のデータの「3行目」は、2020年1月も2月もガス使用料金が5000円以上であるのは「佐藤二朗」と「田中三郎」のいずれかであるが、勤務先が物流会社であり、「田中三郎」であるとわかってしまうので、個人情報のままである。加工後のデータの「1行目」と「4行目」は、「山田太郎」にも、「木村四郎」にもあてはまり、どちらかわからないため、容易照合性が切断されており、匿名加工情報といえる。

　なお、当然であるが、加工後のデータであっても、「戻る」ボタンを押すことによって、氏名が復元してしまうような場合には、匿名加工情報に加工でき

ているとはいえない。

(3) 第三者の下で個人情報が復元されないようにするための加工

1号基準、2号基準及び上記(2)の容易照合性を喪失させる加工（3号基準、5号基準）により、匿名加工情報を作成する事業者から見て個人情報でなくなった（本人がわからなくなった）としても、他の事業者に提供されたとしても「当該個人情報を復元することができないよう」にする必要がある（法2条6項）。そのため、他の事業者の下で個人情報が復元されるおそれがある場合には、さらに、4号基準、5号基準により、加工を行わなければならない。

まず、4号基準で「特異な記述等」を削除しなければならないが、この「特異な記述等」とは、そのような特徴を持つ人の数が少ないものである。そのような特徴を持つ人が少ない場合には、その情報が誰の情報であるかがわかる可能性が高くなるため、削除しなければならない。例えば、年齢の項目に120歳との記載があった場合には、120歳の年齢の人は少ないため、その情報を取得した人が、この120歳が誰かを特定できる可能性が高まる。そのため、このような記述は削除したり、「100歳以上」などと丸める等しなければならない。

また、例えば、1号～4号基準で削除した後に残った項目をキーとして、他の情報と組み合わせることにより、他の事業者が情報の本人が誰だかわかる場合には、5号基準に従って、このキーとなる項目を削除することになる。例えば、電話番号は1号基準～4号基準では削除されない場合がある。しかし、多くの事業者においては、氏名と電話番号を紐づけて保有している。このような場合には、電話番号を残しておくと、その情報を取得した他の事業者において、電話番号をキーとして、その情報の本人が誰だかわかることになる。このように、広く氏名と結びつけられている電話番号やメールアドレス等は、仮に1号～4号基準で削除する必要がなかったとしても、5号基準で削除しなければならない。

❷ 匿名加工情報のルール

個人情報保護法は、匿名加工情報を作成する個人情報取扱事業者と、その個人情報取扱事業者から匿名加工情報の提供を受けた事業者（匿名加工情報取扱事業者）に分けて、ルールを定めている。

(1) 作成時の公表

匿名加工情報を作成した事業者は匿名加工情報を作成したときは、規則で定めるところにより、当該匿名加工情報に含まれる個人に関する情報の項目を公表しなければならない（法43条3項、規則36条）。例えば、「匿名加工情報に含まれる項目は、性別、年齢（年代）、サイト閲覧履歴です」等のように公表する。

(2) 第三者提供の公表

匿名加工情報には第三者提供を制限する規定がないため、自由に第三者提供することができる。もっとも、匿名加工情報を第三者に提供する場合には、規則で定めるところにより、あらかじめ、第三者に提供される匿名加工情報に含まれる個人に関する情報の項目及びその提供の方法について公表するとともに、当該第三者に対して、当該提供に係る情報が匿名加工情報である旨を明示しなければならない（法43条4項・規則37条1項、法44条・規則38条1項）。

(3) 安全管理措置

匿名加工情報を作成する際には、氏名等を削除することになるが、この削除した氏名等を元に戻してしまうと、匿名加工情報は個人情報に戻ってしまう。そのため、匿名加工情報を作成した事業者は匿名加工情報を作成したときは、その情報を用いて、個人情報に復元することができてしまう情報（個人情報から削除した記述等や加工方法）については、規則35条に従って、安全管理措置を講じなければならない（法43条2項）。

一方で、匿名加工情報については、作成した事業者や、その他の事業者にとって、その情報の本人が誰かわからないため、安全管理措置を講じるのは努力義務にとどまる（法43条6項、法46条）。

(4) 識別行為の禁止

匿名加工情報を作成した事業者は、その本人を特定するために、当該匿名加工情報を他の情報と照合してはならず（法43条5項）、匿名加工情報の提供を受けた事業者は、その本人を特定するために、個人情報から削除された記述等や加工の方法に関する情報を取得したり、当該匿名加工情報を他の情報と照合してはならない（法45条）。

〈匿名加工情報の条文〉

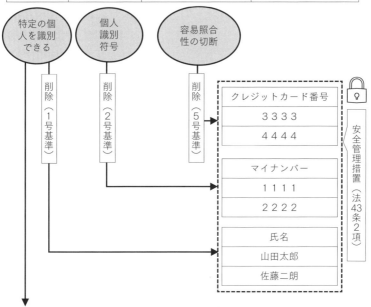

○個人情報

氏名	マイナンバー	クレジットカード番号	ガス代金
山田太郎	1111	3333	5342円
佐藤二朗	2222	4444	5550円

○匿名加工情報

氏名	マイナンバー	クレジットカード番号	ガス料金
			5000円台
			5000円台

匿名加工情報であり安全管理措置（法43条６項、46条）
（努力義務）

(5) 匿名加工情報に適用されない義務

　匿名加工情報においては利用目的に関する制限が一切ないため、利用目的を特定する必要もなく、また、元の個人情報の利用目的の範囲内で利用しなけれ

ばならないとの制限もないため、自由に利用することができる。そのほか、保有個人データに関する公表等、開示等の請求に応じる義務もない。

第5 個人関連情報への加工

　個人情報を**個人関連情報**に加工するための加工基準は規則では定められていない。もっとも、個人関連情報は個人情報、仮名加工情報、匿名加工情報ではない生存する個人に関する情報であるため、個人情報を、個人情報でないようにしなければならない。具体的には個人情報の要件のうち、特定の個人識別性（容易照合性も含む）を失わせるとともに、個人識別符号は削除しなければならない（第1の**〈情報の分類〉**（p.149）参照）。

　これらの加工は匿名加工情報における加工と同様であり、(i)氏名や顔写真等のそれ単体で特定の個人を識別することができる項目を削除・置き換えることにより、単体個人識別性を失わせる（1号基準と同様）、(ii)マイナンバーや免許証番号等の個人識別符号を削除・置き換える（2号基準と同様）ことに加えて、容易照合性を否定しなければならない（3号基準、5号基準と同様、第4 ❶(2)(p.173)）。しかし、第三者の下で個人情報が復元されないようにするための加工（4号基準、5号基準、第4 ❶(3)（p.176））までは不要である。

　個人関連情報については、第三者提供のためのルール（法31条）しか定められておらず、その詳細は Chapter5（p.122）参照。個人関連情報に加工した場合には、元となる個人情報の利用目的による制限も受けず、個人情報の利用目的を超えて利用することができる。

第6 統計情報

❶ 統計情報と個人情報保護法

　個人情報がある場合に、この個人情報を**統計情報**とする場合がある。例えば、「氏名：A、渋谷店来店」、「氏名：B、渋谷店来店」、「氏名：C、渋谷店来店」という個人情報から、「渋谷店の来者者3名」といった集団の情報（統計情報）に加工する場合であり、以下のメリットがある。

(1) 利用目的の制限を受けない

　統計情報を作成する場合には、個人情報を個人情報として利用するものではないため、①利用目的の制限（法18条）を受けない。上記の例でいえば、「渋谷店の来店者3名」との統計情報を作成する場合には、A・B・Cの個人との紐づきを失わせるからである（第1の**〈情報の分類〉**（p.149）参照）。

　そのため、上記の例において、顧客分析のために渋谷店に来店する人の人数の統計情報を作成する場合に、個人情報の利用目的の中に「顧客分析」という統計情報を作成する目的が含まれていなかったとしても統計情報を作成することができる。また、個人情報から統計情報を作成するためには、統計情報を作成しやすいように、個人情報を並び替える等して個人情報に前処理を行うこともできる。

(2) 第三者提供の制限を受けない

　個人データについては第三者提供の制限があるが（法27条、法28条）、統計情報はもはや個人情報ではない（第1の**〈情報の分類〉**（p.149）参照）。そのため、本人の同意なく第三者に提供することができる。上記の例でいえば、「渋谷店に来店した人は3人」との統計情報は個人情報ではないため、統計情報の元となったA・B・Cの同意なく、第三者に提供することができる。

❷ 統計情報と第三者提供のルール

> **設例**　A社（塾）は、高校3年生が5名所属しており、「塾生管理のため」との利用目的で、塾生の氏名、住所、合格大学名を保有していた。A社は、以下のとおり、統計情報を作成して、利用することができるか。
> ・新入生勧誘のチラシに合格実績を掲載するための大学合格者の統計（統計情報①）
> ・どこに居住している塾生が多いかを確認して、居住者が多い地区にチラシを配布するための住所別の統計（統計情報②）

A塾の高校3年生の塾生

氏名	合格大学名	住所
山田太郎	A大学	東京都葛飾区……
佐藤二朗	B大学	東京都文京区……
鈴木三郎	B大学	東京都葛飾区……
田中四郎	A大学	東京都千代田区……
鈴木五郎	A大学	東京都葛飾区……

合格大学名	人数
A大学	3名
B大学	2名

A塾高校3年生の合格実績
（統計情報①）

住所	人数
東京都葛飾区	3名
東京都文京区	1名
東京都千代田区	1名

A塾高校3年生の住所
（統計情報②）

　設例の統計情報①は、「A大学3名」、「B大学2名」といずれも複数人が該当するような方法で集計しており、個人との紐づきがなくなっているため、集団の情報である。そのため、統計情報①は個人情報保護法の適用を受けず、「塾生管理」との利用目的を超えて、新入生勧誘のためにチラシに掲載できるし、チラシに掲載する等して第三者に提供する場合にも本人の同意は不要である。

　一方で、設例の統計情報②は、「東京都葛飾区3名」、「東京都文京区1名」、「東京都千代田区1名」であり、文京区と千代田区は1人しか該当者がいないため、個人との紐づきはなくなっていない（そのため「個人に関する情報」である。）。そして、A社は、A塾の高校3年生の塾生データと見比べることにより、この「東京都文京区1名」は佐藤二朗、「東京都千代田区1名」は田中四郎とわかる（本人がわかる）。そのため、「東京都文京区1名」、「東京都千代田区1名」との情報は、個人情報のままである[57]。

　このように、集計した結果が、個人情報（個人データ）のままであれば、利用目的の制限を受ける。元の個人情報の利用目的は「塾生管理」であるため、

この塾生管理のために必要とはいえない統計情報を作成することはできない。また、「東京都文京区 1 名」、「東京都千代田区 1 名」の部分は元の塾生データ（個人データ）のままであるため、第三者提供するためには原則として本人の同意を得なければならない（法27条、法28条）。

❸　異なる事業者の個人データを用いて統計情報を作成する方法

　統計情報を作成する場合、元となるデータが多いほど、充実した統計情報となる。A 社が A 社の個人データと B 社の個人データを利用して 1 つの統計情報を作成しようとする場合には、例えば、以下の方法がある。

①　本人から同意を得た上で B 社から個人データの第三者提供を受け（法27条 1 項）、又は、B 社の個人データについて共同利用（法27条 5 項 3 号）することにより提供を受ける（この場合、A 社は、A 社のデータと B 社のデータを本人ごとに突合することができる。）

②　A 社と B 社がそれぞれ、自社の個人データで統計情報を作成し、その統計情報を合体させて 1 つの統計情報を作成する

③　A 社と B 社がともに、C 社に個人データを統計情報にするように委託し、C 社において、本人ごとに突合することなく、1 つの統計情報を作成する（A 社と B 社のデータに同じ人がいたとしても、本人ごとに突合することはできない。）

> **設例**　A 社と B 社は、それぞれ顧客データ（個人データ）を保有していたが、今般、提携を結び、それぞれの顧客データを分析することとした。両社は、顧客データを互いに見せたくないが、どのような方法で統計情報を作成することができるか。

設例のように、A 社及び B 社が個人データをお互いに提供したくない（又は

---

57) このような、個人情報のままである統計情報を、一般に、「特定の個人との対応関係が排斥」されていないと表現する。統計情報には、(i)「特定の個人との対応関係が排斥されている」統計情報と、(ii)「特定の個人との対応関係が排斥」されていない統計情報があることになる。

本人の同意がないため、提供をすることができない場合）には、①それぞれが統計情報を作成する方法、②委託事業者において統計情報を作成する方法がある。

上記①については、例えば、A社が「東京都千代田区の顧客3名」との統計情報を作成すれば、これは集団の情報であるため、B社に提供することができる。B社においても、「東京都千代田区の顧客2名」との統計情報を作成し、これとA社の統計情報を合体させて「東京都千代田区の顧客5名」とすることで、A社とB社の個人情報から、統計情報を作成することができる。

また、上記②については、例えば、A社及びB社は、C社に対して統計情報の作成（A社とB社の個人データをあわせた統計情報の作成）を委託する（法27条5項1号）。委託を受けたC社は、A社とB社から受けた個人データを本人ごとに突合できないが、個人データを本人ごとに突合することなく、A社とB社から提供を受けた個人データをあわせて統計情報とすることができる（そのように個人データをあわせて統計情報とすることが委託の範囲内でなければならない。）。例えば、A社のデータベースに「氏名：山田太郎、住所：東京都……、購買品：魚」とのデータがあり、B社のデータベースに、「氏名：山田太郎、住所：東京都……、購買品：本」とのデータがあったとする。この場合、C社は、この山田太郎に関するデータを突合して、「氏名：山田太郎、住所：東京都……、購買品：魚及び本」とすることはできない（Chapter9（p.195）参照）。もっとも、山田太郎として統合することをせずに（別人として扱って）、魚を購入した人1人、本を購入した人1人との形でカウントして統計情報を作成することはできる。

第7 まとめ

個人情報保護法における利用目的のルール及び第三者提供のルールにおける例外は上記のとおりである。

まず、利用目的の制限については、個人情報のままで目的外利用をする場合には、法18条3項各号の例外事由、利用目的の変更及び本人の同意の方法がある。また、個人情報を加工する場合には仮名加工情報がある（なお、匿名加工情報、個人関連情報、統計情報に加工する場合でも元となる個人情報の利用目的の制限を受けることはない。しかし、仮名加工情報よりも多くの個人情報の項目を

削除しなければならない一方で、仮名加工情報にすれば自由に利用目的を変更することができるため、仮名加工情報にすることで事足りる。）。それぞれの特徴は以下のとおりである。

	個人情報のまま			仮名加工情報
	法18条3項各号の例外事由がある場合	法18条3項各号の例外事由がない場合		
		変更前の利用目的と関連性を有すると合理的に認められる範囲で利用する場合	左記を超える範囲で利用する場合	
利用	利用目的を超えて利用できる	利用目的を変更した上で、その範囲で利用できる（法17条2項・法18条1項）	本人の同意を得た後、利用目的を超えて利用できる（法18条1項）	利用目的を自由に変更した上で、その範囲で利用できる（法41条3項、同9項）
手続	特別な手続は不要	変更後の利用目的を本人に通知又は公表（法21条3項）	本人の同意（法18条1項）	個人情報を仮名加工情報に加工し、利用目的を変更して、変更後の利用目的を公表（法41条4項）
本人への連絡	○（例外事由のために必要なら可）	○（変更後の利用目的の達成のために必要なら可）	○（同意を得た利用目的の達成のために必要なら可）	×（法41条8項）

また、第三者提供の制限については、個人情報（個人データ）のままで同意なく第三者提供する場合には、法27条1項各号の例外事由、法27条5項の事由（委託、事業の承継、共同利用）及び本人の同意の方法がある。また、個人情報を加工する場合には、仮名加工情報（共同利用）、匿名加工情報、個人関連情報、統計情報がある。

Chapter9

委　託

> 本章では、個人データの取扱いを他社に委託する場合の法規制について解説する。委託をする側・される側の両者ともに留意事項は多い。

第1　委託をする場合

❶　個人データの取扱いの委託をする場合のルール

　個人情報取扱事業者は、自社が保有する個人データについて、その個人データの「利用目的の達成のために必要な範囲」であれば、その「個人データの取扱い」（業務）を他の者に**委託**することができる（法27条5項1号[58]）。「利用目的の達成のために必要な範囲」を超える委託は法18条1項違反となる。

　また、個人データの取扱いを委託する場合には、委託先がその個人データを利用可能な状態にすることになるため、個人データを委託先に「提供」したことになる。個人データの第三者提供のためには、原則として本人の同意が必要であるが、委託の場合には本人の同意は不要である（法27条5項1号）。

　一方で、個人データの取扱いを委託する場合には、安全管理措置のレベルを下げないように、委託先を監督（必要かつ適切な監督）しなければならない（法25条）[59]。委託先の監督については、ガイドライン（通則編）において、①適

---

[58]　個人データにはなっていない個人情報であっても、他の者に取扱いを委託することができる。

[59]　委託先に対する提供に同意が不要とされている理由は、委託先と委託元を一体として見ることができるためである。ところが、委託元が委託先を監督していなければ、一体のものとはいえない。そのため、委託元が委託先の監督義務を履行してない場合には、委託元は法25条違反になるとともに、法27条5項1号は適用されない。原則に戻って委託先への提供も本人同意が必要になる（同意がないにもかかわらず、提供すれば法27条1項違反となる。）。

〈委託先の監督〉

個人情報取扱事業者

切な委託先の選定、②委託契約の締結、③委託先における個人データの取扱状況の把握の3つの視点が示されている[60]。

　なお、委託先が「外国にある第三者」に該当する場合には、本人の同意を得なければならない（法28条、Chapter4 第5（p.82））。「外国にある第三者」への提供は法28条が適用されるが、同条では委託の場合には本人同意が不要であるとはされていないためである。また、安全管理措置として外的環境の把握をしなければならない（Chapter10 第3（p.213））。

❷　個人データの取扱いを委託する場合の義務

　個人データの取扱いを委託する場合の手順に従って、個人情報保護法の義務について説明する。

---

60) 委託元が個人情報保護法で求められるレベルよりも高い安全管理措置を講じている場合がある。この場合、委託先は、少なくとも委託元が個人情報保護法で求められるレベルの安全管理措置を講じれば足りる（観念的にいえば、委託元が個人情報保護法で求められる安全管理措置のレベルが50であるが、レベル70の安全管理措置を講じているとする。この場合、委託先は安全管理措置をレベル70にする義務はないが、レベル50にする義務があり、委託元は、委託先の安全管理措置がレベル50であるかを確認しなければならない。）。

> **設例**　A社（ECサイト）は、「商品ラインナップの検討のため」との利用目的で、利用者の氏名や購買履歴のデータ（個人データ）を保有していた。B社（コンサルタント）から、「当社は購買履歴を分析して、A社に最適な商品ラインナップをご提案します」との営業を受けたため、B社に分析を委託することとした。A社は、B社から、「これが当社の委託契約書のひな形です」といって、B社のひな形による委託契約の締結を求められたが、どのような対応をしなければならないか。

(1) 個人データの委託先の選定

委託先の選定にあたっては、委託先の監督義務（法25条）として、適切な委託先を選定しなければならない。具体的には、委託元は、個人データの取扱いを委託した場合に、当該委託先が、委託した個人データについて自社が講じるべき安全管理措置と同等以上の安全管理措置が講じられるかを確認する。

設例においては、A社は、B社に対して個人データを提供して分析を委託する。そのため、A社は、B社が講じる予定の安全管理措置の内容を確認し、B社が適切な委託先であるかを確認しなければならない。どのように確認するかは事業者に委ねられているが、例えば、B社から、書面により、B社が講じる予定の安全管理措置について報告を受けたり、実際にB社を訪問して、B社が講じる予定の安全管理措置の内容を確認する等が考えられる。

(2) 委託先との間で委託契約を締結

委託先に対して個人データの取扱いを委託する場合には、委託先の監督義務（法25条）として、委託先との間で、委託先の監督を実効的に行うために必要な内容を含む委託契約を締結しなければならない。

設例においては、A社は、B社の求めに応じて委託契約書を取り交わすことになる。委託契約の内容は事業者に委ねられているが、例えば、下記(3)のとおり、A社は委託先であるB社の個人データの取扱状況を把握しなければならないため、そのための手段が規定されているかを確認する。具体的には、B社における個人データの取扱状況についてのA社への報告義務、B社で漏えい

等が発生した場合のＡ社への報告義務、再委託する場合のＡ社への報告義務等が規定されているかを確認する。また、Ｂ社の安全管理措置が不十分であった場合に、Ａ社に生じた損害をＢ社が賠償する旨の損害賠償義務等を盛り込むことが望ましい。

(3)　委託先に対する提供及び委託先での委託業務の実施

委託先が個人データの取扱いを委託した場合には、委託先の監督（法25条）として、委託先が講じるべき安全管理措置を講じているかを確認するために、委託先における個人データの取扱状況を把握しなければならない。

設例 のＡ社は、Ｂ社が講じるべき安全管理措置を講じているかを確認するために、Ｂ社における個人データの取扱状況を把握しなければならない。どのように把握するかは事業者に委ねられているが、１年に１回、Ｂ社に対して、書面やメール等により、実際にＢ社が講じている安全管理措置の内容を確認すること等が考えられる。

(4)　業務の成果物の納入

委託先が提供された個人データを用いて委託業務を終了した場合には、この個人データ及び成果物を、委託元に対して戻す（提供する）ことが行われるが、この**戻し行為**にも本人の同意は不要である。

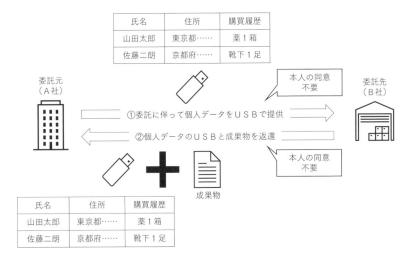

設例においては、上記のとおり、B社がUSBで個人データを渡された場合には、B社は、このUSB（個人データ）と分析結果（分析結果自体が個人データの場合もある）をA社に返すことになる。A社からB社への提供は法27条5項1号が適用され、本人の同意が不要であることは明らかである。また、B社からA社への提供（戻し行為）も法27条5項1号により、本人の同意は不要である。委託元から委託先への提供には本人の同意が不要であるが、委託先から委託元への戻し行為には本人の同意が必要とすると、法27条5項1号の意味がなくなるためである。

(5) 委託の終了

個人データの取扱いの委託が終了した場合には、委託先の監督義務を行う必要はない。もっとも、委託先に個人データが残っている限りは、保管の委託が継続していることになる。

設例において、例えば、A社がUSBで提供した個人データをB社のサーバに保存していたとする。この場合には、分析が終了した後にもB社のサーバに個人データが残っている限り、A社はB社への保管の委託を継続していることになってしまい、監督義務（法25条）を履行しなければならない。そのため、A社は、B社のサーバからデータベースを削除させなければ、委託を終了させることができない。なお、個人データを消去させる場合には、復元不可能な手段で行わなければならない（Chapter4 第6（p.90）参照）。

(6) 再委託をする場合の監督

委託先が再委託することは認められる。再委託をする場合には、委託元は、再委託先を直接監督する義務は負わないが、再委託先において、自社が講じるべき安全管理措置と同等以上の安全管理措置が講じられるように、委託先を監督しなければならない（法25条）。

設例において、B社がA社から委託を受けた業務を、C社に再委託した場合には、A社がC社を直接監督する義務はない。B社がC社を監督し、A社は、B社における個人データの取扱状況の把握の一環として、B社がC社を適切に監督しているかを監督することにより、安全管理措置のレベルを維持することになる（具体的には、A社は、B社がC社に再委託したことを把握した上で、

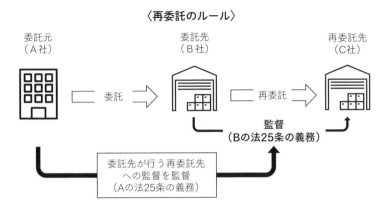

〈再委託のルール〉

B 社が C 社の取扱状況をどのように把握しているか等を確認し、必要に応じて是正する。）。

(7)　委託先から個人データの漏えい等が発生した場合の対応

　個人データの安全管理措置（法23条）として、個人データの漏えい等事案の発生又は兆候を把握した場合に適切かつ迅速に対応する体制を整えなければならない（ガイドライン（通則編）10－3）。委託先に個人データの取扱いを委託している場合には、委託先も含めて、このような体制を整えなければならない。

　また、委託先から個人データの漏えい等（規則7条で定める漏えい等）が発生した場合には、委託元と委託先の両方が個人情報保護委員会への報告及び本人への通知をしなければならない（法26条、Chapter4 第7（p.92））。委託先で漏えい等した以上は委託先が報告及び通知するのは当然であるが、委託元の手足である委託先からの漏えい等は委託元からの漏えい等とも評価できるためである。

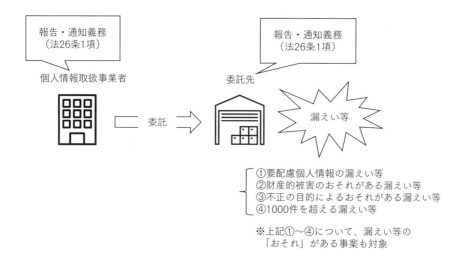

　もっとも、委託先が、委託元に対して、漏えい等について通知した場合には、委託先はこの義務を免れ、委託元のみが個人情報保護委員会への報告及び本人への通知をしなければならない（法26条1項ただし書、法26条2項）。

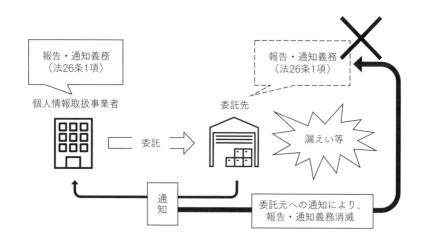

　設例　A社は、B社に対して、5000人分の個人データを渡して、分析作業を委託した。

> ①　B社からの個人データの漏えい等に備えてどのような対策をしなければならないか。
> ②　B社は、2022年3月1日に5000人分の個人データを誤送信して漏えいしてしまった。B社は、同月5日に、メールの送付先から指摘を受けてそのことに気がついた。B社は、A社にこれを告げるか迷ったが、同月10日にA社の担当者にこのことを知らせ、その知らせを受けたA社の担当者は、翌11日にA社経営陣に報告した。A社はどのような対応をしなければならないか。

　設例①のA社は、B社も含めて漏えい等に対して適切かつ迅速に対応する体制を整えなければならない。B社においてこの体制が不十分であれば、B社に対して是正を要求する等しなければならない（法25条）。例えば、以下の確認をすることが考えられる。

　○　B社の規程において、漏えい等が発生した場合に上司に速やかに報告することや、漏えい等が拡大しないように対策を行う等の対応手順や役割分担が定められているか等の、B社内での体制を確認する。

　○　A社が漏えい等を速やかに把握するために、B社で漏えい等が生じた場合には、速やかにA社に対して漏えい等を報告する体制が整えられているか等を確認する。

　○　B社内で、教育や訓練等により、上記の対応方法が十分に浸透しているか等を確認する。

　設例②においては、B社から漏えい等が発生しているが、A社は、担当者がそれを知った2022年3月10日の時点で、個人情報保護委員会への報告及び本人への通知の義務を負う。なお、速報は3月10日から起算して概ね3〜5日、確報は3月10日から30日以内に行わなければならない（3月10日が1日目となる。）。なお、A社の漏えい等報告の義務はA社が「当該事態を知った」時に発生するため、B社が漏えい等を知った3月5日ではなく、A社が漏えい等を知った3月10日から起算される。

❸　委託において本人の同意を必要とする業務

　上記のとおり、利用目的の達成に必要な範囲であれば、個人データの取扱い

を他の者に委託をすることができるが、仮に委託を受けていたとしても、委託先が実施できない業務もある。

　具体的には、委託元が提供した個人データに別のデータを紐づける（照合・突合する）場合には、(i)委託元が提供したり、委託の範囲内で委託先が取得・生成した別のデータであれば紐づけることができるが、(ii)別の委託先から委託として提供を受けていたり、委託先が委託とは無関係に独自に取得した別のデータを紐づけることはできない。委託先はあくまで委託元の代わりとして個人データを取り扱うものであるが、上記(ii)は委託元が本来はできない行為であるため、委託先も行うことができない。

(1)　委託の範囲内で取得・生成したデータを紐づける場合

　委託先は委託元が提供した個人データに、委託元が提供したり、委託の範囲内で委託先が取得・生成した別のデータであれば紐づける（照合・突合する）ことができる。例えば、委託元が氏名と住所を提供し、その住所に郵送でアンケートをとることを委託する場合には、委託先はその個人データにアンケート回答を付加することができる。

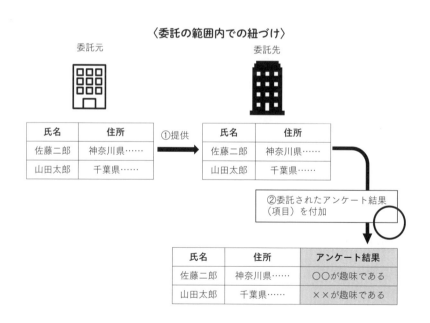

〈委託の範囲内での紐づけ〉

⑵　別の委託先から提供されていたり、委託とは無関係に取得したデータを紐づける場合

　委託先は、委託元が提供した個人データに別の委託先から委託として提供を受けていたり（**〈同意が必要な紐づけ①〉**）、委託先が委託とは無関係に独自に取得した別のデータを紐づけることはできない（次頁**〈同意が必要な紐づけ②〉**）。委託元が提供した個人データに、別の委託先から提供されていたり、委託とは無関係に取得した個人データや個人関連情報を紐づける場合には、①個人データの取扱いの委託についての一般的なルール（法25条）を遵守するだけではなく、②本人の同意を得なければならない（このような同意を「**突合同意**」と呼ぶことがある。）。

〈同意が必要な紐づけ①〉

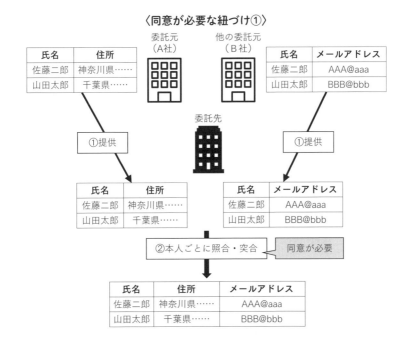

〈同意が必要な紐づけ②〉

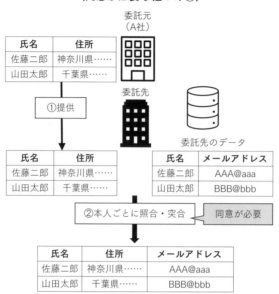

設例 A社（食品会社）は氏名、住所、電話番号等の顧客データ（個人データ）を保有していたが、これをB社に委託して分析することとした。

① B社は、C社（食品会社）から委託を受けて、C社の高級商品をよく買っている顧客データ（氏名と住所からなる個人データ）を保有していた。A社は、どの地域の人が高級品をよく買っているのかを調べたいと思い、B社に委託し、A社の個人データとC社の個人データで重なり合っている人を抽出して、その結果を「○○県で高級商品を買っている人は×人」との統計情報として提出させることができるか。

② B社は、高級品を買ったことがある人の電話番号一覧を他の事業者から購入して保有していた。A社は、自社が提供した顧客データと、この電話番号一覧を、電話番号をキーとして、顧客データの中から高級品を買ったことがある人を探し出させることができるか。

③　B社は、D社から委託を受けた調査の結果として、「神奈川県××市の人は高級食品を購入するが、神奈川県○○市の人は高級食品を購入しない」などの分析結果を保有していた。A社は、自社の顧客データをB社に提供し、B社の上記の分析結果に基づいて、高級食品を購入しそうな人をピックアップさせることができるか。

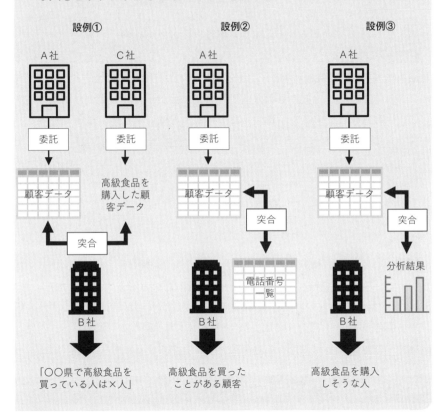

設例①のA社は、委託に伴って提供したA社の顧客データ（個人データ）と、B社が保有しているC社の高級食品を購入した顧客データ（個人データ）を紐づけて、重なり合う人を集計したいと考えている。しかし、上記のとおり、B社は、A社から委託を受けた個人データに、C社から委託を受けた個人データを紐づけることはできない。このようなことをするためには、本来は、C社が保有する高級食品を購入した顧客データ（個人データ）を一度、C社からA社

に同意に基づいて第三者提供してもらい（法27条1項）、紐づけなければならない。そのため、C社の高級食品を購入した顧客データ（個人データ）の本人から同意を得られた場合には、B社は、A社から委託を受けたA社の顧客データと紐づけることができる。なお、設例①において、B社がA社に提供するものは、統計情報であるものの、統計情報を作成する前に、A社の顧客データとC社の高級食品を購入した顧客データを紐づける以上は、C社の高級食品を購入した顧客データの本人の同意を得なければならない。

設例②のA社は、A社の顧客データ（個人データ）と、B社が保有している電話番号（個人関連情報）をキーとして紐づけたい（照合・突合させたい）と考えている。しかし、上記のとおり、B社は、A社から委託を受けた個人データに、B社が保有している電話番号を紐づけることはできない。このようなことをするためには、本来はB社が保有する電話番号（個人関連情報）を一度、B社からA社に提供して、紐づけなければならない。なお、A社の顧客データに電話番号（個人関連情報）を紐づけるため、A社の個人データの本人から同意を得なければならない（法31条）。そのため、A社の個人データの本人から同意を得られた場合には、B社は、A社の顧客データと電話番号を紐づけることができる。

設例③のA社は、委託に伴って提供したA社の顧客データと、B社が保有している分析結果（統計情報）を紐づけて分析したいと考えている。もともと、B社はA社に対して分析結果（統計情報）を提供して、A社においてこの分析結果と顧客データを突合することができる（本人の同意は不要）ため、B社においても分析結果と顧客データを突合することができる（本人の同意は不要）。

第2 委託を受けている場合

個人データの取扱いの委託を受ける場合の手順に従って、個人情報保護法の義務について説明する。

❶ 委託元から委託先への個人データの提供

委託先は、委託元から個人データを提供されることになるが、提供についての本人の同意は不要である（法27条5項1号）。また、提供を受ける情報が要配

慮個人情報であったとしても、取得についての本人の同意は不要である（法20条2項8号・政令9条2号）。

　もっとも、委託先が、委託に伴って委託元から提供された個人データを取り扱う場合であったとしても、個人情報を取り扱うことにはかわりはないため、その利用目的をできる限り特定し（法17条1項）、利用目的を通知・公表しなければならない（法21条1項）。具体的には、「委託業務の処理のため」との利用目的を特定することで足りる。

❷　委託先による業務の実施

(1)　委託された個人データの取扱い

　委託先は委託に伴って委託元から提供された個人データについて委託元から権限を与えられて個人データを取り扱うこととなるため、委託先は委託元から与えられた権限の範囲内（委託の範囲内）において、委託に伴って委託元から提供された個人データを取り扱わなければならない。

設例　A社（コンサルタント）は、B社からB社従業員の離職可能性の調査を委託され、B社から従業員の氏名、住所、人事異動履歴を含むデータ（個人データ）の提供を受けて、以下のことを行うことができるか。
①　A社は、B社から受け取ったデータを分析して、離職可能性が高い従業員にはチェックを付けて返却するとともに、この調査結果をまとめてレポートにして、B社に提出する。
②　A社は、B社から受け取ったデータにある住所に、自社の宣伝物を郵送する。

　設例①のA社は、離職可能性分析について委託を受けているため、個人データを用いて、離職可能性が高い従業員にチェックをつけたり、レポートを作成することができる（委託の範囲内である。）。もっとも、**設例**②のA社は、委託された離職可能性分析とは全く無関係である自社の宣伝のために個人データを利用していることになる。これは委託の範囲を超えているため、行うことがで

きない（A社は法18条1項違反、法25条違反となり、B社は法18条1項違反、法19条違反となる。）。

(2) 委託に伴って委託元から提供された個人データの保管

　第1**❸**（p.193）のとおり、委託に伴って委託元から提供された個人データに、委託先が委託元以外から委託に伴って提供を受けたり、委託先が委託とは無関係に独自に取得した個人データ・個人関連情報を照合・突合するためには本人の同意が必要である。そのため、委託先としては、このような同意がないにもかかわらず、委託に伴って委託元から提供された個人データと、委託先が保有しているこれらの個人データ・個人関連情報を照合・突合しないように管理しなければならない（このようなルールを「混ぜるな危険」と呼ぶことがある。）。

　なお、この「混ぜるな危険」ルールは、本人の同意なく照合・突合ができないというだけであり、委託先が複数の者から委託を受けている場合、複数の委託元から提供を受けた個人データを物理的、空間的に分離して保管しなければならないものではない。例えば、A社とB社から委託を受けて個人データを保管する場合には、格納されるサーバ領域を分離したり、データベースを分離することは必ずしも必要ではない。これらの情報が照合・突合されないように適切な制御を行うことができるのであれば、A社から委託を受けた個人データとB社から委託を受けた個人データを同じデータベースで管理するのでもかまわない。

❸　業務の成果物の納入（提供を受けた個人データの返還を含む）

　委託先が、委託元から個人データの提供を受けて、業務を行い、その業務の結果や、提供を受けた個人データそのものを委託元に返還することがある。この場合には、委託先から委託元に対する返還は、個人データの提供にはなるが、委託先から委託元への個人データの返還についても、法27条5項1号により、本人の同意なく行うことができる（第1**❷**(4)（p.189））。

❹　委託先における成果物の利用

　上記のとおり、委託元は利用目的を達成するために必要な範囲内でのみ委託をすることができ、委託先においては、「委託に伴って委託元から提供された

個人データ」を委託元から与えられた権限の範囲内（委託の範囲内）で取り扱わなければならない。もっとも、「委託に伴って委託元から提供された個人データ」を用いて委託された業務を遂行した結果として、例えば、「委託に伴って委託元から提供された個人データ」とは別のデータが作成された場合（例えば、別の個人データ（個人データの項目）や、統計情報が作成された場合）や、委託された業務を処理したことによるノウハウや知見等が生成される。

　まず、「委託に伴って委託元から提供された個人データ」から生成された個人データも、本来は委託元が保管すべきところ委託先が保管している以上、「委託に伴って委託元から提供された個人データ」であることは明らかであり、委託された業務以外に利用することはできない。

　一方で、「委託に伴って委託元から提供された個人データ」から作成された統計情報、委託された業務を処理したことにより委託先が取得したノウハウや知見等は個人情報保護法の規制の対象外であることは明らかであり、（それが「委託に伴って委託元から提供された個人データ」でない限りは）自由に利用することができる[61]。

> **設例**　A社は「従業員の育成・管理」との利用目的で、従業員の氏名、住所、人事異動履歴のデータ（個人データ）を保有していた。B社（コンサルタント）は、A社から、(i)A社の従業員と職場環境改善のための面談を行い、その結果をA社から受け取った個人データに記入すること、(ii)「離職可能性ある従業員○人」などの形で、離職可能性がある人数を報告することについて委託を受けて、個人データの提供を受けた。
> ①　B社は、面談結果を記載したデータを基に、新たな自社のサービスを開発することができるか。
> ②　B社は、面談結果を記載したデータを基に、A社の従業員と面談を行うB社従業員の研修を行うことができるか。
> ③　B社は、面談結果を記載したデータを基に作成した「離職可能性ある

---

61) ただし、委託契約によりこのような統計情報、ノウハウや知見等の利用が禁止されていれば、契約の義務として利用できない。

従業員○人」などの統計情報を自社のために使用したり、これを示して A社以外の事業者に営業活動をすることができるか。

設例①のB社は、上記(i)及び(ii)について委託を受けているが、B社サービスの開発について委託を受けていない。そのため、A社から委託に伴って提供された個人データ（個人データに付加した面談結果を含む）をB社サービスの開発のために利用することはできない。B社が自社サービスの開発に使用したい場合には、委託とは別に個人データの第三者提供を受ける必要がある。

設例②のB社は、自社の従業員の技術を向上させるために、個人データを利用しようとするものである。B社がA社からこのような委託を受けている場合には、B社は、A社従業員のデータをB社従業員の研修に利用することができる。なお、そもそも、A社がこのような委託をできるかという問題もある。A社は、「従業員の育成・管理」でしか委託をすることはできないが、B社の従業員の技術向上により、B社はより良いサービスをA社に提供することができ、A社はより効率的に従業員管理を行うことができる。そのため、B社の従業員の技術向上は、A社の利用目的である「従業員の育成・管理」に含まれ、このような委託もできる。

設例③のB社は、上記(ii)の委託を受けているため、統計情報を作成することができる。また、B社が作成した統計情報は、B社は統計情報を自社のために利用したり、営業先に示したりすることができる。

❺ 個人データの取得の委託

(1) 個人データの取得の委託と法20条1項

個人情報取扱事業者が、個人情報（個人データ）を取得した後に、その個人データを委託先に提供して、委託業務を実施させることがある一方で、通りすがりの人からアンケートをとることを委託する場合のように、委託先に対して個人データ（個人情報）の取得を委託し、それに基づいて委託先が本人から個人情報を取得し、（個人データとした上で）委託元に提供する場合がある。

〈取得の委託の例〉

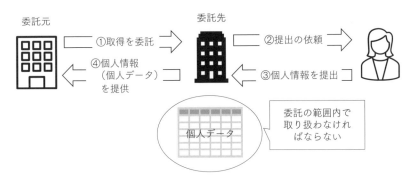

このような場合、個人情報を取得される本人からすれば、個人情報を取得している委託先しかわからず、委託元の存在がわからない場合がある。この場合、本人は、個人情報を取得するのは委託先であると認識するのであり、「委託元である○○社に個人情報が提供されるなら、個人情報を渡さなかった」という事態にもなる。このように、個人情報の取得主体を偽ることは、適正な取得ではないため、法20条1項に違反する。そのため、委託元に代わって個人情報（個人データ）を取得する場合に、委託元に代わって取得していることを容易に認識することができないときは、容易に認識できるような措置を講じなければならない。上記のアンケートの例でいえば、アンケートをとる委託先の従業員が委託元のロゴが入った服を着てアンケートをとったり、アンケート用紙に委託元の名称を記載する等しなければならない。

(2)　取得の委託により取得した個人データの委託先のための利用

　委託先が、取得の委託により取得した個人データについても、委託元から与えられた権限の範囲内（委託の範囲内）において、取り扱わなければならず、それを超えて、自社のために利用することはできない。

　新たに取得した個人データを、自社のために利用したいと考える場合には、(i)取得の委託により取得した個人データを委託元に一度返還し、改めて委託元から個人データの第三者提供を受ける、(ii)委託元と共同で個人データを取得する、との方法がある。上記(ii)とは、「共同取得」と呼ばれるものであり、本人

に対して、委託先と委託元の両方のために取得する（共同で取得する）ことについて十分に説明しなければならない。共同取得をした場合には、委託先は、取得した個人情報を、委託先の利用目的の範囲内で利用することができる。

> **設例** A社は、B社に対して、従業員データ（個人データ）を渡して、その従業員に職場環境改善のためのアンケートをとって、そのアンケート結果を納品するように委託した。B社は、アンケートをとって、それをB社サーバに保管することを予定している。B社は、共同取得をして、このアンケートを自社のためにも利用したいが、どうしたらよいか。

設例 のように、個人データの提供を受けて、その個人データを利用して新たな情報を取得するように委託する場合も「取得の委託」にあたる。B社が、一方でA社のために「取得の委託」として取得し、他方で自社のために取得する場合（共同取得の場合）には、アンケートの際に、「面談結果はA社とB社が共同で取得するものであり、A社により、A社の利用目的の範囲で利用されるとともに、B社により、B社の利用目的の範囲で利用されます」などと十分に説明しなければならない。ただし、本人がB社による取得を拒否し、A社による取得だけを受け入れる意思を表明した場合には、共同取得をすることはできない。

なお、アンケート（個人データ）は、B社サーバで保管されているが、この個人データは、1つの個人データであるにもかかわらず、①A社から委託を受けて取得・保管している側面と、②B社が自ら取得・保管している側面がある。いわば共同保管しているのであり、漏えい等が発生した場合には、A社及びB社の両方が個人情報保護委員会への報告及び本人への通知を行わなければならない（B社は、A社に漏えい等を報告しても、法26条1項ただし書の適用を受けることはできず、報告・通知が免除されることはない。）。

❻ 委託先における安全管理措置

委託先が、委託元から提供を受けた個人データを取り扱う場合であっても、安全管理措置を講じなければならない（法23条）。なお、安全管理措置の水準

は、委託元が講じるべき安全管理措置と同等以上の水準としなければならない。

　また、委託先は、委託元との契約において、委託元のセキュリティ基準を遵守すべきことが規定されている場合がある。このような場合には、委託先としては、委託元の個人データを取り扱う従業員に、自社の基準だけではなく、委託元のセキュリティ基準を遵守するように、指導する等の人的安全管理措置を講じなければならない。

第3　「業務委託」があって個人データの取扱いの委託がない場合

　ある事業者が、他の事業者に「業務委託」（個人データに関係する業務の委託）をしていても、「個人データの取扱いの委託」（法27条5項1号）をしていない場合がある。また、「業務委託」の契約書を締結していなかったとしても、「個人データの取扱いの委託」になる場合もある。すなわち、「業務委託」＝「個人データの取扱いの委託」ではない。

　例えば、A社が、B社に対してアンケート（個人データ）をとることについて「業務委託」をしても、A社は、B社が回収したアンケートの集計結果（統計情報）だけもらい、個別のアンケートをもらうこともなく、かつ、B社がアンケートを自由に利用することができる（A社とB社との契約において、アンケート結果をA社のためだけに利用しなければならない等の制限がない）のであれば、それは、B社がA社に代わって個人データを取得したのではなく（個人データの取扱いの委託ではなく）、単に、B社がアンケートを集めて、その統計結果だけもらっただけである。そのため、「個人データの取扱いの委託」ではなく、委託に関するルールは適用されない（例えば、B社はそのアンケートを業務委託以外の業務にも利用できる。）。

　一方で、A社がB社労士事務所と「顧問契約書」を締結しており、これに基づいてA社が社員の勤怠情報（個人データ）をB社労士に提供して、残業代を計算してもらうことは、B社労士との間で「業務委託契約書」を締結していないものの、個人データの取扱いの委託である。

　そのため、事業者としては、「業務委託」があったか、「業務委託契約書」を

締結したかにかかわらず、個人データの取扱いを委託しているかについて、慎重に検討しなければならない。

Chapter10

クラウドサービス

▶事業者においては、クラウドサービスを利用せずに事業を行うことはできなくなってきている。クラウドサービスでは、多くの利用者間でリソースを共有するため、一利用者あたりの費用負担は軽減されるし、クラウドサービスを利用することで高いセキュリティを確保できる場合も多い。

▶なお、クラウドサービスは、サービス事業者が提供する情報システム（ハードウェア、ソフトウェア）の範囲によって、以下の3形態に大別される。

① IaaS（サーバ、ストレージ、ネットワーク等のインフラストラクチャ（システム基盤）のみを提供し、IaaS を利用するクラウドサービス利用者は、仮想環境上で動作しているOS を含めたすべてのソフトウェアの管理を行う。）

② PaaS（アプリケーションを開発・テスト・更新するためのプラットフォームを提供し、PaaS を利用するクラウドサービス利用者は、クラウドサービス事業者との契約・SLA に基づいて、アプリケーションの開発、アプリケーションに対する管理を行う。）

③ SaaS（会計アプリケーションやオフィスソフト、ファイルサーバ等であり、SaaS を利用するクラウドサービス利用者は、クラウドサービス事業者が提供するアプリケーションを利用するためのデータやアプリケーション上で生成したデータの管理（データに対する編集・削除等の行為）をする権限と責任を有する。）

第1 クラウド事業者と個人データの第三者提供

　事業者がクラウドサービスを利用する場合には、クラウドサービスに従業員や顧客等の個人情報を登録・入力・保管等する場合がある。これがクラウド事業者に対する個人データの「提供」であれば、第三者提供のルール（法27条、

〈クラウドサービスの概要〉

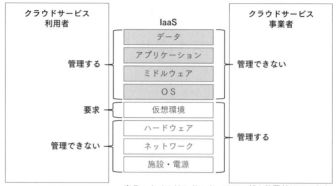

※ランタイムはミドルウェアの一部と位置付けています。

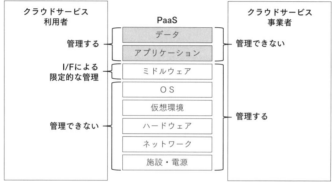

※ランタイムはミドルウェアの一部と位置付けています。

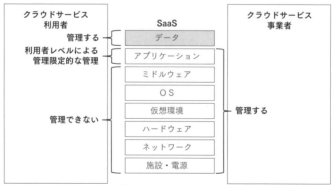

※ランタイムはミドルウェアの一部と位置付けています。

出典：総務省「クラウドサービス提供における情報セキュリティ対策ガイドライン（第3版）」

法28条）に従わなければならない。

　個人データの「提供」とは、個人データを利用可能な状態におくことである（Chapter4 第4 ❷(3)（p.56））。クラウド事業者については、「**当該個人データを取り扱わないこととなっている**」場合には、利用可能な状態にあるとはいえず、「提供」に該当しないと整理されている。この「当該個人データを取り扱わないこととなっている」場合の一例としては、契約条項によって当該クラウド事業者がサーバに保存された個人データを取り扱わない旨が定められており、取り扱わないように適切にアクセス制御を行っている場合である（QA 7 −53）[62]。

設例　A社（訪問販売）が以下のクラウドを利用する場合に、B社に個人データを提供しているといえるか。
① 顧客データ及びそれに紐づいている営業履歴を管理し、顧客ごとの営業実績のレポートを作成する顧客管理システム（B社がサービス運営）を導入することとした。当該システムはクラウド型であり、A社は、顧客データ（個人データ）を当該クラウドシステムに登録して使用する。
② 顧客データをクラウドサービス（B社がサービス運営）で保管することとし、顧客データを保管するための機能しかないクラウドサービスで保管した。B社は、利用者に対してデータを暗号化するためのツールを提供しており、A社は顧客データを暗号化する措置をとっていた。また、当該サービスを開発したB社の数名の従業員は、その技術をもってすれば、保管された顧客データの復号鍵を用いて復号した上で閲覧・修正等をすることができる。しかし、B社はA社との契約において閲覧・修正等はしないこととし、上記従業員であっても、就業規則で閲覧・修正等は禁止され、上司（当該上司は顧客データの閲覧・修正等する技術を持たない）だけが知るパスワードがなければ閲覧・修正等することができない等のアクセス制御を行っていた。

---

62) QA 7 −53はあくまで「当該個人データを取り扱わないこととなっている」の一例である。この例は契約という規範的な側面と、技術的な側面の両方によりクラウド事業者が個人データを取り扱わないようにすることが必要であることを示している。

設例①のB社は、顧客データやそれに紐づいている営業履歴を基に、顧客ごとのレポートを作成する。このように、クラウド事業者が個人データの編集・分析等する場合には、個人データを「取り扱うこととなっている」といえるため、A社からB社に対して個人データを提供していることとなる。一般論として、設例①のB社のようなSaaSは多かれ少なかれ個人データを編集・分析等するものであるため、SaaSを利用する事業者は、クラウド事業者（SaaS事業者）に対して個人データを提供している場合が多いといわざるをえない[63]。

設例②のA社はB社が提供するツールでデータを暗号化しているが、暗号化しているだけでB社が「取り扱わないこととなっている」とはいえない。最近では高機能暗号として、データを暗号化したまま演算処理ができる暗号技術（準同型暗号）やデータを秘匿したまま計算する技術（秘密計算）が実用化されている[64]。また、暗号化されていたとしても、復号鍵により復号することもできるのであり、暗号化されているだけで「取り扱わないこととなっている」とはいえないであろう。設例②のB社は、A社との間でデータを閲覧・修正等をしないことを契約で定めており、契約条項によって当該クラウド事業者がサーバに保存された個人データを取り扱わない旨が定められているといえる。さらに、A社のデータは暗号化され、B社は暗号化されたデータを編集・分析等するものではなく、また、B社のサービスを開発した一部従業員は、A社から提供された顧客データ（個人データ）の閲覧・修正等ができるが、顧客データを閲覧・修正等するためには、閲覧・修正等するための技術と、そのために必要なパスワードの両方がなければならない。技術とパスワードの両方を知っている人がおらず、パスワードが厳重に管理されているのであれば、適切にアクセス制御がなされており、「提供」されていないと評価できるといえる。

---

63) なお、クラウドサービスは人が個人情報を目で見て編集・分析等するものではないものの、システムを用いて編集・分析等をできる状態においたことにより取り扱うこととなっているとして、「提供」に該当する。

64) CRYPTREC暗号技術調査ワーキンググループ（高機能暗号）「CRYPTREC暗号技術ガイドライン（高機能暗号）」も参照。

第2　クラウド事業者に対する対応

❶　クラウド事業者に対して「提供」した場合の対応

(1)　個人データの第三者提供（法27条、法28条）

　国内にあるクラウド事業者であれば法27条に基づいて、外国にあるクラウド事業者であれば法28条に基づいて提供しなければならない。なお、外国にあるクラウド事業者が日本にサーバを設置して、利用者の個人データが日本のサーバに保存されている場合もある。しかし、個人データが日本に保存されていたとしても、クラウド事業者が「外国にある第三者」である以上は法28条が適用される。

　国内にあるクラウド事業者に提供する場合には、原則として、法27条１項に基づいて本人の同意を得なければならない。しかし、法27条５項１号の「委託」と整理できるのであれば、本人の同意は不要である。例えば、Ａ社が、Ｂ社（クラウドサービス）を利用している場合に、Ｂ社への「提供」があるとしても、Ａ社からＢ社への「委託」であれば、Ａ社からＢ社への提供に本人の同意は不要である。

　また、外国にあるクラウド事業者に提供する場合には、原則として、法28条１項に基づいて本人の同意を得なければならない（法28条が適用される場合には、委託であっても同意を得なければならない。）。しかし、外国にあるクラウド事業者がEU又は英国にあるか基準適合体制を整えていれば法28条ではなく、法27条が適用される（Chapter4　第5 ❷ (p.85)）。大手海外クラウド事業者は基準適合体制を整えている場合もある。法27条が適用される場合には、クラウド事業者に提供していたとしても、法27条５項１号の「委託」と整理できるのであれば、本人の同意は不要である。

(2)　安全管理措置（法23条、法25条）

　クラウド事業者に対して、「提供」しており、かつ、「委託」と整理して本人の同意を不要とする場合であっても、自社が講じるべき安全管理措置と同等以上の安全管理措置が講じられるように、クラウド事業者を監督しなければなら

ない（法25条）。委託先の監督については、ガイドライン（通則編）において、①適切な委託先の選定、②委託契約の締結、③委託先における個人データの取扱状況の把握の３つの視点が示されている（Chapter9 第１❶（p.186））。

　特に大手クラウド事業者については、上記①や③として、立入検査や監査等をすることは困難である。もっとも、上記①については、クラウド事業者がホームページや契約書等で公開している、同事業者のセキュリティ対策の内容、安全管理措置のための体制等を確認して、安全管理措置が確実に実施されることを確認することで足りる。また、上記③については安全管理措置の実施状況（セキュリティ対策の実施状況、漏えい等の有無、国際的な認証の取得状況等）について、担当者に対してメールで確認したり、クラウド事業者がホームページ等で公開している情報を確認したりすることで足りる。

❷　クラウド事業者に「提供」しない場合の対応

　クラウド事業者に個人データを「提供」しない場合には、法27条１項・法28条１項の同意は不要である。

　もっとも、自社の個人データとして、安全管理措置を講じなければならない。例えば、A社が、B社に「提供」することなく、B社のクラウドサービスを利用する場合であっても、事実上、個人データはB社が管理している。しかし、B社に対して「提供」していないため、法的にはA社が個人データを管理していることになる（いわば、自社の倉庫で保管しているようなものである。）。そのため、A社の個人データとして安全管理措置を講じなければならない（法23条）。この場合には、事実上はB社の管理下にあるため、A社が「自社の個人データとして安全管理措置を講じる」といっても、セキュリティはB社が行い、A社としては、B社に安全管理措置の実施を委ねて、B社に対する監督を行う形で安全管理措置を講じる。

　一方で、上記のとおり、A社が、B社に委託に伴って「提供」して、B社のクラウドサービスを利用する場合には、A社は、B社の安全管理措置を監督しなければならない（法25条）。そのため、日本のクラウド事業者に対する「提供」があるか否かにより、本人の同意の要否及び安全管理措置の方法が大きくかわるものではない。無理に「提供」がないと整理するのではなく、クラウド事業者と十分に協議を行い、実態に応じて「提供」があるかを判断する必要が

ある[65]。

第3　クラウドを利用する場合の安全管理措置

❶　クラウドを利用する場合の安全管理措置

　クラウドを利用する場合、クラウド事業者への「提供」の有無にかかわらずクラウド事業者がその安全管理措置（セキュリティ）の大部分を担い、利用者は、これを監督する。このクラウド事業者が担う安全管理措置は、利用者が講じるべき安全管理措置のレベルよりも下回ることは認められない。一方で、利用者が自ら安全管理措置を講じなければならないのは、クラウドサービスを利用するためのパソコン等の端末や、それらにインストールされたソフトウェアである。

❷　外的環境の把握

(1)　外的環境の把握の概要

　個人データを外国で取り扱う場合には、当該外国の個人情報の保護に関する制度等を把握した上で、その制度等に応じた個人データの安全管理措置を講じなければならない（外的環境の把握、Chapter4　第2 ❷ (p.40)）。個人データを外国で取り扱っている場合には、当該個人データ又は当該個人データを取り扱っている者に対して、当該外国の法律が適用される結果として、本人の権利利益が侵害されるおそれがあるためである。

　クラウドサービスを利用する際に、「**個人データを外国で取り扱う場合**」に該当するのは、以下のとおり、クラウド事業者の本店所在地が外国にある場合や個人データを保存しているサーバが外国にある場合等である。

---

65) クラウド事業者は「提供」がないと整理することが多いと考えられる。これは、「提供」がなければクラウド利用者から一切、監督を受けなくてよい（クラウド利用者に監督の負担を課したくない）との誤解や、「提供」と整理する場合には、クラウドで漏えい等が発生すれば、クラウド事業者も個人情報保護委員会への報告及び本人の通知の義務を負う（法26条。ただし、委託として整理できるのであれば、クラウド事業者が利用者に漏えい等について通知すれば義務は免れる。）からであると考えられる。

	クラウド事業者の本店所在地は日本にある	クラウド事業者の本店所在地は外国にある
個人データを保存しているサーバは日本にある	該当しない	該当する
個人データを保存しているサーバは外国にある	該当する	該当する

(2) 外的環境の把握をしなければならない場合の対応

　まず、個人データを取り扱う外国の個人情報の保護に関する制度等を調査する。調査にあたっては、個人情報保護委員会が公表している各国の法制度の情報も参考になる。その上で、日本の法制度との違いを踏まえて、安全管理措置を講じなければならない。なお、EU・英国は、日本の個人情報保護法と同等であるとされている（同等水準国）。そのため、EUや英国で個人データを取り扱う場合には、当該国における個人情報保護に関する制度において、不当に個人の権利利益が侵害されるおそれがあるとはいえないため、特段、日本において個人データを取り扱う場合と異なる安全管理措置を講じる必要はないであろう。

　また、講じた安全管理措置の概要は、保有個人データに関する事項の公表等（法32条1項）として、本人の知りうる状態におかなければならない（Chapter4第8❸（p.110））。「個人データを外国で取り扱う場合」には、安全管理措置の概要だけではなく、当該外国の名称を明らかにする必要がある。外国の名称を明らかにすることにより、本人に安全管理措置の内容が、当該外国の個人情報の保護に関する制度等から見て適切な内容であったかを判断させるためである。

Column：外的環境の把握

　ガイドライン（通則編）によれば、「外国において個人データを取り扱う場合」には、「当該外国の個人情報の保護に関する制度等を把握した上で、個人データの安全管理のために必要かつ適切な措置を講じなければならない。」とされている。実務的には「外国において個人データを取り扱う場合」とは、クラウド利用の場面が多いが、その他にも、外国にある企業に委託する場合や日本企業が外国支店で個人データを取り扱う場合もこれにあたる。実際に、どの

〈外国で取り扱う場合のルール〉

個人情報取扱
事業者

保有個人データの公表等
（法32条）

本人

＜公表等が必要な事項＞
①個人情報取扱事業者の氏名又は名称等
②すべての保有個人データの利用目的
③保有個人データの開示等の請求に応じる手続等
④保有個人データの安全管理のために講じた措置

　外国で取り扱う場合には、④として、以下の事項を
　公表等
　　○個人データを取り扱う外国の名称
　　　（サーバ設置国等）
　　○外国の制度等を把握した上で講じた安全管理措
　　　置の内容

⑤保有個人データの取扱いに関する苦情の申出先（認定個
　人情報保護団体の対象事業者である場合は、その団体の
　名称等を含む。）

外的環境を把握した上で、
安全管理措置（法23条）

名前	メール アドレス
山田太郎	1111@aaaa
佐藤二朗	2222@bbbb
鈴木三郎	4444@dddd

外国

　ような法制度であれば、どのような安全管理措置を講じればよいのかについて
は、事業者が判断することになる。
　まず留意すべきは、①ガバメントアクセス、②データローカライゼーション
であろう。
　ガバメントアクセスとは、捜査機関が裁判所の令状を得て、民間事業者が保
管する個人データにアクセスする等、政府による民間事業者の個人データへの
アクセスである。ガバメントアクセスにも様々あり、外国によっては中立公正
な司法機関による審査を経ずにガバメントアクセスできる場合もある。
　正当とはいえないガバメントアクセスが認められている国で個人データを保
管してしまうと、当該外国政府に正当な理由なく個人データにアクセスされ、
本人の権利利益が侵害されるおそれがある。このような場合には、当該国にお

いて個人データを保管しない、保管するとしてもガバメントアクセスにより本人の権利利益が侵害されるおそれの低い個人データのみ保管するという安全管理措置を講じることが考えられる。また、そのような国でなかったとしても、ガバメントアクセスがあった場合に、速やかに把握して本人に通知する仕組みを整えたり、ガバメントアクセスに対して適時に不服申立てをすることを検討する体制を整えること、個人データを暗号化してガバメントアクセスがあった場合には暗号化した個人データのまま提供すること（政府が暗号を解読できなければ個人データの内容を把握することができない）も、外的環境を踏まえた安全管理措置である。

　また、データローカライゼーションとは、国境を越えたデータの移転を制限し、データを国内にとどめさせることである。日本の事業者が外国支店においてデータを収集している場合には、日本にデータを移転して作業する等ができなくなる。そのため、日本にデータを移転しなくても、十分なセキュリティ対策等を講じることができるようにすること等も、外的環境を踏まえた安全管理措置である。

IV

個人情報の
利活用の場面

Chapter11

インターネット広告

「インターネット広告」が広く利用されてきているが、「インターネット広告」の中には、個人情報を用いて広告を行うものも少なくない。広告の手法も様々であることから、すべての手法について取り上げることはできないが、代表的な手法と個人情報保護法の関係を説明する。

第1 広告を配信する属性を指定する広告

設例 A社（大手SNSサイト）は、多数の氏名、年齢、メールアドレス、SNSアカウントのデータ（個人データ）を保有していた。B社は、A社に対して、「30代の男性に対して、B社のビールの広告を送付してほしい」と依頼した。A社は、B社の依頼を受けて、自社のデータから30代の男性を選んで、メールやSNSアカウントに広告を送付することができるか。

❶ 広告の依頼を受けた事業者の対応

(1) 第三者提供の制限

A社がB社の依頼を受けてA社の個人データを利用して広告を送付することは、A社の個人データを実質的にB社の利用可能な状態においており、第三者提供したのではないかを検討しなければならない。しかし、A社はB社のために個人データを利用してはいるものの、あくまでB社の依頼に応じただけであり、A社にアクセス権を認めるなどしていないため、B社がA社の

個人データを利用可能な状態においたものではない。そのためA社はB社に対して個人データを「提供」したものとはいえない。

(2) 利用目的の制限

A社からB社への個人データの第三者提供でなかったとしても、A社は、保有する個人データを利用して広告を送付する。個人情報の利用はA社が特定した利用目的の達成のために必要な範囲でなければならない（法18条1項）ため、例えば、A社の利用目的が「当社と提携する企業の広告の送付」とされていれば、B社の広告を送付することができる。A社の利用目的が「当社の企業の広告の送付」とされていれば、「当社」（A社）以外の事業者（B社）の広告を送付することはできない。なお、単に「広告の送付」とだけあった場合には、本人は「当社の広告の送付」と考えることが一般的であり、他社の広告を送付することは法18条1項違反となる。

❷ 個人データの取扱いの委託との関係

B社は、A社に対して、A社の個人データを使用した広告を依頼している。もっとも、B社がA社に対して、B社が保有する個人データの提供をしたものではなく、A社が独自に（B社とは無関係に）取得したメールアドレスを利用しているにすぎないため、B社からA社への個人データの提供や、個人データの取扱いの委託がなされたものでもない。そのため、B社は、A社に対して委託先の監督（法25条）を行う必要はない。

❸ 広告成果の共有

A社が、B社の依頼を受けて、自社の個人情報を利用して広告を送付した場合に、その広告の成果を共有する場合がある。

例えば、A社がメールの開封率を集計して、B社に報告する場合には統計情報の提供であり、統計情報（特定の個人との対応関係が排斥された統計情報）には個人情報保護法は適用されないため、A社はB社に対して自由に開封率を報告することができる。

一方で、A社がB社に対して、開封した人のメールアドレスを提供する場合には、A社からB社への個人データの第三者提供となるため、本人の同意

を得なければならない。

第2　個人データを提供して、広告対象を特定する場合

設例　A社（大手SNSサイト）は、以下のとおり、B社から依頼を受けて広告を表示するが、A社やB社は本人の同意を得なければならないか。

① 　A社は、利用者の氏名、メールアドレスとSNSアカウントのリストを保有していた。B社は、自社の保有するメールアドレスをA社に提供し、このメールアドレスを持つ人のSNSアカウントに対して広告を表示してほしいと依頼した。

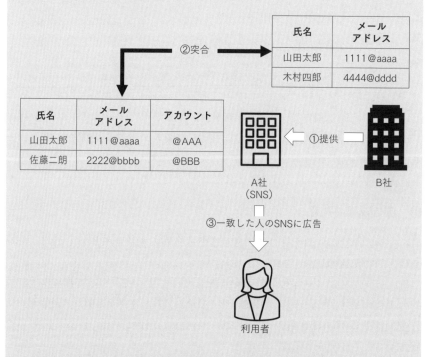

② 　B社は、A社にハッシュ化したメールアドレスを提供し、このメールアドレスを持つ人のSNSアカウントに対して広告を表示してほしいと

依頼した。なお、A社も、自社が保有するメールアドレスをハッシュ化
し、B社からもらったハッシュ値に一致する人に対して広告を表示す
る。

　設例①のB社は、個人データであるメールアドレスをA社に提供している
が、本人の同意を得ている場合には、A社に個人データを提供することができ
る。A社は、利用目的の範囲内であれば、その個人データと自社が保有してい
るアカウント情報を照合・突合し、一致している人に対して広告を表示するこ
とができる。

　また、「委託」と整理する場合には、B社は、個人データを本人の同意なく
A社に提供することができる。もっとも、A社は、B社から提供された個人
データと、A社が独自に保有しているアカウント情報（個人データ）を照合・
突合するため、A社のアカウントの本人から同意（法27条1項）を得なければ
ならない（Chapter9 第1 ❸（p.193）参照）。具体的には、A社において、本人が
アカウント登録をする際に、「当社は、広告依頼主からメールアドレスの提供
を受けて、そのメールアドレスと登録していただいたメールアドレスを突合
し、合致する場合には、その利用者のSNSアカウントに広告配信を行います」
などと同意を得ていれば、照合・突合のために必要な法27条1項の同意を得
ることができている。

　なお、**設例**②のB社は、メールアドレス（個人データ）をハッシュ化して、
A社に提供している。しかし、ハッシュ値も引き続き個人データであるため、
個人データの提供に該当する。例えば、「AAA @ aaa」というメールアドレス
をハッシュ化して、「abcdef」とのハッシュ値となったとしても、B社は簡単
に「abcdef」の元のメールアドレスを探すことができる。「AAA @ aaa」との
メールアドレスをもう一度、ハッシュ関数でハッシュ値にすれば「abcdef」と
のハッシュ値となる。「abcdef」は「AAA @ aaa」であり、そのメールアドレ
スと氏名が紐づいているため、「abcdef」の本人がわかってしまう。そのため、
「abcdef」はB社にとって引き続き個人情報（個人データ）のままであり、本人
の同意を得なければ、広告配信を行うことはできない。

第3 個人関連情報を提供して、広告対象を特定する場合

設例 A社（大手SNSサイト）は、以下のとおり、B社から依頼を受けて広告を表示するが、A社やB社は本人の同意を得なければならないか。

① A社は、利用者のメールアドレスとSNSアカウント（個人関連情報）のリストを保有していた。B社は、自社のメルマガを配信しているメールアドレス（個人関連情報）をA社に提供し、このメールアドレスを持つ人のSNSアカウントに対して広告を表示してほしいと依頼した。

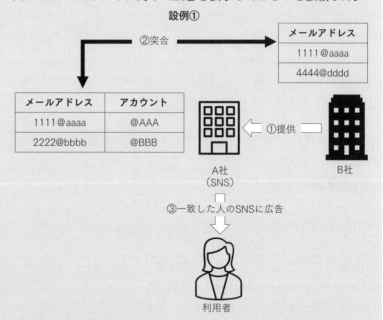

設例①

② A社は、利用者の氏名、メールアドレスとSNSアカウント（個人データ）のリストを保有していた。B社は、自社のメルマガを配信しているメールアドレス（個人関連情報）を保有していたので、これをA社に提供し、このメールアドレスを持つ人のSNSアカウントに対して広告を表示してほしいと依頼した。

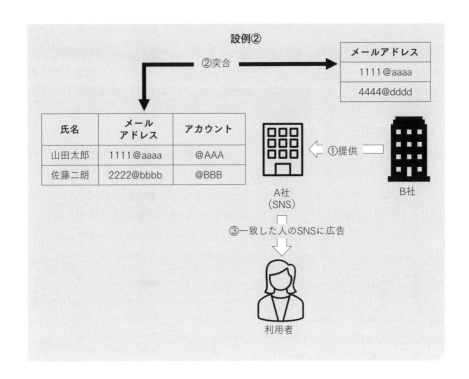

❶ 個人関連情報を提供する場合

　B社が保有するメールアドレスにフルネームが含まれていない等であれば、このメールアドレスは個人関連情報である。そのため、B社からA社へのメールアドレスの提供は、個人関連情報の第三者提供となる。個人関連情報の第三者提供の場合には、「個人データとして取得することが想定される」ときに限って、原則として、提供先があらかじめ本人の同意を得て、提供元は同意を得ていることを確認しなければならない（法31条、Chapter5（p.122））。

　設例①のB社は、A社にメールアドレス（個人関連情報）を提供する。提供先のA社は、広告配信先を絞り込むため、このメールアドレスと、A社が保有するメールアドレス（個人関連情報）を照合・突合し、一致したアカウントに広告を表示する。「個人データとして取得する」とは、提供された個人関連情報を、個人データと紐づける（照合・突合する）ことであるため、設例のように、提供されたメールアドレス（個人関連情報）を、A社の個人関連情報と

照合・突合する場合には、「個人データとして取得する」とはいえない。そのため、A社は本人の同意を得る必要はなく、また、B社は本人の同意を得ていることを確認する必要もない。この場合には、B社は、A社に対して、本人の同意なくメールアドレスを提供し、A社はこのメールアドレスを保有する人のSNSアカウントに広告を表示することができる。

　一方で、設例②のA社は、氏名、メールアドレス、アカウント名からなるリストを保有しており、このリストに含まれる氏名等は「個人データ」である。提供先のA社においては、B社からもらったメールアドレスを個人データであるメールアドレスと照合・突合し、一致したアカウントに対して広告を表示するため、「個人データとして取得する」に該当する。そのため、B社からA社へメールアドレスを提供するにあたって、A社は本人の同意を得なければならず、また、B社は本人の同意を得ていることを確認しなければならない（法31条）。

　なお、個人データの第三者提供については委託、事業承継及び共同利用の例外（法27条5項各号）があるが、個人関連情報の第三者提供についてはこれに相当する条文がないため、委託であっても「個人データとして取得する」場合には法31条が適用され、同意を得なければならない。

❷　個人関連情報と個人データが混在している場合

　B社が保有しているメールアドレスには、フルネームが含まれている等により特定の個人を識別することができるもの（個人情報）と、特定の個人を識別することができないもの（個人関連情報）がある場合には、個人情報が含まれる以上はメールアドレスリストは全体として「個人情報データベース等」に該当し、フルネームが含まれるメールアドレスは「個人データ」である。しかし、フルネームが含まれないメールアドレスが「個人関連情報」となると整理すると、同じデータベースに含まれる情報について、法27条（個人データ）が適用されるものと、法31条（個人関連情報）が適用されるものに分かれることになる。

　この場合には、個人データについては法27条を、個人関連情報については法31条を遵守することもできる。しかし、このような取扱いは煩雑であることから、事業者において、メールアドレスは、フルネームが含まれているか等

〈個人情報と個人関連情報が混在するデータベース〉

メールアドレスリスト			
NO	メールアドレス	アカウント	
1	aaaaaa@bbb	111-222@aaa	（個人関連情報）
2	sanotaro@ddd	222-333@bbb	（個人情報）
3	satoziro@yyy	444-555@ccc	（個人情報）
4	gggfffff@ppp	666-777@ddd	（個人関連情報）

↑
個人情報データベース等

にかかわらず、一律に特定の個人を識別することができると整理することも考えられる。「特定の個人を識別することができる」とは、「社会通念上、一般人の判断力や理解力をもって、生存する具体的な人物と情報との間に同一性を認めるに至ることができること」であるが、解釈には幅がある。フルネーム等が含まれていないメールアドレスは一般的には特定の個人を識別することができないとされている。しかし、例えば、aaa@bbb とのフルネームが含まれていないメールアドレスであったとしても、そのメールアドレスの持ち主の個人情報であるとすることで、メールアドレスすべてについて「個人情報」（個人データ）として、取り扱うことも考えられる。

第4 タグを設置する場合

設例 A社は、B社（インターネットメディア）に依頼して、B社の広告枠に広告を出稿し、タグを設置した。利用者がB社のサイトにあるA社の広告をクリックすると、このタグが反応し、利用者の画面はA社のサイトに遷移する。以下の場合、A社及びB社は、どのような対応をしなければならないか。
① A社のサイトに遷移すると、A社のサーバから、利用者のブラウザにCookieを発行し、そのCookieを通じて、A社のウェブページへのアク

セス日時、アクセスしたウェブページの URL やリファラ情報（そのウェブページの 1 つ前のウェブページの URL）等が A 社サーバに送られた。

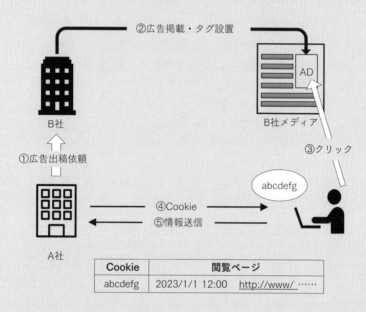

② 　A 社は、EC サイトを保有しており、会員の氏名、メールアドレスと、その会員が使用しているブラウザに発行した Cookie を紐づけて保有していた。この会員が、B 社のサイトの広告をクリックして、A 社のサイトに遷移すると、A 社のウェブページへのアクセス日時、IP アドレスやリファラ情報等が A 社のサーバに送られ、氏名等と紐づけられて保管されていた。

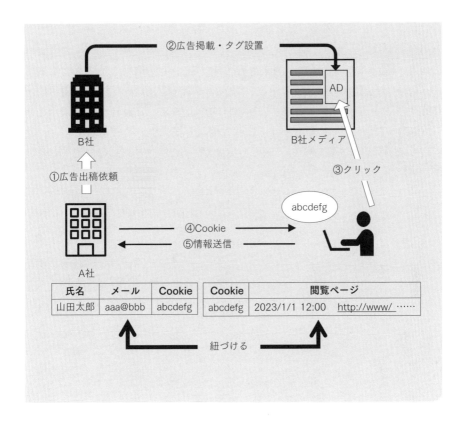

❶ タグによる個人関連情報や個人データの提供

　B社は、自社のサイトにA社の広告を掲載しており、広告をクリックした人の閲覧履歴がA社に蓄積されていく。そのため、B社からA社への閲覧履歴の提供とも考えられる。もっとも、A社が取得した閲覧履歴について、B社が確認したり、B社に保管される等していない場合には、B社からA社に閲覧履歴が提供されたのではなく、A社が直接、本人から閲覧履歴を取得したものである。そのため、B社は、個人データの提供や個人関連情報の提供に関するルールを遵守する必要はない。

❷ タグの設置による閲覧履歴の取得

　A社は、Cookieにより、利用者の閲覧履歴を取得しているが、**設例**①の場

合には、単なる個人関連情報を取得したことになるため、個人情報保護法上の対応は必要ない。

　また、**設例**②の場合には、個人情報（個人データ）を取得したことになるため（取得した情報は Cookie をキーとして、その情報の本人がわかる）、利用目的を特定するとともに（法17条1項）、利用目的を通知又は公表しなければならない（法21条）。なお、本人から直接に個人情報を提供されて取得したのではなく、A社が利用者を観察することにより個人情報を一方的に取得したものであり、利用目的の明示は不要である。

Chapter12

AI・プロファイリング

今後は、個人情報保護法の実務を考える上で、AI・プロファイリングの基礎知識が欠かせない。その実際の姿はどのようなものだろうか。

第1　個人情報保護法の問題を理解するための AI の知識

❶　ディープラーニング

　AI（人工知能）については様々な定義があるものの、機械学習を念頭において説明する。機械学習は、大量のデータを集めてきて、その中から一定の法則を見つけ、未知のデータをその法則にあてはめて推測等を行うものである。これまでのシステムは、まず、「○○を入力したら、××を行う」との規則を決めておいて、その規則どおりの働きを行うものであった。しかし、機械学習においては、この規則を先に決めるのではなく、データから規則を見つける点が大きく異なる。

　「機械学習」と一口にいっても、その手法は様々であるが、近時の AI 開発において注目されているのが「**ディープラーニング（深層学習）**」である（次頁**〈概念図〉**参照）。

　ディープラーニングとは、以下のような多数の層からなるニューラルネットワークを用いて行う機械学習である（次頁**〈ディープラーニングの図〉**参照）。

　例えば、人の現在の年収を予想する AI の場合には、その開発の基となるデータを集める必要がある。その人の卒業した高校の偏差値、卒業した大学の偏差値、現在持っている家の価格の情報があるデータであれば、その3つの項目を入力層に入力する。入力された値は「中間層（隠れ層）」に送られ、その隠れ層の中で、この入力層に入力された数値に対して一定の計算をした上で、次の中間層に送られることを繰り返し、最終的には出力層から、例えば年収

〈概念図〉

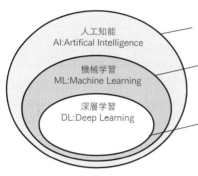

* 人間の思考プロセスと同じような形で動作する
  プログラム全般
* あるいは、人間が知的と感じる情報処理・技術全般

● AIのうち、人間の「学習」に相当する仕組みを
  コンピューター等で実現するもの
● 入力されたデータからパターン/ルールを発見し、
  新たなデータに当てはめることで、その新たなデータ
  に関する識別や予測等が可能

● 機械学習のうち、多数の層から成るニューラルネット
  ワークを用いるもの
● パターン/ルールを発見する上で何に着目するか
  （「特徴量」）を自ら抽出することが可能

出典：「令和元年版情報通信白書」（総務省）

〈ディープラーニングの図〉

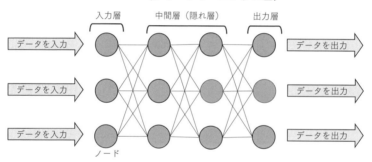

● 人間の神経細胞（ニューロン）のように、各ノードが層をなして接続されるものがニューラルネットワーク
● ニューラルネットワークのうち、中間層（隠れ層）が複数の層となっているものを用いるものが深層学習

出典：「令和元年版情報通信白書」（総務省）

300万円台の確率○％、年収400万円台の確率○％……と年収ごとの確率が出力される。

　なお、入力層に入力された高校の偏差値、卒業した大学の偏差値、現在持っている家の価格の３つの項目が年収に与える影響は均等とはいえない（例えば、高校や大学の偏差値よりも、現在持っている家の価格の方が年収を予想するときには重要など）。そのため、中間層においては、これらの入力に対して、一定のバイアスをかけて計算をしたり、計算結果に対して重み付けをして、次の中間

層に送ることが行われている。このようなバイアスや重みの係数を「パラメータ」と呼んでいる。

❷ AIの開発（学習）・利用の流れ

AI開発は、大きく分けて、開発（学習）と利用の2つの段階に分かれる。

〈AIの開発利用の流れ〉

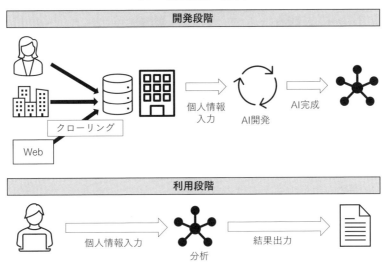

AI開発には、まず、法則を見つける基となる大量の「**生データ**」が必要となる。もっとも、生データのままでは欠けている項目があったり、意味のない項目が含まれたりしているため、これらの生データに対して、学習を容易にするための「**前処理**」を行い、「**学習用データセット**」を作成する。この学習用データセットを、「**学習用プログラム**」に入力すると、学習用プログラムが、パラメータを生成するとともに、出力値と正解データの差異に着目してパラメータを調整する等して、「**学習済みパラメータ**」を生成する。この「**学習済みパラメータ**」を推論プログラム（未知のデータを入力すると、学習済みパラメータを適用して、出力を出すプログラム）に入力したものを「**学習済みモデル**」と呼んでいる。

〈学習の流れ〉

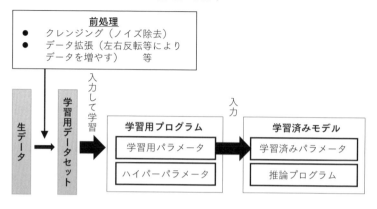

第2　AI開発（学習）段階における個人情報保護法

❶　AI開発のための生データの取得

　AI開発をするためには、大量の生データが必要であり、自社の保有しているデータを利用したり、他の事業者が保有しているデータを利用する場合がある。なお、自社内のデータが複数のシステムにまたがっているため、AI開発のために、これらのデータを結合しなければならない場合がある。その場合の留意点についてはChapter4 第3❹（p.47）参照。

　設例　　A社（結婚相手紹介サービス）は、最適な結婚相手を紹介するAIの開発のための生データとして、以下のデータを取得するためには、どのようなことをしなければならないか。
①　A社が、これから、AI開発のために様々な人から取得する氏名を含むアンケート結果
②　利用者とAIが会話できるようにするために、クローリング（プログラムにおいて、ウェブページの情報を自動的に収集すること）により、

Web サイトから HTML を取得しているが、たまたまブログに掲載され
ていたため取得した氏名

(1)　これから AI 開発のための個人情報を取得する場合

　事業者が AI 開発のために個人情報を取得する際には、AI 学習用データとし
て用いること及び AI の概要の 2 点から利用目的を特定しなければならず、例
えば、「顧客管理のための AI 開発の学習用データとして使用するため」など
と特定する（法17条 1 項）。このような利用目的は通知・公表等しなければな
らない（法21条）。

　利用目的は、本人が個人情報がどのように扱われるかを合理的に予測・想定
できる必要があるため、AI 開発の学習用データとして使用することを特定し
なければならない。なお、上記のとおり、AI については、個人情報を学習用
データとして使用する場合と、すでに開発してある AI で個人情報を分析する
場合があるため、いずれの場合に該当するかを明確に読み取れなければならな
い。また、AI の具体的な目的を記載すると、ライバル企業等に開発の内容が
明らかになってしまうが、「顧客管理」、「販売分析」などの概要を特定すれば
足りる。

　設例①の A 社は「最適な結婚相手を紹介するための AI 開発学習用データ
ベースとして使用するため」などと利用目的を特定しなければならない。

(2)　クローリングによる個人情報の取得

　ア　クローリングと個人情報の「取得」

　クローリング（プログラムにおいて、ウェブページの情報を自動的に収集するこ
と）により個人情報がサーバに記録された場合には、個人情報の「取得」であ
る。プログラムは、クローリングにより取得した氏名等を「個人情報」とは認
識していないものの、事業者は個人情報もクローリングする可能性を認識して
いるのであり、個人情報を自らの意思により支配下においたといえる。そのた
め、利用目的を特定するとともに（法17条 1 項）、利用目的を通知又は公表し
なければならない（法21条 1 項）。

イ　クローリングと適正取得

　個人情報を偽りその他不正の手段により取得してはならないが（法20条1項）、クローリングが直ちにこれに該当するとはいえない。AI学習のためのクローリングは、クローリング対象が著作物であったとしても原則として著作権侵害にはならない（著作権法30条の4）。さらに、ウェブサイトによっては、クローリングを利用規約で禁止しており、また、クローリングはサーバに大きな負担をかけることがある。しかし、このことが個人情報保護法で保護される個人の権利利益を侵害すると直ちにいえるものではなく、また、クローリングにより取得した個人情報はウェブサイトで公にされている情報であるため、直ちに「偽りその他不正の手段」とはいえない。

ウ　クローリングと「要配慮個人情報」

　クローリングにより、病歴等の要配慮個人情報がサーバに記録されることもある。要配慮個人情報を取得する場合には、原則として、あらかじめ本人の同意を得なければならない（法20条2項）。クローリングをする場合には、クローリングする情報の中に要配慮個人情報を含まれる可能性があることを認識しつつクローリングしているのであり、実際に要配慮個人情報をクローリングした場合には要配慮個人情報を取得したといわざるをえない。

　また、要配慮個人情報を「取得」している場合であっても、本人が自らウェブサイトに病歴を公表している場合等、当該要配慮個人情報が本人や報道機関等により公開されている場合（法20条2項7号）には、本人の同意を得る必要はない。もっとも、ウェブページ上にある要配慮個人情報がすべて本人や報道機関等が公表しているものであるとは限らず、例えば、漏えい等した要配慮個人情報を本人に無断でウェブページ上に掲載しており、これをクローリングして取得した場合等には、法20条2項7号は適用されない。

　この点、個人情報保護委員会は、「OpenAI に対する注意喚起の概要」（令和5年6月2日）において、機械学習のために情報を収集していることに関して、以下の4点を実施することを求めている。

①　収集する情報に要配慮個人情報が含まれないよう必要な取組みを行うこと。

②　情報の収集後できる限り即時に、収集した情報に含まれうる要配慮個人情報をできる限り減少させるための措置を講ずること。

③　上記①及び②の措置を講じてもなお収集した情報に要配慮個人情報が含まれていることが発覚した場合には、できる限り即時に、かつ、学習用データセットに加工する前に、当該要配慮個人情報を削除する又は特定の個人を識別できないようにするための措置を講ずること。

④　本人又は個人情報保護委員会等が、特定のサイト又は第三者から要配慮個人情報を収集しないよう要請又は指示した場合には、拒否する正当な理由がない限り、当該要請又は指示に従うこと。

　この文書の背景にある考え方については明確にされていないが、クローリングによる要配慮個人情報の取得にはなるものの、AI 開発という社会的に有用な事業のためにクローリングを行うことについて、上記①〜④を満たしている限り、個人情報保護委員会として権限行使をしないことを示唆していると理解することもできる。

(3)　他の事業者からの個人情報の取得

　A 社が、A 社の個人データだけではなく、B 社の個人データを「生データ」として用いて AI 開発を行いたい場合には、以下の方法がある。

①　本人から同意を得た上で B 社から個人データの第三者提供を受ける（法27条1項）。又は、B 社の個人データについて共同利用（法27条5項3号）することにより提供を受ける（この場合、A 社は、A 社のデータと B 社のデータを本人ごとに突合することができる。）

②　A 社と B 社がそれぞれ、自社の個人情報（個人データ）を用いて、学習済みパラメータを生成して、それを統合して1つの学習済みパラメータを作成する（学習済みパラメータは特定の個人との対応関係が排斥されている限り、個人情報保護法は適用されず、学習済みパラメータを生成する際に使用した個人情報の本人の同意なく、学習済みパラメータを第三者に提供することができる[66]）

③　A 社と B 社がともに、C 社に個人データを用いて学習済みパラメータを生成するように委託し、C 社において、A 社と B 社の個人データを本人ごとに突合することなく「生データ」として用いて、1つの学習済みパ

---

66)　金融審議会「資金決済ワーキング・グループ」（第2回）資料1−2も参照。

ラメータを作成する[67]

❷ 個人情報の利用

> **設例** A社（結婚相手紹介サービス）は、最適な結婚相手を紹介する
> AIの開発を行うが、以下の場合には、データをAI学習用データとして利
> 用することができるか。
> ① A社は、AI開発のために氏名を含むアンケート結果（個人情報）を
> 取得したが、利用目的として「最適な結婚相手の紹介のため」としか特
> 定しなかった。
> ② A社は、AI開発を構想する前から、結婚相手紹介サービスの会員か
> ら「最適な結婚相手を紹介するため」として氏名を含むアンケート結果
> （個人情報）を取得していた。

(1) 利用目的を達成するために必要な範囲での利用（法18条1項）

　上記のとおり、事業者がAI開発のためにこれから個人情報を取得する際に
は、「顧客管理のためのAI開発の学習用データとして使用するため」などの
ように、AI学習用データとして用いること及びAIの概要の2点から利用目的
を特定し（法17条1項）、その範囲内で取り扱わなければならない（法18条）。
設例①のA社においては、「最適な結婚相手の紹介のため」としか利用目的を
特定しておらず、AI学習用データとして用いることを特定せずにアンケート
結果を取得している。そのため、アンケート結果をAI学習用データとするた
めに取得したり保管することはできない。
　もっとも、すでに取得・保管されている個人情報については、AI開発を利
用目的として特定していなかったとしても、個人情報をAI開発のために利用
できると解するべきである。特にディープラーニングの場合には、実際には、
個人情報を使って学習済みパラメータを生成するものであるが、このパラメー

---

[67] 統計情報と異なり、学習済みパラメータの場合には、このように考えることができるか
については、争いがある。

タはあくまで数値であり、個人情報を個人情報として取り扱わないため、統計情報の場合と同様に、利用目的として AI 開発が含まれていなかったとしても、個人情報を AI 開発のために利用できると解するべきである。**設例**②の A 社においては、アンケート結果の取得や保管の段階では「最適な結婚相手を紹介するため」との利用目的の下で個人情報として取得・保管・利用されていたものであるが、その途中で個人情報として取り扱わずに AI 開発に用いるのであれば、利用目的として AI 開発が含まれていなかったとしても、利用することができる。

なお、AI 開発の意図を秘して個人情報を取得した場合には、だまして個人情報を取得するものであり、適正取得（法20条1項）に違反する。

(2)　仮名加工情報に加工して利用する場合

仮に、上記(1)と異なり、すでに取得、保管されている個人情報も利用目的として AI 開発と特定されていなければ、AI 開発に利用できないと解したとしても、仮名加工情報に加工した上で、AI 開発に利用することができる。

例えば、A 社が氏名、現在持っている家の価格、年収、成婚の有無からなる個人情報を保有しているのであれば、氏名を削除して仮名加工情報に加工する。その上で、利用目的を「最適な結婚相手を紹介するための AI 開発の学習用データとして使用するため」と変更し、「公表」することにより、この仮名加工情報を AI の学習用データとして利用することができる（Chapter8 第3 (p.161)）。

このように、氏名等の仮名加工情報の加工にあたって削除しなければならない情報が、AI 開発にとって意味を持たない場合には、仮名加工情報に加工することにより、簡単に AI 開発に利用することができる。

(3)　個人情報の不適正利用

AI の学習のために個人情報を利用する場合であっても、個人情報の不適正利用は禁止される（法19条）。

まず、犯罪の手引きを出力したり、ある人の犯罪歴を出力することを目的とする AI や差別的な言葉を出力することを目的とする AI 等、違法又は不当な行為を誘発・助長するような出力をすることを目的とするような AI を開発す

るために個人情報を利用することは、法19条に違反する。また、例えば、採用応募者の中から、その会社に適した人を探すが、特定の性別や人種の人にだけ低い評価をすることを目的とするような AI を開発する場合のように、出力自体に問題がなかったとしても（上記の例でいえば、採用応募者がその会社に適しているか否かという出力をすること自体には問題がない）、出力の過程において差別的な取扱いを行うことを目的とする AI を開発すれば法19条に違反する。

　一方で、生成 AI のように、犯罪の手引きを出力すること自体を目的とした AI ではないものの、利用方法によっては、違法又は不当な行為を誘発・助長するような結果を出力する場合や、出力過程において差別的な取扱いを行うことは意図していなかったが、AI 開発に用いた学習用データに偏りがあった等の理由により、差別的な取扱いがなされてしまう場合がある。このような場合であっても、同種の事業者において要求される一般的な注意力をもって、犯罪の手引きを出力しないようにしたり（例えば、犯罪について質問した場合には回答しないようにする等）、学習用データに偏りがないようにする（例えば、差別的な取扱いを行う可能性があるデータを除外したり、学習用データに不適切なノイズがのっていないかを確認する等）等して AI 開発を行っていたのであれば、法19条に違反しない[68]。

　なお、法19条に違反するかの判断にあたっては、個人情報を利用して AI 開発を行った後に、利用する者に対してどのような注意喚起を行うのか（違法又は不当な出力をしないように注意喚起を行うのか等）も踏まえて、判断される。

❸　個人情報の提供（学習済みモデルの譲渡等）

　事業者が学習済みモデルを完成させた場合に、そのモデルを第三者に譲渡したり、利用させることがあるが、一般的には、学習済みモデルの譲渡や第三者への利用許可は、個人情報保護法の制約を受けない。

　学習済みモデルは、学習済みパラメータと推論プログラムからなり、いずれかが「個人情報」や「個人データ」である場合には、これを第三者に譲渡した

---

[68]　差別や偏見につながるものとならないように、性別や健康状態等の情報を学習用データから除外することも 1 つの手法とされている。

り、利用させることは、個人情報や個人データの第三者提供となり、第三者提供に関するルールを遵守しなければならない。

　しかし、多数の個人データを学習した結果として得られた学習済みパラメータは、特定の個人との対応関係が排斥された数値にすぎず、学習済みパラメータは個人情報ではない[69]。また、推論プログラムも、「プログラム」（言語）にすぎないため、その推論プログラム自体に個人情報が含まれることがない限り、個人情報ではない。そのため、これらが組み合わさった学習済みプログラムを譲渡したり、利用させることが個人情報や個人データの第三者提供に該当するものではなく、個人情報保護法上の制限はない。

Column：AI開発と連合学習

　近年、AIの学習モデルを生成するための「連合学習」という技術が注目されている。この技術を使用することにより、プライバシーを保護しながら、学習モデルを生成することが期待される。

　従来は、各事業者は、学習モデルの開発者に個人情報等を提供し、当該開発者がその個人情報等を用いて学習モデルを生成していた。そのため、各事業者は、自社の個人情報等を開発者に共有しなければならなかった。ところが、連合学習においては、事業者が個人情報等を開発者と共有する必要がなくなる。連合学習にも様々な方法があるが、「水平連合学習」と呼ばれるものでは、まず、開発者が初期モデルを作成し、各事業者に配布する。これを受け取った各事業者は、自社が保有する個人情報等を用いて初期モデルに学習させ、初期モデルのパラメータを更新する。その後、各事業者は開発者に対して更新したパラメータを返却し、開発者は、このパラメータを集約して、初期モデルのパラメータを更新する。これを繰り返すことにより、学習済みモデルを生成する技術である。このような方法であれば、各事業者は、自社の個人情報等を他の事業者と共有する必要がないため、プライバシーを保護することができるものである。

---

69)　一方で、一人のデータしか学習していない学習済みパラメータは少なくとも「個人に関する情報」（個人情報か個人関連情報）に該当するし、パラメータ自体に個人情報が含まれている場合にはパラメータも個人情報である。

❹ 学術研究機関によるアルゴリズムの開発

　大学等の「**学術研究機関等**」（法16条8項）[70]が「学術研究目的」で個人デー
タを取り扱う必要がある場合には、個人の権利利益を不当に侵害するおそれが
ある場合を除き、当該学術研究機関に対して、本人の同意なく個人データを提
供することができる（法27条1項7号、Chapter4 第4❶（p.50））。そのため、大
学等とAI開発を行う場合には、法27条1項7号の例外を利用することができ
る。

　また、学術研究機関が、学術研究目的でアルゴリズム開発するために要配慮
個人情報を取得する場合には、本人の同意を得る必要はない（法20条2項5号）。

　設例　　A社（医療機器メーカー）は、画像診断のためのシステム（AI）
開発を、B大学とともに実施することとした。以下の場合に、A社は、自
社が保有する個人データを、本人の同意なく、AI開発に利用することが
できるか。
①　まずは、B大学がAIのアルゴリズムの開発を行い（費用はA社が負
　担する）、A社がそれを製品として実装する。
②　A社とB大学の研究員が一緒になってAIのアルゴリズムの開発を行
　い（費用はA社が負担する）、A社がそれを製品として実装する。

　設例①のB大学（学術研究機関等）は、画像診断のAI開発を行っているが、
これは、新たな画像診断の方法の確立（又は、画像診断技術の改良）を試みるも
のであり、「学術研究」（新しい法則や原理の発見、分析や方法論の確立、新しい知
識やその応用法の体系化、先端的な学問領域の開拓など）に該当する。このB大

---

70)　「学術研究機関等」とは、学術研究を主たる目的とする機関等であり、営利を追求して
　　いる民間企業は、仮に商品開発のために研究を行っているとしても「学術研究機関等」
　　には該当しない。また、「学術研究機関等」に該当するかは、法人ごとに判断すること
　　になるため、民間企業の一組織である研究所を「学術研究機関等」とすることはできな
　　い。ただし、学術研究を行っている研究所を別法人としている場合には、当該研究所
　　（法人）が学術研究を主たる目的とするものであれば、「学術研究機関等」に該当する。

学のAI開発（学術研究）のために、A社の個人データが必要であるため、A社は、B大学に対して、本人の同意なく、個人データを提供することができる（法27条1項7号）。

なお、B大学がAIを開発した後は、A社がこれを製品に実装して販売することが予定されている。製品開発は「学術研究」には含まれないが、B大学が行うのはあくまでAIの開発のみであるため、B大学は「学術研究目的」で個人データを取り扱う必要があるといえる[71]。

設例②においては、A社とB大学の間で、まずはAI開発の共同研究のための契約を締結した上で、上記**設例①**の場合と同様にB大学において法27条1項7号に基づいて個人データの提供を受ける。

その上で、A社の従業員をB大学の「従業者」（法24条）とすることができれば、B大学がA社の従業員（B大学の「従業者」）にこの個人データを利用してAI開発を行わせることは、同一法人内での個人データの共有である。そのため、第三者提供の制限を受けず、本人の同意なく行うことができる。

また、他にも、B大学が、A社との共同研究に必要な範囲で、法27条1項6号（学術研究機関等が、共同して学術研究を行う場合に、学術研究目的で個人データを提供する必要があるときは、個人の権利利益を不当に侵害するおそれがある場合を除き、本人の同意なく、共同研究先に個人データを提供することができる）に基づいて、A社に個人データの提供を行い、共同で研究を行うことができる。なお、この場合には、A社には共同研究の目的の一部として製品開発という学術研究目的とはいえない目的が含まれることになるが、法27条1項6号は、一部が学術研究目的であれば足りるとしているため、同号を適用することができる。

第3　AIの利用段階と個人情報保護法

個人情報をAIにより分析する場合には、大きく分けて、①個人データを入

---

71) 平成30年7月31日付けの経済産業省「グレーゾーン解消制度に係る事業者からの照会に対し回答がありました～疾患診断補助機器の開発のための個人情報の提供に係る個人情報保護法等の取り扱い～」も参照。

力・分析することの問題、②AIに分析された結果を用いる場合の問題がある。特に、近年、いわゆる「生成AI」が広く普及しており、これらが問題となる場面も増えてきている。

なお、ここでは、個人情報をAIにより分析する典型例であるプロファイリングを例に説明するが、プロファイリング以外の目的で、個人情報をAIで分析する場合も同様の問題がある。

❶　プロファイリングとは

例えば、顧客の個人情報を分析すると、「この人は、家電を買う可能性が高い」等と個人情報から行動等を推測することができる。このような活動は「プロファイリング」と呼ばれる。

「**プロファイリング**」の定まった定義はないが、「ある人の個人的な側面（例えば、能力、経済状況、個人的な趣味・嗜好、今後とるであろう行動等）を評価・予測するために、コンピューターにおいて、一定のアルゴリズムに基づき、個人の情報（個人の経歴、病歴、行動履歴、購買履歴等）を分析すること」などと説明できる。個人の情報を用いて、アルゴリズムにより、「信用スコア」（個人の信用力を点数化したもの）を算出したり、従業員の離職率を推測したりすることが典型例である[72]。

プロファイリングは、人をカテゴリ（集団）に分類して「当該カテゴリ（集団）に属する人は、このような行動をとる可能性が高い」などとの類型化をしておいた上で、分析の対象となる人が、当該カテゴリ（集団）と同じ特徴があれば、当該分析対象となる人が、当該カテゴリ（集団）の人と同じ行動をとる可能性が高い、と分析をする。この点で、プロファイリングは統計的な分析であるといえる。

このような統計的な分析は、効率的な広告や、これまで年収や勤務先等だけの評価により融資を受けられなかった人が、その他の行動も含めたプロファイリングにより、融資を受けられるようになる等のメリットがある。また、採用の場面でプロファイリングを使用すれば、多数の応募者の中から、当該会社の

---

[72]　一般社団法人ピープルアナリティクス＆HRテクノロジー協会「人事データ利活用原則」やパーソナルデータ＋α研究会「プロファイリングに関する最終提言」も参照。

業績に貢献する可能性がある人を効率よく選択することができるようになる。

一方で、上記のとおり、プロファイリングは、人をカテゴライズして、分析・予測を行うため、実際の分析対象者がとる行動等とは異なる可能性がある。それにもかかわらず、「この人は○○という行動をとる可能性が高い」とラベリングされて、例えば、採用応募者のプロファイリングを行い、「この人は、職場の秩序を乱す可能性がある」との結果が出たことに基づいて、その人を「不採用」とする等の不利益を被る可能性がある。

プロファイリングは、以下の流れで行われる。

〈プロファイリングの流れ〉

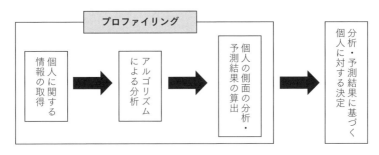

❷ プロファイリングのために個人情報を取得する場合の問題

プロファイリングのために個人情報を取得する場合には、利用目的として、分析を行っている旨及び分析の目的を特定しなければならず（法17条1項）[73]、このように特定された利用目的を通知・公表等しなければならない（法21条）。

利用目的は、本人が自らの個人情報がどのように取り扱われることとなるかを合理的に予測・想定できるように特定しなければならない。プロファイリングを行っていることは一般的とはいえないため、例えば、単に「新商品・サー

---

73) 分析をしている旨を利用目的に掲げれば足り、どのようなアルゴリズムを用いているか等の分析の手法については掲げる必要はない（令和2年改正パブコメ（通則編）No.28）。

ビスに関する広告のため」としただけでは、一般の人にはプロファイリングを行っていることまでは予測・想定できない。また、AI の発達により、個人情報から推測できる情報は飛躍的に向上していることから、分析の目的を特定しないと、一般の人には、どのようなプロファイリングが行われているかが予測・想定できない。そのため、「取得した閲覧履歴や購買履歴等の情報を分析して、趣味・嗜好に応じた新商品・サービスに関する広告のために利用いたします」などと上記の点を利用目的として特定しなければならない。

　なお、ここで留意しなければならないのは、あくまで、「個人情報をどのように取り扱われることになるかを合理的に予測・想定できない場合」にだけ、分析している旨等を利用目的に掲げなければならないことである。例えば、アルゴリズムを用いることなく、人が、「この人は洋服を多く買っているから、洋服が好きなのだろう」と推測した上で、洋服の広告をその人に送るような場合は、単に「洋服の広告送付のため」との利用目的で足り、利用目的として分析している旨等を掲げる必要はない。人がそのような推測をすること自体は、本人にとって容易に予測・想定できるためである。

❸　取得した個人情報を用いてプロファイリングとして利用する場合の問題

(1)　利用目的の制限

　個人情報は利用目的を達成するために必要な範囲で利用しなければならない（法18条1項）。そのため、個人情報を用いてプロファイリングをする場合には、上記❶のように利用目的を特定した上で、その特定された利用目的の範囲でプロファイリングを行わなければならない。上記❷のように利用目的を特定していないにもかかわらず、プロファイリングを行うことは、法18条1項違反となる。

　なお、生成 AI を用いて、単にその人宛ての文書を作成する場合には、上記❶のように利用目的を特定する必要はない。例えば、「商品案内のため」とだけ利用目的を特定していれば、その個人情報を生成 AI に入力して、その人宛ての商品案内文書を作成してもらうことができる。

(2) プロファイリングで分析する個人データの内容の正確性確保等（法22
　　条前段）

　個人データは利用目的の達成に必要な範囲内において、正確かつ最新の内容
に保つよう努めなければならない（法22条前段）。上記のとおり、個人情報を
用いたプロファイリングは、個人情報から、その人がどのカテゴリーと共通の
特徴があるか（どのカテゴリーに分類されるか）を判断することになる。プロ
ファイリングの基となる個人情報が誤っている場合や最新のものでない場合に
は、誤ったプロファイリングがなされてしまい、その結果として、本人に不利
益が及ぶ可能性があり、また、利用目的も達成されない。

　そのため、事業者は、このようなプロファイリングを行うにあたっては、プ
ロファイリングに必要な範囲で、その分析対象となる個人データを、正確かつ
最新の内容に保つように努めなければならない。

(3) 不適正利用の禁止（法19条）

　プロファイリングにおいて個人情報を利用する場合であっても、個人情報の
不適正利用は禁止される（法19条）。例えば、①用いるアルゴリズムが不適切
であることを理由として法19条違反になる場合や、②得られた分析結果の利
用方法が不適切であるため法19条違反となる場合がある。

　上記①については、そもそもプロファイリングを行うアルゴリズムが不当に
差別的である場合（例えば、女性に対して、不当に著しく低い評価を与えるアルゴ
リズム）には、不当に著しく低い評価を与えられた人に対して、重大な不利益
が及びうる。そのため、不当に差別的なアルゴリズムであることを事業者が認
識しながら当該アルゴリズムを用いたり、その時点における、同種の事業者に
おいて要求される一般的な注意力をもってすれば、不当に差別的なアルゴリズ
ムであると認識できたにもかかわらず、認識することができずに、このような
アルゴリズムを用いている場合には、法19条違反となる。

　設例　A社は、その従業員の氏名、年齢、住所、家族構成、社用PC
の閲覧履歴等のデータ（個人データ）を保有しているが、以下のプロファ
イリングを行うことができるか。

① A社は、従業員について、社内での不正行為を行うリスクを判定し、そのリスクに応じて、配属部署を決定するために、従業員Bの情報をAIで分析した。

② 上記①において、A社が分析にかけた情報は3年前の情報であった。従業員Bは、3年前には転職を考えて社用PCで転職サイトを見ていたが、現在は、転職サイトは見ていなかった。

③ 上記①において、A社は、不正行為を行うリスクが高いと判定された場合には、それだけをもって、解雇することにした。

設例①においては、A社は従業員の個人情報を用いて、不正リスクを判定するためにプロファイリングするため、利用目的として「従業員管理のために、年齢、家族構成、社用PCの閲覧履歴等からプロファイリングをして、不正リスクを判定する」と利用目的を特定しなければならない。また、このように利用目的を特定していない限り、プロファイリングを行うことは、目的外利用となる。

設例②においては、A社は、3年前の個人データを基にプロファイリングを行っている。これによって、従業員Bが誤ったカテゴリーに分類され、「不正リスクが高い」との評価がなされ、その結果として、希望した業務に就けない等の不利益が及ぶ可能性がある。このようなことでは、適正な従業員管理ができないのであるから、A社は、プロファイリングを行うにあたって、Bの個人データを正確かつ最新の内容に保つように努めなければならない。

設例③のように、不正リスクが高いと判定されただけで、実際には不正を行っていないにもかかわらず解雇するような行為は労働契約法に違反する行為でもあり、違法又は不当な行為を誘発・助長する個人情報の利用であって、法19条違反となる。

❹ 個人データの第三者提供のルールとの関係（法27条・法28条）

事業者が、他の事業者が提供するAIを利用し、そのAIに個人データを入力する場合に、AI提供事業者に対して、個人データを第三者提供している場合もある。AIに個人データを入力する場合には、クラウド事業者を利用する場合と同様に、「個人データを取り扱わないこととなっている」場合には「提

供」していないと整理することができる（Chapter10 第1（p.207））。AIが個人データを編集・分析等する場合には、個人データを取り扱うことになっているといわざるをえない。

　なお、生成AIに関連して、個人情報保護委員会は、「個人情報取扱事業者が、あらかじめ本人の同意を得ることなく生成AIサービスに個人データを含むプロンプトを入力し、当該個人データが当該プロンプトに対する応答結果の出力以外の目的で取り扱われる場合、当該個人情報取扱事業者は個人情報保護法の規定に違反することとなる可能性がある。」としている。この記載からは、個人データを生成AIに入力し、生成AIが「当該プロンプトに対する応答結果の出力」の目的でのみ使用する場合には、「個人データとして取り扱わないこととなっている」に該当し、提供したとは整理しないと考えていることがわかる。一方で、生成AIが、入力された個人データをアルゴリズムの再学習（アルゴリズムの改善）に利用する場合には、個人データを取り扱うことになり、AI事業者に対して「提供」したことになる。

〈生成AIへの提供〉

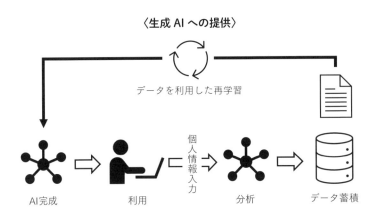

データを利用した再学習

AI完成　利用　個人情報入力　分析　データ蓄積

　設例　A社は、氏名、人事異動履歴、業績評価からなる従業員の個人データを保有しており、このうち、氏名を除いた部分を、B社が提供する生成AIに入力した。以下の場合、個人データの第三者提供となるか。
① B社の利用規約によると、利用者が入力した情報は、B社のサーバに

> 記録されており、それを AI の改善（学習済みモデルの追加学習）に利用することとされていた。
> ② 利用者が入力した情報は、AI の改善（学習済みモデルの追加学習）に利用してよいかを利用者が選択することができ、A 社は利用を拒否していた。

設例①においては、B 社は、サーバに記録された個人データを AI の改善に利用するのであり、個人データを取り扱うため、A 社から B 社への個人データの「提供」である。そのため、A 社は、AI に個人データを入力するにあたって、原則として、あらかじめ本人の同意を得なければならない（法27条、法28条）。

設例②においては、A 社は AI 改善のための利用を拒否している。B 社の利用規約において、利用者が AI 改善のための利用を拒否した場合には、B 社の従業員等は入力された個人データを取り扱わない旨が定められており、かつ、B 社において、B 社の従業員等が取り扱わないように適切にアクセス制御を行っている場合には「提供」したとはいえない。

この点、A 社としては、「追加学習を拒否している」と思っていたが、A 社の従業員が設定を誤って、追加学習を拒否していなかった場合には、十分に安全管理措置（法23条）を講じているとはいえず23条違反になるほか、意図しない個人データの流出として、漏えい等に該当する（Chapter4 第 7（p.92））。

❺ AI に分析された結果を用いる場合の問題

⑴ 予測 AI

下記のとおり、例えば、個人情報を入力すると、その人の離職可能性を予測する等、趣味や今後の行動等をプロファイリングする AI がある。

〈予測 AI の仕組み〉

①入力
②予測
③結果出力
AI

　山田太郎の個人情報を入力して、出力された結果が「山田太郎の離職可能性〇％」であれば、その出力結果だけで本人がわかるため、個人情報である。また、「離職可能性〇％」との出力結果のみであるとしても、山田太郎の個人情報との間に容易照合性が認められ、本人がわかる場合には、その出力結果も個人情報である。

　個人情報が出力されたとしても、出力結果は単に事業者内で個人情報を「生成」したものにすぎないため、個人情報の「取得」ではない。そのため、「個人情報」の取得に関するルールは適用されない。もっとも、このような出力結果（個人情報）を閲覧するだけではなく、転記・保管等をする場合には、個人情報を取り扱っているといえるため、利用目的を特定するとともに（法17条1項）、その範囲内で利用しなければならず（法18条1項）、また、個人データとする場合には安全管理措置を講じる等しなければならない（法23条）。

(2)　生成 AI

　下記のように、言語モデルにより、それまでの単語から、それに続く単語を推測する方法により文書を生成する生成 AI により、氏名等が出力される場合がある。

〈生成 AI の仕組み〉

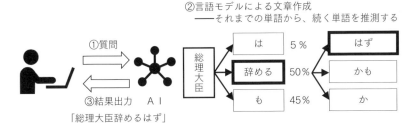

　この場合、AI により、全く架空の人物についての文章が出来たとしても、それは「生存する個人に関する情報」ではなく、架空の個人に関する情報であるため、「個人情報」とはいえない。一方で、例えば、実在する「山田太郎」について、「山田太郎はどんな人ですか」と入力したところ、「山田太郎はアメ

リカの大統領です」との全く架空の情報が出力されたとしても、その情報は個人情報となる。

　個人情報が出力されたとしても、出力結果は、単に事業者内で個人情報を「生成」したものにすぎないため、個人情報の「取得」ではない。そのため、「個人情報」の取得に関するルールは適用されない。もっとも、このような出力結果（個人情報）を閲覧するだけではなく、転記・保管等をする場合には、個人情報を取り扱っているといえるため、上記(1)と同様に、法17条1項、法18条、法23条等を遵守しなければならない。

(3)　データベース等に問い合わせる AI

　例えば、「現在の総理大臣は誰ですか」と質問したところ、その言葉をAIで音声認識した上で、その質問の答えをデータベースから検索する等して「現在の総理大臣は山田太郎です」などと個人情報が出力される場合がある。

〈データベース等に問い合わせる AI〉

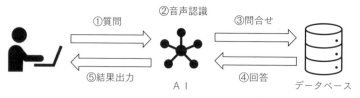

在任期間	総理大臣名
2050年1月〜12月	山田太郎
2051年1月〜12月	佐藤二朗

　この場合、出力結果は、事業者内で個人情報を「生成」したのではなく、データベース（の保有者）から提供されたものである。そのため、このような出力結果を転記する等して、自らの意思で事実上の支配を獲得した場合には、「取得」したとして、利用目的の通知・公表をしなければならない（法21条）。また、当該出力結果が要配慮個人情報であれば、原則として、あらかじめ本人の同意を得なければならない（法20条2項）。

なお、出力された結果が単なる個人データではなく、個人情報が検索可能なようにデータベース化される等した「個人情報データベース等」であれば、「個人データ」を取得したことになる。この場合には、個人データを取得した場合のルールを遵守しなければならない（Chapter4 第4 ❾（p.78））。

❻　AI を利用することによる個人データの漏えい等

AI を利用することにより、個人データが漏えい等した場合には、法26条により対応しなければならない。

例えば、上記のとおり、生成 AI を利用する事業者が、誤って生成 AI の入力結果の再学習を拒否する設定を忘れた場合に、個人データを入力してしまえば、生成 AI 提供事業者に連絡して、当該個人データを再学習に利用しない（取り扱わない）ようにしない限り、個人データの漏えい等である。また、AI に入力した情報とその出力結果（個人データ）を、AI を利用する事業者のサーバに保管していたところ、これが流出したような場合にも、個人データの漏えい等である。

一方で、ディープラーニングによって生成された学習済みモデルが意図せず外部に流出したり、改ざんされた場合には、一般にディープラーニングによって生成された学習済みモデルは個人データではないため、個人データの漏えい等にはならない。もっとも、機械学習の手法によっては学習済みモデル自体に個人データが含まれる場合もあり、このような場合には個人データの漏えい等になる。

また、最近では、攻撃者が AI に対して入力した結果と出力した結果を観察しながら、学習用データを推測する攻撃が行われることがある。もっとも、このような攻撃により、学習用データ（個人データ）が推測されたとしても、学習用データを提供した事業者から個人データが流出したのではなく、単に攻撃者がその学習用データを推測したものにすぎないため、個人データの漏えい等ではない。

❼　AI による分析結果と開示等の請求

AI の利用事業者が、AI により個人データを分析し、その個人データと出力結果を紐づけて保管しているような場合に、本人から開示等の請求がなされる

ことがある（Chapter4 第 8 （p.104））。

> **設例** A 社は、従業員の社用 PC の閲覧履歴等の個人データを分析し
> て、各従業員の離職可能性を算出していた。A 社においては、この出力結
> 果を、「氏名：山田太郎、閲覧履歴：……、離職可能性：60％」（個人デー
> タ）との形で保管していた。
> ① A 社の従業員である B が、A 社に対して、個人データの開示請求を
> した場合に、A 社は離職可能性部分についても開示しなければならない
> か。
> ② 上記①の結果として開示された B の離職可能性は60％とされていた
> が、B は離職する気持ちは全くなかったことから、この離職可能性は誤
> りであると考えて、A 社に対して説明を要求するとともに、離職可能性
> 0％と修正するように要求した。

　開示等の請求の対象は「保有個人データ」であるため、**設例**の A 社が保有
している離職可能性が保有個人データであれば、原則として、開示等の請求に
応じなければならない（法33条）。
　設例①の A 社のように、開示請求がなされた場合には原則として開示しな
ければならないが、「当該個人情報取扱事業者の業務の適正な実施に著しい支
障を及ぼすおそれがある場合」には開示を拒否できる（法33条２項２号）。もっ
とも、A 社が AI で算定した離職可能性はあくまで AI による推測にすぎない
し、実際に A 社が離職可能性を算定していることが本人や事業者内に知られ
ることにより、一部従業員と A 社との間の信頼関係が揺らぐ可能性があるも
のの、A 社の業務に支障が生じるほどまで信頼関係が破壊されるとは考えにく
く、直ちに「事業者の業務の適性に著しい支障を及ぼす」とはいえないため、
A 社は開示をしなければならない。
　設例②の B は、A 社に対して訂正等請求を行っており、A 社は、保有個人
データの内容が事実でないときに限り、利用目的の達成に必要な範囲で、訂正
等を行わなければならない（法34条）。A 社が保有している「離職可能性60％」
との保有個人データは、あくまで AI による推論にすぎず「事実」ではない。

そのため、AI により分析した B の離職可能性が30％であったにもかかわらず、60％と誤って記載したような場合を除き、離職可能性を訂正する必要はない。

❽　プロファイリングとプライバシー

　プロファイリングについては、「プライバシー侵害」であると主張されることがあるが、この点については、以下のように考えるべきである。

　まず、プロファイリングはあくまで統計的な推測にすぎず、他人に知られたくない私生活上の事実又は情報を取得しているとはいえないため、原則として、プロファイリングをしたことだけでは、プライバシー侵害にならない。なお、プロファイリングを違法又は不当な目的で行う場合には、プライバシー侵害とは別の理由で不法行為が成立する可能性がある。

　しかし、大量のデータを機械学習したアルゴリズムにより導き出されるプロファイリング結果は確度が高く、あくまで確率論的な推測にもかかわらず、真実かのように思われ、本人が不利益を受ける場合もある。例えば、その人の現在の病気や将来に罹患しやすい病気、成績、性的な指向や私生活上の出来事等をプロファイリングし、プロファイリング結果が公表されれば、それが推測にすぎなかったとしても、多くの人は「真実である」と受け止めるため、分析された人は心理的な負担や不安を覚えることになる。そのため、このような事項のプロファイリング結果を、正当な理由なく、個人と結びつけて第三者に公表することはプライバシー侵害になる。

　また、プロファイリングに対しては消費者の抵抗感も強いため、プライバシー侵害を主張されないように、透明性の高い説明を行う等の工夫をする必要がある。例えば、消費者庁「デジタル・プラットフォーム利用者の意識・行動調査（詳細版）」（令和2年5月20日）によれば、「個人の精神的及び行動的特性を記録、分析」され、人によって提供される広告、価格等が異なることについて、約30％の人が、どちらかというと許容できない又は許容できないと回答している。また、同調査によれば、人がプロファイリングのために取得、利用してほしくないデータは、居住地域、現在の位置情報、思想信条、年収の順に多い。これらのデータや、要配慮個人情報、プライバシー性が高い情報（性的指向・性自認、結婚・妊娠・出産・人の生死に関わること等のライフイベント）をプロファイリングする場合には、その必要性等について十分に説明するべきで

ある。

　なお、プロファイリングを行った後には、そのプロファイリングに基づいて意思決定を行うことになる。このプロファイリングによる意思決定においては、①公平性の確保のための人間の判断の介在（AI の判断に含まれるバイアスによる差別からの個人・集団の保護、記録として残らない情報も重要な場合等の統計的な将来予測が難しい場合における保護）、②説明責任を履行するための人間の関与（人事評価などの意思決定に対して納得ある理由を必要とする場合）を検討する必要があるとの議論がなされている[74]。

---

74) AI ネットワーク社会推進会議「AI 利活用ガイドライン～ AI 利活用のためのプラクティカルリファレンス～」

Chapter13

カメラ画像

最近、カメラで撮影した画像を利用することが多くなっている。カメラで撮影する場合には、人が写り込む等により、個人情報を取得する場合がある。このようなカメラ画像は、個人情報保護法に従って取り扱わなければならない。

第1　カメラで撮影した画像と個人情報保護法

　カメラで撮影した画像の中に、顔画像（被撮影者が誰であるかを識別することができる程度に鮮明な顔画像）やフルネームが含まれる表札等が写っていれば、個人情報を取得している。この場合、カメラで撮影した画像は、個人情報保護法に従って取り扱わなければならない。なお、ドライブレコーダーで公道を撮影する場合等は、顔や表札等の撮影が本来の目的ではないものの、それらが写り込んでしまう場合がある。このように、顔や表札等の撮影が本来の目的でなかったとしても、個人情報を取得していることになる。

　また、自動販売機にカメラを設置して、自動販売機の前に立った人の顔を撮影し、年齢を推定する等した直後に顔画像を消去したり、カメラで人を撮影して、その人の移動軌跡の作成や[75]、混雑度を判定した直後に画像を消去する場合がある[76]。

　このような場合でも、事業者が一度は顔画像を取得した以上は、個人情報を取得したものとして、その顔画像は個人情報保護法に従って取り扱わなければならない。

---

[75]　このような人流データの利活用については、国土交通省不動産・建設経済局情報活用推進課「地域課題解決のための人流データ利活用の手引き Ver1.0」も参照。

〈移動軌跡データの作成〉

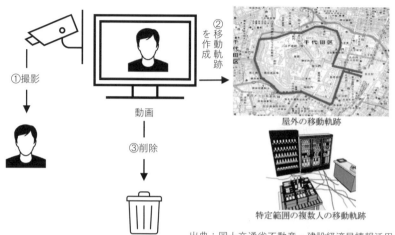

①撮影

動画

②移動軌跡を作成

③削除

屋外の移動軌跡

特定範囲の複数人の移動軌跡

出典：国土交通省不動産・建設経済局情報活用
推進課「地域課題解決のための人流デー
タ利活用の手引きVer1.0」

第2　カメラ画像の利活用場面ごとの留意点①（防犯目的のカメラ）

　現在、単に映像を撮影し、その映像を警備員等が目で見て確認する従来型カメラ（従来型防犯カメラ）が店舗等に設置されることが一般的である。従来型防犯カメラで個人情報を取得する場合には、個人情報保護法のルールをすべて遵守しなければならないが、特に重要なのは以下の点である。

---

76) 公共交通機関の混雑度に関する情報提供のために、乗降カメラや車内カメラにより人数を把握することも行われている（国土交通省「公共交通機関のリアルタイム混雑情報提供システムの導入・普及に向けたガイドライン（バス編）」）。

❶ 利用目的に関するルール

カメラで個人情報を撮影する場合でも、カメラ画像の利用目的を特定した上で、その利用目的の範囲内で利用しなければならず（法17条、法18条）、また、利用目的は通知・公表しなければならない（法21条）。従来型防犯カメラの場合には、例えば、カメラ画像の利用目的として「防犯のため」などと特定しなければならない。

なお、店舗等にカメラが設置されている場合には防犯目的で撮影していることが一般的であり、店舗等にカメラが設置されているのを見た本人（被撮影者）も防犯目的でカメラ画像を利用することがわかる。そのため、本人が従来型防犯カメラが設置されていることを容易に認識できる状態にある場合には「取得の状況からみて利用目的が明らかであると認められる場合」（法21条4項4号）として、利用目的の通知・公表は不要である。

❷ 適正な取得

個人情報を偽りその他不正の手段により取得してはならず、いわゆる「隠し撮り」はこれに該当する（法20条1項）。「隠し撮り」にならないためには、被撮影者にカメラで撮影されていることを知らせて、撮影の事実を理解させる必要まではなく、撮影されていることが容易に認識可能な状態にしておけば足りる。そのため、カメラが天井からむき出しでつり下がっている場合であれば、被撮影者が少し上を向けばカメラで撮影されているとわかるため、撮影されていることが容易に認識可能であり、隠し撮りにはならない。しかし、カメラが小型で被撮影者が見つけられない等、被撮影者がカメラで撮影されていることを容易に認識可能ではない場合には、カメラで撮影していることを容易に認識可能とするための措置をとらなければならない。例えば、店内で撮影をしている場合には、「カメラ作動中」という掲示をする等がある。なお、必ずしもカメラの設置場所に掲示をする必要はなく、カメラの場所を悟られたくない場合には、施設の入口において「この施設内には防犯カメラが設置されており、施設内全体を撮影しています」などと掲示をすることで足りる。

❸ 要配慮個人情報の取得

　カメラで撮影した時に、要配慮個人情報を取得する場合もある。例えば、体が不自由な人が歩く姿が撮影された場合には、要配慮個人情報である「**身体障害があること**」（政令2条1号、規則5条）を取得したとされることがある。また、防犯カメラにおいて、ある者が犯罪を行い、警察官が**現行犯人**として手錠をかける姿が撮影された場合は、要配慮個人情報である「本人を被疑者として逮捕に関する手続が行われたこと」（政令2条4号）を取得することになる[77]。

　要配慮個人情報の取得については、原則として本人の同意を得なければならないが、本人を目視し、又は撮影することにより、その外形上明らかな要配慮個人情報を取得する場合には同意が不要である（法20条2項8号、政令9条1号）。そのため、カメラにより撮影することによって要配慮個人情報を取得する場合には、本人の同意は不要である。

❹ カメラ画像が個人データである場合のルール

　カメラ画像が「個人データ」になる場合には、安全管理措置（法23条）や個人データの第三者提供（法27条、法28条）のルールを遵守しなければならない。

(1) カメラ画像が個人データとならない場合

　単に撮影しただけのカメラ画像は検索可能なようにデータベース化されていないため、「個人データ」にはならない。仮に、「撮影日〇年〇月〇日」との形でデータベース化されていたとしても、特定の個人の画像を検索することができるものではないため、「個人情報データベース等」ではなく、画像は「個人データ」ではない。

---

77) 「本人を被疑者として逮捕に関する手続が行われたこと」を推測するにすぎない情報を取得しただけでは、要配慮個人情報を取得したことにならない。例えば、窃盗が疑われる様子が写っていたとしても、まだ刑事手続が行われたものではないため、要配慮個人情報の取得にはならない。また、単に警察官と歩いているだけの姿であれば、逮捕されているのか不明であるため、要配慮個人情報の取得にはならない。

(2) カメラ画像が個人データとなる例

① 顔画像のキャプチャを作成して、検索可能なようにデータベース化している場合

例えば、以下のとおり、顔画像のキャプチャを作成して、ID を付して ID や撮影日で検索可能なようにデータベース化して保管している場合には、顔画像により個人に着目して検索ができるため、当該データベースは「個人情報データベース等」に該当し、そこに含まれる顔画像等は、その顔画像の人を本人とする「個人データ」となる。

〈データベース化の例〉

ID	顔画像	撮影日
1		2020年1月12日
2		2020年1月13日

② 撮影者等をデータベース化して、動画を紐づけて保管している場合

例えば、ドライブレコーダーで画像を撮影したり、バスの車内等を撮影する際には、以下のとおり、運転手をデータベース化して、当該データベースに画像を紐づけて保管している場合がある（下記の Start をおすと、動画が再生される。）。このような場合は氏名により個人に着目して検索ができるため、当該データベースは「個人情報データベース等」に該当し、そこに含まれる動画も運転手を本人とする個人データとなる。

	運転手の氏名	運転時間	動画
1	山田太郎	2022年1月11日	Start
2	佐藤二朗	2022年1月12日	Start
3	佐々木三郎	2022年1月13日	Start

第3 カメラ画像の利活用場面ごとの留意点②（商用目的のカメラ）

❶ 商用目的のカメラ

　近年、カメラ画像からその人の属性（年齢や性別等）を推定して、その人にあった広告を表示したり、顔識別機能を用いて動線分析を行う等の商用利用が増えている。商用利用であっても、防犯目的の場合と遵守すべきルールが異なるものではない。

　もっとも、利用目的については注意する必要がある。まず、人の年齢や性別等を推定している場合には、その旨を利用目的として特定しないと、個人情報がどのように取り扱われることとなるかを、被撮影者において合理的に予測・想定できない。そのため、「顔画像から性別・年齢等を推定して広告・マーケティングを行うため」などと利用目的を特定する。また、商用目的の場合には、様々な利用が可能であるため、本人がカメラが設置されていることを容易に認識できる状態にあったとしても「取得の状況からみて利用目的が明らかであると認められる場合」には該当せず、利用目的を通知・公表をしなければならない。

❷ 1つのカメラで商用目的と防犯目的を兼ねる場合

　1つのカメラで撮影したカメラ画像について、撮影された人の属性を分析してマーケティング（商用目的）に使用しているが、一方で警備員も警備目的でカメラ画像を見ている（防犯目的）ように、1つのカメラで撮影した画像を商用目的にも防犯目的にも利用する場合がある。

　このように、1つのカメラで撮影した画像を複数の目的で利用することは個人情報保護法により禁止されているものではなく、複数の利用目的を特定すればよい。もっとも、複数の利用目的がある場合には、本人がカメラが設置されていることを容易に認識できる状態にあったとしても「取得の状況からみて利用目的が明らかであると認められる場合」には該当せず、商用目的と防犯目的の双方の利用目的を通知・公表をしなければならない。

第4　カメラ画像の利活用場面ごとの留意点③（その他）

❶　ドライブレコーダー

　事故が発生した場合の証拠保全等を目的としてドライブレコーダーを設置する場合には、歩いている人等が写りこむため、個人情報を取得することがある。ドライブレコーダーであっても、防犯目的の場合と遵守すべきルールが異なるものではない。

　もっとも、ドライブレコーダーの目的は事故が発生した場合の証拠保全等であることは明らかであり、「取得の状況からみて利用目的が明らかであると認められる場合」（法21条4項4号）として、利用目的の通知・公表は不要である（公道を撮影して、混雑状況等を分析する場合等に用いる場合には、利用目的が明らかとはいえず、通知・公表が必要である。）。

　また、最近の状況からすれば、多くの車に証拠保全等の目的でドライブレコーダーが設置されていることは多くの人が認識しており、「ドライブレコーダー撮影中」などの掲示をしなくても適正取得（法20条1項）違反とはならない。

❷　従業員の監視

　金融機関や店舗等をはじめとして、従業員の不正行為を監視するために、勤務する従業員を撮影することがある。従業員の監視目的であっても、防犯目的の場合と遵守すべきルールが異なるものではない。

　もっとも、従業員が脱衣するスペースや、従業員のロッカーの中まで鮮明に撮影することは、適正取得（法20条1項）違反となる可能性がある点には留意が必要である。また、カメラが設置されるのを見た本人（被撮影者）は、不正行為の監視目的であることがわかるため、本人がカメラが設置されていることを容易に認識できる状態にある限り「取得の状況からみて利用目的が明らかであると認められる場合」に該当し、利用目的の通知・公表は不要である[78]。

❸ 顔画像から顔特徴データを抽出して用いる場合

　カメラで撮影した顔画像をそのまま利用するのではなく、撮影した顔画像から、**顔特徴データ**（眉の傾き、眉と目の距離等の顔の特徴を数値化したものであり、その顔特徴を「０１１００……」のようにパソコンで処理できるようにしたもの）を抽出して、その顔特徴データを利用する場合がある。この顔特徴データも「個人情報」（個人識別符号）になる場合があり（Chapter3（p.13））、この場合には、この顔特徴データも個人情報保護法に従って取り扱わなければならない[79]。

(1) 顔特徴データを用いた利用（顔認証と顔識別）

　顔特徴データを用いて、事前に登録しておいた人を見つけることができる。あらかじめ、見つけたい人の顔画像から顔特徴データを抽出して、システム（照合用データベース）に登録しておく。その上で、その人が通るであろう場所にカメラを設置して顔画像を撮影し、その顔画像から顔特徴データを抽出して、システム（照合用データベース）にある顔特徴データと照合して、その人を見つけ出す。正確にいえば、同じ人を見つけるのではなく、あらかじめ登録しておいた顔特徴データと一致する確率が、事前に決めたラインよりも高い人がいた場合に、「一致する」と判断する。

　このような用いられ方として、以下の「**顔認証**」と「**顔識別**」がある。

ア　顔認証

　顔認証は、ビルの入退館等で利用される[80]。

　例えば、山田花子が、あらかじめ自分の意思で自分の顔画像を提出し、その

---

[78] 木村一輝ほか「従業員の監視とカメラ撮影の法的留意点」ビジネスガイド939号（2023年）44頁以下も参照。

[79] 個人情報保護委員会「犯罪予防や安全確保のための顔識別機能付きカメラシステムの利用について」、経済産業省・総務省「カメラ画像利活用ガイドブック」、香月健太郎ほか『『犯罪予防や安全確保のための顔識別機能付きカメラシステムの利用について』の解説」NBL1242号（2023年）21頁以下も参照。

[80] 空港での顔認証については、国土交通省航空局「空港での顔認証技術を活用した One ID サービスにおける個人データの取扱いに関するガイドブック」も参照。

〈顔認証と顔識別〉

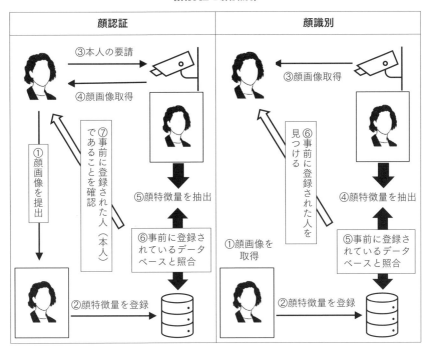

顔画像から顔特徴データを抽出して、照合用データベースに登録しておく（図表〈**顔認証と顔識別**〉①・②）。これにより、照合用データベースにおいては、ビルの入館を許可してよい人として、「氏名：山田花子　顔特徴データ：０１０１０……」などと登録される。そして、ビルの入り口に顔特徴データを取得するシステムがついたカメラが設置されているため、山田花子がビルに入ろうとする場合には、自分の意思でカメラの前に立って、カメラに自分の顔画像をとらせ、その顔画像から顔特徴データを抽出させる（上記③〜⑤）。システムは、この顔特徴データと、あらかじめ登録されている入退館を許可された人の顔特徴データ（照合用データベース）を照合するが、照合用データベースには山田太郎の顔特徴データが登録されているため、「このカメラの前に立っている人は入退館を許可された山田花子である」と認証して、入退館を認めるものである（上記⑥・⑦）。

イ　顔識別

顔識別は、空港や駅の警備等で利用される。

まず、空港や駅等の管理者が、あらかじめ見つけたい人（例えば、その空港や駅等で犯罪を行った人）の顔画像を入手して、その顔画像から顔特徴データを照合用データベースに登録しておく（この際、通常、その本人の同意は得ない。上記①・②）。これにより、照合用データベースにおいては、見つけたい人として「氏名：山田花子　顔特徴データ：１０１０……」と登録される。そして、駅や空港の入り口に、顔特徴データを取得するシステムがついたカメラを設置し、そのカメラで、本人の同意なく、顔画像を撮影し、顔特徴データを抽出する（上記③・④）。システムは、この顔特徴データと、あらかじめ登録されている見つけたい人の顔特徴データ（照合用データベース）と照合し、一致すれば、その人と判断し、警告を発するものである（上記⑤・⑥）。顔認証との違いは、本人の同意なく顔特徴データを登録したり、被撮影者の同意なく顔画像を撮影して、照合用データベースと照合することである。

なお、**マーケティングのための顔識別**もある。例えば、店舗の入り口で入場者の顔特徴データを取得して照合用データベースに登録し、店舗の各所に設置したカメラで顔画像を取得して顔特徴データを抽出して照合し、その人が、どのように店舗を歩いたかを分析することもある（動線分析）。

(2)　顔認証と顔識別で取り扱う個人情報

顔特徴データを用いた顔認証や顔識別においては、以下のような個人情報を取り扱うため、いずれも個人情報保護法に基づいて取り扱わなければならない。

ア　顔特徴データを抽出するための顔画像

上記のとおり、顔認証や顔識別は、顔画像から顔特徴データを抽出して、照合用データベースに登録しておかなければならないが、この顔画像は個人情報である。

なお、顔識別の場合には、**報道された顔画像**（例えば指名手配犯）から顔特徴データを抽出する場合がある。このように、報道されている顔画像（個人情報）を取得して、顔特徴データを登録することは、個人情報保護法に違反するものではない。

イ　照合用データベースに登録する顔特徴データ等

　顔認証・顔識別においては、照合用データベースに顔特徴データを登録しておかなければならないが、この顔特徴データは個人情報である（Chapter3 (p.13)）。また、照合用データベースの顔特徴データは検索可能なようにデータベース化されているため、照合用データベースに登録されている顔特徴データは、個人データである。

　なお、照合用データベースにおいては、顔特徴データに加えて、「山田太郎、窃盗で懲役10年」等の文字情報を登録する場合もある。このような文字情報が顔特徴データと紐づけられている場合には、文字情報も含めて一体として個人情報（個人データ）である。

ウ　カメラで取得する顔画像及び顔特徴データ

　顔認証・顔識別においては、カメラで顔画像を撮影し、顔特徴データを抽出して、それを照合用データベースと照合することになる。この顔画像及び顔特徴データは個人情報である。また、これらは、通常、検索可能なようにデータベース化された上で、照合用データベースと照合されるため、「個人データ」である。

(3)　顔識別における個人情報保護法における留意点

　顔認証・顔識別においては、カメラで撮影をするため、上記**第2**で説明した個人情報保護法のルール（p.257）について留意しなければならないが、さらに、以下の点に留意しなければならない。

ア　利用目的の特定、通知・公表

　顔識別を行っているカメラと顔識別を行っていないカメラは、外見から区別がつかず、顔識別を行っていることを利用目的として特定しないと、本人は顔識別を行っていることを合理的に予測・想定することができない。そのため、顔識別を行う場合には、利用目的として、顔識別の目的だけではなく、顔識別を行っていることを特定し、通知・公表しなければならない（法17条、法21条）。

	通常のカメラの場合	顔識別の場合
利用目的の特定	撮影の目的（例：「店内での防犯のため」）	顔識別の目的＋顔識別を行っていること（例：「顔識別機能を用いた防犯のため」）
利用目的の通知・公表	カメラの外観等の設置状況からみて、防犯目的であることが明らかである場合には、法21条4項4号で通知・公表は不要	通知・公表をしなければならない（法21条4項4号には該当しない）

なお、顔識別機能については、本人が知らないところで顔特徴データを取得されて、その顔特徴データを用いて、個人の行動が追跡されることへの懸念が大きい。そのため、個人情報保護法の義務ではないが、顔識別機能を用いる場合には、施設内において顔識別機能付きカメラシステムの運用主体や利用目的等の掲示をしたり、ウェブサイトで顔識別機能付きカメラシステムを導入する必要性等を説明することにより、世間の理解を得ることが望ましい。

イ　顔特徴データを照合用データベースに登録しておく対象者及び期間

顔識別機能付きカメラシステムにおいて、顔特徴データを照合用データベースに登録する場合、達成したい目的を達成するために必要な人の顔特徴データのみ登録しなければならない（法18条1項）。

また、登録した顔特徴データ（個人データ）は、利用する必要がなくなったときは、遅滞なく消去するように努めなければならない（法22条）。

照合用データベースの登録期間は法定されていないが、登録期間を定めておいて、その登録期間が来た場合には、原則として「利用する必要がなくなった」として、遅滞なく消去するべきであろう。この登録期間については、結局のところ、登録しておく必要性と登録される者の権利利益への影響（顔特徴データは、一生、変化しないことが多く、一生にわたって、顔特徴データにより、本人の行動を把握できてしまう等）を比較考量して決定するべきである。例えば、テロ等の多数の者の生命身体を侵害するおそれがある者については、仮に長年、当該施設にあらわれなかったとしても、ひとたび、テロ等が発生すれば甚大な被害が生じる。そのような被害を防止する必要性が極めて高いのであり、数十年単位で登録し続けたとしても、直ちに個人情報保護法（法18条や法22条）に違反するものではないであろう。一方で、窃盗や遊戯施設（パチンコなど）

での不正防止を行うおそれがある者については、数ヶ月単位や数年単位で、その施設で窃盗や不正を行わなければ、すでにその施設で窃盗や不正を行う可能性が低くなったといえる。そのため、数ヶ月単位や数年単位での登録期間を設定し、その期間内に窃盗や不正がなければ、遅滞なく消去するように努めなければならない。

ウ　同一法人内でのカメラ映像や顔特徴データの共有

ある店舗で犯罪を行った姿が撮影された場合、他の店舗の防犯のために、当該顔画像や顔特徴データを他の店舗と共有する場合がある。この場合は、同一法人内での共有であるため、個人データの第三者提供には該当しない。

個人情報は利用目的の範囲内で利用しなければならないが、防犯カメラの顔画像等を防犯のために他の店舗と共有することは、利用目的（防犯）の範囲内での利用であるため、認められるものである。もっとも、例えば、コンビニや銀行のように全国津々浦々に多数の支店等がある会社が、そのすべての店舗で顔識別を行い、その結果をすべての支店等で共有する場合には、その人がどこにいても行動がわかってしまうことになるため、プライバシー侵害のリスクが高まる。そのため、犯罪や迷惑行為の性質等から、その人が行く可能性が高い範囲（真に必要な範囲）でのみ共有するべきである。

エ　他の事業者との共有

ある店舗で犯罪を行った姿が撮影された場合、他の事業者の店舗の防犯のために、当該顔画像や顔特徴データを他の事業者と共有する場合がある。照合用データベースに登録された顔特徴データを共有する等、個人データを共有する場合には、個人データの第三者提供のルールを遵守しなければならない。

個人データの第三者提供のためには、原則として、あらかじめ本人の同意を得なければならないが、防犯のための共有であれば、「人の生命、身体又は財産の保護のために必要がある場合であって、本人の同意を得ることが困難であるとき」（法27条1項2号）に該当し、本人の同意なく第三者に提供することができる場合も多い。

また、個人データの共同利用をすることも可能である（法27条5項3号）。もっとも、多数の事業者で共有することで、その人の行動をより正確に把握できるようになるため、プライバシー侵害のリスクが高まる。そのため、犯罪や迷惑行為の性質等から、その人が行く可能性が高い範囲（真に必要な範囲）で

のみ共有するべきである[81]。

第5 肖像権・プライバシー侵害に対する配慮

　カメラで人を撮影する場合には、人の顔が写るとともに、人の姿や行動、その人がいる場所がわかるため、その人の肖像権やプライバシーを侵害する可能性がある。これらの肖像権やプライバシーを侵害する場合には、不法行為（民法709条）が成立し、損害賠償やカメラの撤去が認められる場合がある。

　カメラ撮影による肖像権やプライバシー侵害の成立要件は、まだ十分な判例が蓄積されているわけではなく、不明確な点がある。もっとも、最高裁は、写真週刊誌が刑事事件の法廷において被疑者の容貌、姿態を撮影した行為について、不法行為の成否が争われた事案であるが、「**人は、みだりに自己の容ぼう等を撮影されないということについて法律上保護されるべき人格的利益を有する**」としており（最判平成17年11月10日民集59巻9号2428頁）、防犯目的等でのカメラによる撮影行為についても、このような利益を肯定して、不法行為の成立を認めた裁判例がある（東京地判平成27年11月5日判タ1425号318頁等）。

　なお、これらの裁判例においては、被撮影者の社会的地位、撮影された被撮影者の活動内容、撮影の場所、撮影の目的、撮影の態様、撮影の必要性、撮影された画像の管理方法等の事情を総合考慮して、上記の利益の侵害が社会生活上受忍限度を超える場合には不法行為の成立を認めている。

　カメラを設置する場合には、これらの要素を考慮して、肖像権・プライバシー侵害とならないかを検討する必要がある。

81） 渋谷区内の書店において、同書店が保有する「万引等」（万引き、盗撮、器物損壊、暴行・傷害及び公然わいせつ）の刑事事犯に関する「被害及びそれら事犯を敢行した対象者に関する情報（実行日時、被害状況、対象者の特徴、関連する防犯カメラ画像、及び顔識別データ）」を共同利用するプロジェクト（「渋谷プロジェクト」）が行われている。

V

個人情報保護法に
違反した場合

Chapter14

個人情報保護法に違反した場合の個人情報保護委員会の対応

Chapter 1 のとおり、個人情報保護法は、まずは、事業者において同法を遵守させるものであり、事業者が個人情報保護委員会の命令に違反して、個人情報保護法が遵守されない場合に、はじめて罰則を与える構造になっている。

第1 助言・指導、勧告、命令

　個人情報保護委員会は、個人情報保護法の規定の施行に必要なときに、個人情報取扱事業者等やその他の関係者に対して、**報告徴収**や**立入検査**を行う（法146条 1 項）。また、同委員会は、**指導・助言**（法147条）、**勧告**（法148条 1 項）、**命令**（法148条 2 項）・**緊急命令**（法148条 3 項）の対応を行う。

　なお、個人情報保護委員会の情報源は、同委員会が設けている「個人情報保護法相談ダイヤル」、漏えい等報告や各種の報道等である。

　個人情報保護委員会の権限行使の概要は、以下のとおりである。

❶ 指導・助言（法147条）

　個人情報保護委員会は、個人情報保護法の施行に必要な場合には、個人情報取扱事業者等に対して指導・助言を行うことができる。なお、法律の「施行に必要」であれば足り、個人情報保護法違反が確定できなかったとしても、**指導・助言**をすることができる。なお、公表事例によれば、指導が行われる場合には、「……をすること」との指導がなされる他、改善策の実施状況を報告するように指導される場合がある。

〈権限行使の流れ〉

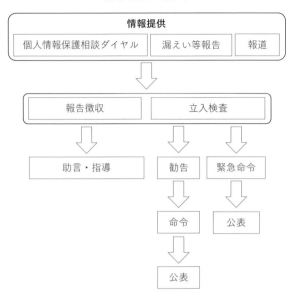

❷ 勧告（法148条１項）及び命令（法148条２項）

　個人情報保護委員会は、個人情報取扱事業者等が法148条１項に定める個人情報保護法の条文に違反した場合において、個人の権利利益を保護するために必要があると認めるときは、当該違反行為の中止その他違反を是正するために必要な措置をとるべき旨を**勧告**することができる。

　また、勧告を受けた個人情報取扱事業者等が、正当な理由なく勧告に従わなかった場合において、個人の重大な権利利益の侵害が切迫していると認めるときは、個人情報保護委員会は、勧告に係る措置をとるべきことを**命令**することができる。命令に違反した場合には、１年以下の懲役又は100万円以下の罰金に処せられる（法178条）。

❸ 緊急命令（法148条３項）

　上記のとおり、勧告がなされた後に命令が出されるのが一般的であるが、法148条３項に規定する個人情報保護法の条文に違反した場合において、個人の

重大な権利利益を害する事実があるため緊急に措置をとる必要があると認めるときは、個人情報保護委員会は、勧告を経ることなく、**緊急命令**を出すことができる。緊急命令に違反した場合には、1年以下の懲役又は100万円以下の罰金に処せられる（法178条）。

❹ 事案の公表

個人情報保護委員会は、個人情報取扱事業者等が、命令又は緊急命令に違反した場合には、その旨を**公表**することができる（法148条4項）。なお、個人情報保護委員会は、事案の性質に応じて、命令ではなく、指導を行った場合であっても、指導の事実や事業者から報告された改善状況を公表することがある。

Column：権限委任

個人情報保護法においては、個人情報保護委員会が様々な権限を持つことになっているが、同委員会がすべての業界に詳しいわけではない。その業界に詳しいのは、各業界を管轄する省庁である。例えば、金融業者に対して権限を行使する場合には、その業界の知識がない個人情報保護委員会よりも、その業界を管轄する金融庁長官が権限を行使した方が、業界の実態に即した調査等を行うことができる。そのため、法150条により、個人情報保護委員会は、漏えい等報告を受ける権限や、報告徴収・立入検査に関する権限等を事業所管大臣に委任することができる。なお、報告徴収等の権限を事業所管大臣に委任したとしても、個人情報保護委員会も権限行使をすることができる。

（権限委任の例）

権限委任分野	委任先大臣
金融庁所管業者	内閣総理大臣（金融庁長官）
電気通信業、放送業、郵便事業、信書便事業等	総務大臣
前払式割賦販売業、前払式特定取引業等	経済産業大臣
宅地建物取引業、マンション管理業等	国土交通大臣

〈権限委任分野の権限行使〉

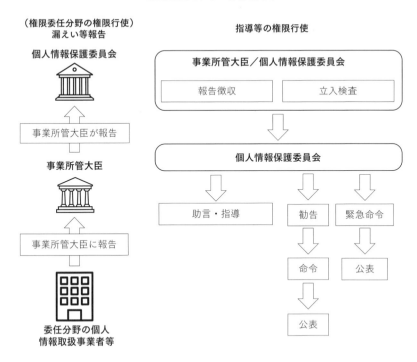

❺ 漏えい等報告を行った場合の指導等の有無

　個人情報取扱事業者が、個人情報保護委員会に対して漏えい等報告（法26条）を行った場合であっても、必ず個人情報保護法に基づく報告徴収・立入検査、指導・助言、勧告、命令が行われるものではない。令和4年度年次報告において公表された権限行使の状況は以下のとおりである。

漏えい等報告の件数	報告徴収	立入検査	指導・助言	勧告・命令
7685件 （委任先省庁経由3468件を含む）	176件 （委任先省庁95件を含む）	26件 （委任先省庁25件を含む）	115件	勧告1件 命令1件

　上記によれば、個人情報保護委員会は、7685件の漏えい等報告を受け付けているが、報告徴収が176件（委任先省庁実施分95件分を含むが、委任先省庁実施分は、業法に基づく計画検査等と合わせて実施されたものである。）、立入検査が26件（委任先省庁実施分25件分を含むが、委任先省庁実施分は、業法に基づく定期検査と合わせて実施されたものである。）、指導・助言が115件、勧告が１件、命令が１件となっている。報告徴収、立入検査、指導・助言のすべての件数を足しても漏えい等報告の件数を下回る。このように、個人情報保護委員会の権限行使は抑制的に運用されており、漏えい等報告を行った場合には、電話口等で事実上の指導・助言がなされることがあったとしても、必ずしも個人情報保護法に基づく権限行使が行われるものではない。

第2　損害賠償義務

　個人情報保護法には同法に違反した事業者に損害賠償を命じる規定がない。そのため、事業者が違反した結果として、本人等に損害が生じた場合であっても、本人等は、個人情報保護法に基づいて損害賠償請求をすることはできない。民法等の他の法令に基づいて損害賠償請求をしなければならない。

　なお、個人情報保護法違反となる場合に、同時に不法行為が成立する場合もある。しかし、個人情報保護法違反であっても、不法行為が成立しない場合もある。不法行為と個人情報保護法はその目的や性格に異なる部分があるため、それぞれ別個に判断されるためである。例えば、個人情報保護法18条1項に違反して目的外利用を行った事例について、裁判例は同法違反があったからといって、直ちに不法行為が成立したとは判断せず、同法違反とは別に、プライバシー侵害の不法行為の成否について検討している[82]。

Column：個人情報を盗まれた場合の対応

　事業者が保有している個人情報を、従業員が無断でコピーして転売する等により、盗まれることがある。この場合、事業者が従業員に対して、個人情報保護法に基づいて損害賠償を請求したり、個人情報の消去を請求することはでき

82）福岡高判平成27年1月29日判時2251号57頁等。

ない。そのため、まずは不正競争防止法による損害賠償等を検討する必要がある。

　不正競争防止法においては「営業秘密」についての不正開示や不正取得などを「不正競争」として損害賠償請求を認めている。営業秘密に該当するためには、秘密として管理されていることが要件となる。例えば、社内の全員が見ることができて、マル秘表示などない営業先担当者リストは個人情報（個人データ）ではある。しかし、このリストの管理状態からは、従業員に対して秘密として管理していることがわからない。そのため、秘密として管理しているとはいえず、このリストを従業員が不正開示しても、不正競争防止法に基づいて損害賠償請求ができない。

　一方で、個人情報保護法においては、個人情報取扱事業者の役員や従業者等又はこれらであった者が、「個人情報データベース等」を、自己若しくは第三者の不正な利益を図る目的で提供し、又は盗用したときは、1年以下の懲役又は50万円以下の罰金となる（法179条）。例えば、役員や従業員などが「個人情報データベース等」を競業他社にメールで送信したり（提供）、USBにコピーして持ち出して転売した場合（盗用）は、これに該当する。そのため、上記の営業先担当者リストを転売するなどした従業員は同罪に問われる可能性がある。

発展学習

容易照合性

> 本書の最後に、「発展学習」として、Chapter1で概観した個人情報の「容易照合性」(p.15) について、実務的に、やや深堀りをしておくこととしたい。

❶ 容易照合性について

個人情報の定義は、法2条1項に規定されており、同項1号のかっこ書については、「**容易照合性**」と呼ばれている。「容易照合性」は、「通常の業務における一般的な方法で、他の情報と容易に照合することができる状態のこと」である。

第2条　この法律において「個人情報」とは、生存する個人に関する情報であって、次の各号のいずれかに該当するものをいう。

一　当該情報に含まれる氏名、生年月日その他の記述等……により特定の個人を識別することができるもの（他の情報と容易に照合することができ、それにより特定の個人を識別することができることとなるものを含む。）

二　個人識別符号が含まれるもの

---

❷ 自社内の情報の容易照合性

(1) 連結されているデータベース間での容易照合性

データベースを作成する際には、まず基本となるデータベースを作成し、そのデータベースに紐づけるように、別のデータベースを作成することがある。例えば、以下のように、まず、基本となる会員情報に関する会員データベースを作成し、当該会員の購入履歴について、購買履歴データベースを作成するような場合である。

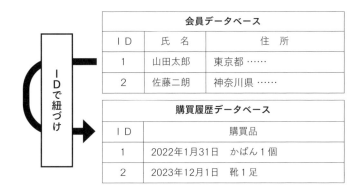

　このような場合には、上記のとおり、ID（例えば会員番号）等によって、それぞれのデータベースを紐づける（**共通のID**がふられる）ことが行われるが、このIDにより容易照合性が認められる。上記の例でいえば、購買履歴データベースの情報は、それだけではその情報の本人はわからないが、IDをキーとして会員データベースにたどっていくと、購買履歴データベースの本人がわかるため、同データベースの情報も「個人情報」である（例えば、購買履歴データベースの「ID　1」の情報の本人は「山田太郎」であるとわかる。）。

⑵　連結させることを前提としていない情報間の容易照合性

　データベースを作成する場合に、上記のように、連結させることを予定していないものの、下記のように2つのデータベース間で**共通の記述**がある場合や、たまたま取得した2つの個人情報に共通の記述がある場合がある。

会員データベース			
ID	氏名	住所	メールアドレス
1	山田太郎	東京都……	AAA@aaa
2	佐藤二朗	神奈川県……	BBB@bbb

共通の記述がある

メルマガデータベース	
メールアドレス	登録メルマガ
AAA@aaa	旅行メルマガ
BBB@bbb	学習メルマガ

　上記の例でいえば、メルマガデータベースの情報は、それだけでは本人はわからないが、メールアドレスをキーとして会員データベースにたどっていくと、メルマガデータベースの本人がわかるため、同データベースの情報も「個人情報」である（例えば、メルマガデータベースの「AAA@aaa」の情報の本人は「山田太郎」であるとわかる。）。

　上記(1)とは異なり、両データベースはIDで紐づいていない。しかし、会員データベースは、氏名・住所・メールアドレスが整然と並んでいるデータベースになっている。そのため、例えば、メルマガデータベースにある「AAA@aaa」の本人を調べようとした場合には、パソコンにより、会員データベースのメールアドレスの欄から「AAA@aaa」を見つけ出し、その列の「氏名」に記載されている氏名の欄を見て、「山田太郎」を見つけ出すことができ、この一連の作業は容易である。そのため、容易照合性があるといえる。

　もっとも、データベースになっていない紙の情報の場合には、その紙の保管方法等によっては、容易には照合できないとして、容易照合性が否定される場合もある。例えば、上記の例で「メルマガデータベース」には「AAA @ aaa」というメールアドレスがあり、社内のどこかに「AAA @ aaa」のアドレスの持ち主の氏名（山田太郎）が記載された紙が保管されているが、一通りさがしてもどこに保管されているかわからないような場合には、容易照合性は認めら

れない。

(3) 同一事業者の別の部署に情報がある場合

2つの情報を同一事業者の別の部署で取得・保管する場合がある。

この場合、これらの部署の間で「ファイヤーウォール」がしかれていれば、容易照合性が否定されるかについては、以下のQAがある（QA1-18。下線等は筆者）。なお、同一事業者内にある情報について、容易照合性が認められない場合として、個人情報保護委員会が公に認めているのは、以下の事例のみである。

> 事業者の各取扱部門が独自に取得した個人情報を取扱部門ごとに設置されているデータベースにそれぞれ別々に保管している場合において、双方の取扱部門やこれらを統括すべき立場の者等が、①規程上・運用上、双方のデータベースを取り扱うことが厳格に禁止されていて、②特別の費用や手間をかけることなく、通常の業務における一般的な方法で双方のデータベース上の情報を照合することができない状態である場合は、「容易に照合することができ」ない状態であると考えられます。
>
> 一方、双方の取扱部門の間で、通常の業務における一般的な方法で双方のデータベース上の情報を照合することができる状態である場合は、「容易に照合することができ」る状態であると考えられます。

このQAは、事業者の各部門が別々に情報を取得した場合を前提としている。そのため、例えば、1つの部署が取得した情報を2つに分割した場合には、このQAは適用されない[83]。

まず、2つのデータベースの容易照合性を否定するためには、規定上・運用上、双方のデータベースを取り扱うことが厳格に禁止される必要がある（①）。

---

[83] 当該QAが適用されないことは、1つの部署が取得した情報を2つに分割した場合に容易照合性が必ず否定されることを意味するものではない。この場合であっても、①・②を満たす限り、照合が容易ではないので、容易照合性は否定されると解されるが、情報を分割したという経緯から、①・②を満たすかについては厳格に検討されることになるであろう。

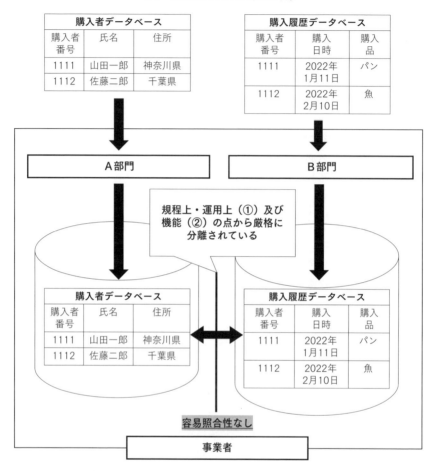

〈同一事業者内での容易照合性〉

規程において、「双方の取扱部門やこれらを統括すべき立場の者等」が双方の
データベースを取り扱うことを禁止されるとともに、実際の運用においても、
双方のデータベースを取り扱っている実態がないことや、規程に違反した者を
厳罰に処していることが必要である。

　また、双方のデータベースについて、「通常の業務」における「一般的な方
法」で照合することができないようにすることも必要である（②）。双方のデー
タベースを照合することが技術的には可能であったとしても、その事業者内部

で利用できるような方法では照合できず、照合のためには、外部の専門業者に依頼したり、特別なソフトを購入しなければ照合できないのであれば、一般的な方法で照合ができるとはいわない。例えば、一方のデータベースの閲覧権限を有する者が、他方のデータベースの閲覧のためのIDやパスワードを知らないという状態にしたとしても、IDやパスワードを他人から聞き出す等は容易であるため、「通常の業務」における「一般的な方法」で照合できないとはいわない。

なお、上記①・②については、「取扱部門やこれらを統括すべき立場の者等」についてあてはまる必要がある。事業者の役員（代表取締役を含む）についても、①・②があてはまらなければならない。したがって、同一事業者内の情報について、このQA 1－18に基づいて容易照合性を否定することは、事実上、困難である。

(4) 一部の情報をマスキングした場合の容易照合性

個人情報である情報について、下記のとおり、一部をマスキング（削除）したからといって、容易照合性が否定されるものではない。

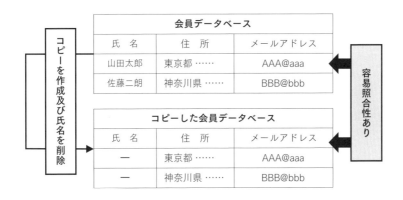

上記のとおり、「会員データベース」がある場合に、会員データベースのコピーを作成し（元の会員データベースは消去しない）、氏名を削除したデータベースを作成する場合がある。このコピーした会員データベースには氏名が含まれないため、これだけでは特定の個人を識別することができない。もっとも、元の会員データベースと照合すれば、コピーした会員データベースの本人がわか

るため（容易照合性も否定されない。）、個人情報である（住所やメールアドレスを
キーとすれば、コピーされた会員データベースの1列目は、山田太郎の情報である
とわかる。）。なお、「戻る」ボタンを押せば、削除した氏名が元に戻るような
場合には、「削除」したとはいえず、容易照合性を持ち出すまでもなく、当然、
個人情報である。

　一方で、このような場合に、氏名を削除した会員データベースのコピーを作
成した後に元の会員データベースを削除して、コピーした会員データベースだ
け残っている場合もある。

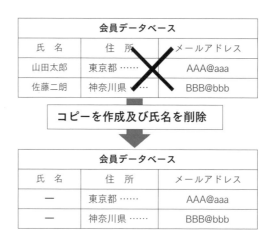

　この場合には、削除によりコピーした会員データベースの本人がわからなく
なるため、容易照合性が否定され、個人情報ではなくなる（もっとも、会員デー
タベース以外の情報と照合することで本人がわかる場合には、個人情報のままであ
る。）。

(5)　画像の容易照合性
　例えば、患者のカルテのように、氏名とCT等の写真・画像が紐づけられて
保管されている場合に、コピーを作成し、その氏名を削除したとしても、容易
照合性は否定されない。

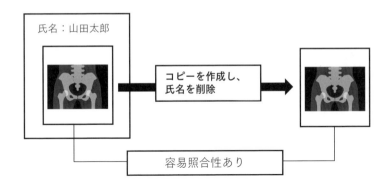

　元となる個人情報が残っている限り、画像をキーとして元の個人情報をたどっていくと、その本人がわかる。なお、CT等の写真・画像の場合には人の目では同一のものであるかを判定することが容易といえない場合もあるが、システムを用いる等により、容易に照合することができるのであれば、容易照合性は否定されない。

❸　自社が保有していない情報についての容易照合性

　自社が保有していない情報についての容易照合性は、当該事業者における情報と同様に扱っている場合にのみ認められるべきである。そのような場合でない限りは、照合が容易とはいえない。

(1)　グループ会社間での共通ID

　グループ会社間で共通IDを付している場合があり、例えば親会社で基本となる会員データベースを作成してポイントカードを発行し、当該会員が、当該ポイントカードを用いて子会社で買い物をした場合に、子会社が、当該共通IDと購入履歴からなる購買履歴データベースを作成するような場合である。

　グループ会社であったとしても、通常の業務として、グループ会社の情報を照合している場合を除き、容易照合性は認められない。例えば、グループ会社間で共同利用をしているため、常にグループ会社の情報を閲覧できる状態にある場合や、他のグループ会社に対して通常の業務において、情報の本人を照会している場合等には、当該情報については容易照合性が認められる。一方で、

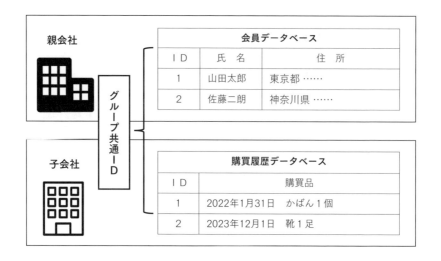

このような事情がない場合には、容易照合性が認められない（上記の例でいえば、子会社が、親会社の会員データベースをいつでも閲覧できる状態にあったり、子会社が日常的に、親会社に対してID番号の本人について照会し、親会社がこれに回答しているような場合でなければ、容易照合性は認められない。）。

(2) 公知の情報

インターネットに掲載されていたり、報道されている等の公知の情報であったとしても、通常の業務として、当該公知の情報と照合をして、当該事業者における情報と同様に扱っている場合にのみ、容易照合性は認められる。

例えば、「茨城県××に所在する一軒家が販売されている」との情報だけでは、その情報の本人がわからない。もっとも、一般社団法人民事法務協会が提供する「**インターネット登記情報提供サービス**」を利用することにより、不動産の所有者等の登記所が保有する登記情報を、インターネットを利用して、パソコンの画面上で確認することができる（登記情報提供サービスを利用するためには、利用登録が必要となる。）。そのため、登記情報提供サービスを使用して「茨城県××」に所在する一軒家の所有者（売りに出している人）を特定することができる。しかし、事業者が（仮に登記情報提供サービスの利用登録をしていたとしても）、通常の業務として、不動産販売情報と登記情報提供サービスを

照合していなければ、容易照合性は認められない。

❹ 個人情報該当性の相対性

　ある情報が個人情報であるかは、その事業者が持っている他の情報にも依存するため、どの事業者から見るかによって異なるものであり、事業者毎に判断しなければならない（同じ情報であっても、ある事業者にとっては個人情報であるが、別の事業者にとっては個人情報ではないということがある。）。

　例えば、以下のとおり、親会社が「会員データベース」と「購買履歴データベース」を保有している場合には、親会社にとっては「購買履歴データベース」は個人情報である（「会員データベース」との間で、IDをキーとした容易照合性がある。）。もっとも、同じ「購買履歴データベース」であったとしても、「会員データベース」を保有しない子会社にとっては、「購買履歴データベース」にある情報の本人はわからず、会員データベースとの間に容易照合性がなければ個人情報ではない。

親会社

会員データベース		
ID	氏　名	住　　所
1	山田太郎	東京都 ……
2	佐藤二朗	神奈川県 ……

購買履歴データベース	
ID	購買品
1	2022年1月31日　かばん1個
2	2023年12月1日　靴1足

子会社

購買履歴データベース	
ID	購買品
1	2022年1月31日　かばん1個
2	2023年12月1日　靴1足

発展学習

事項索引

〈著者紹介〉

木村一輝（きむら・かずき）
丸の内総合法律事務所・弁護士
kimura@marunouchi-sogo.com

2014年早稲田大学法学部卒業、同年新司法試験合格、2015年弁護士登録、同年丸の内総合法律事務所入所。2022年個人情報保護委員会へ出向、2024年丸の内総合法律事務所復帰。個人情報保護法対応、株主総会、M&A、紛争対応を含む企業法務全般を担当している。
「［新春座談会］データガバナンス／プライバシーガバナンスの要諦と課題(上)(下)」NBL1257号・1258号(2024年)、「カメラ画像に関する『「個人情報の保護に関する法律についてのガイドライン」に関するQ&A』更新についての解説」NBL1244号（共著、2023年）、『一問一答 金融機関のための事業承継の手引き』（共著、経済法令研究会、2018年）、『新しい労働時間・休日・休暇 法律実務ハンドブック』(共著、日本法令、2021年)ほか、著作多数。

設例で学ぶ個人情報保護法の基礎

2024年 7 月11日　初版第 1 刷発行
2024年10月17日　初版第 2 刷発行

著　者　　木　村　一　輝

発行者　　石　川　雅　規

発行所　　株式会社 **商 事 法 務**
〒103-0027 東京都中央区日本橋 3-6-2
TEL 03-6262-6756・FAX 03-6262-6804〔営業〕
TEL 03-6262-6769〔編集〕
https://www.shojihomu.co.jp/

ISBN978-4-7857-3072-7
＊定価はカバーに表示してあります。